HEYNE
RAT-
GEBER

BHAGWAN SHREE RAJNEESH

Meditation

Die Kunst, zu sich selbst zu finden

Deutsche Erstveröffentlichung

WILHELM HEYNE VERLAG
MÜNCHEN

HEYNE-BUCH Nr. 08/4668
im Wilhelm Heyne Verlag, München

Titel der englischen Originalausgabe
MEDITATION: THE ART OF INNER ECSTASY
Deutsche Übersetzung Swami Anand Amareesh

Mit Ausnahme von Kapitel 3, Kapitel 8 und dem Teil, in dem Bhagwans Techniken beschrieben werden, erschienen die Texte dieses Buches zum erstenmal in DYNAMICS OF MEDITATION, publiziert von Jeevan Jagriti Kendra (jetzt: Rajneesh Foundation).

Kapitel 3 erschien zum erstenmal in Sannyas 3/Nr. 1, 1974 unter dem Titel »Der moderne Mensch und seine Neurose«. Der Abdruck erfolgt mit freundlicher Genehmigung des Verlages Neo-Sannyas International.

Kapitel 8 ist ein Auszug aus einem Vortrag mit dem Titel »Die okkulten Mysterien der Einweihung«, der zum erstenmal in dem Buch I AM THE GATE erschien.

6. Auflage

Printed in Germany 1983
Umschlagfoto und Innenillustrationen: Rajneesh Foundation
Umschlaggestaltung: Atelier Heinrichs, München
Satz: Schaber, Wels
Druck und Bindung: Presse-Druck Augsburg

ISBN 3-453-41354 7

Inhalt

III. TEIL

Vorwort

Von Meditation ist zwar dieser Tage viel die Rede, aber die Verwirrung darüber, was sie ist und wie man sie ›erreicht‹, ist größer denn je. Frage die Leute, ob sie meditieren, und ungefähr die Hälfte wird sagen, daß sie es irgendwann einmal getan haben; aber Meditation ist im Gegensatz zur allgemeinen Meinung nicht etwas, das du ›tun‹ kannst, sondern etwas, das spontan geschieht, wenn du überhaupt nichts tust, wenn du in einem Zustand vollkommener Passivität bist. Wenn jemand sagt, daß er meditiert, meint er also damit nur, daß er eine bestimmte Technik übt; von dieser Technik erhofft er sich, daß sie die Situation herstellt, in der Meditation geschehen kann. Keine Technik ist Meditation. Eine Technik dient nur dazu, eine Situation herzustellen, in der sich Meditation spontan ereignen kann.

Es gibt eine verwirrende Anzahl von Techniken, unter denen man wählen kann: Zen-, Tantra-, Yoga-Techniken, Sufi-Techniken, christliche und chassidische Techniken. Die Technik, die für einen selber richtig ist, kann man nur durch Experimentieren herausfinden. Wenn dir etwas guttut, merkst du es. Wenn eine Technik funktioniert, weißt du es. Und du weißt es, nicht weil du Frieden oder Glück erlebst, sondern weil dein ganzes Leben davon verwandelt wird.

In diesem Buch spricht der erleuchtete spirituelle Meister Bhagwan Shree Rajneesh über Meditation und geht auf eine Reihe von Meditationstechniken ein, die sich besonders gut für den Westen eignen. Die Techniken gehen davon aus, wo der Mensch ist, nicht davon, wo er einmal war oder wo er gern wäre. Sie setzen dort an, wo wir jetzt sind, und bringen uns dorthin, wo wir sein können. Ob er neue Techniken herausgibt, die von einer psychotherapeutischen Grundlage ausgehen, oder ob er alte Meditationstechniken verschiedener Traditionen auf einen zeitgemäßen Stand bringt und damit erst die Voraussetzung für ihren wirkungsvollen Einsatz schafft — Bhagwans Zielsetzung ist es, dem einzelnen Menschen dabei zu helfen, seinen ureigenen Weg zu finden. Bhagwan hat keine bestimmte Philosophie, keine Doktrin, die er ›durchsetzen‹, kein Dogma, das er verbreiten will. Er sagt, daß jeder seinen einzigartigen Weg, sein eigenes Yoga finden muß.

»Den Fußstapfen eines Christus, eines Buddha oder Krishna zu folgen, macht dich nicht zu Christus oder Buddha. Finde deinen eigenen Weg.« Die Diskurse dieses Buches und die darin besprochenen Techniken sind ein Versuch, dir dabei zu helfen, diesen Weg zu finden.*

Wenn Meditation geschieht, wird dein ganzes Leben zu einem Fest, einer Freudenfeier. Bewußtsein braucht nicht ›geübt‹ zu werden. Du wirst sehen, wie dein Bewußtsein ganz einfach ›da‹ ist, als Bewußtsein deiner selbst, als Bewußtsein anderer, als Bewußtsein der Vielschichtigkeit der Existenz. Immer mehr wirst du dich ›hier und jetzt‹ finden. Immer mehr wirst du die Glückseligkeit, das Spielerische, das Absurde des Daseins spüren.

Wir gehen alle so ernst mit dem Leben um, nehmen unsere Versuche, über das Bekannte hinauszuwachsen, so ernst, daß wir am Hier und Jetzt vorbeigehen. Im Moment zu leben, unbelastet von Begierden, Erwartungen, Sehnsüchten, bedeutet in Meditation zu sein. Der Augenblick, in dem wir das Leben als Spiel erfahren, in dem wir über die Dramen lachen, die das Dasein inszeniert und über die Fallgruben, die wir uns selbst bauen — das ist der Moment, von dem die Seher aller Religionen seit Urzeiten sprechen. Wir verstehen ihre Worte nicht, weil sie in Symbolen sprechen, die nicht länger die unsrigen sind.

Bhagwan Shree Rajneesh spricht unsere Sprache. Und was er zu sagen hat, gibt nicht nur zu denken. Es ist eine Aufforderung. Es ist eine Einladung zur eigenen Verwandlung.

Ma Satya Bharti

---

* Die Diskurse sind spontane Ansprachen Bhagwans, aus der Zeit von Oktober 1970 bis Juli 1972. Bei allen Veröffentlichungen handelt es sich um Reden, die von seinen Schülern aufgeschrieben und herausgegeben wurden.

EINFÜHRUNG

Meditation – die Kunst, das Leben zu feiern

Wir erziehen unsere Kinder dazu, den Verstand auf *einen* Punkt zu richten — sich zu konzentrieren — weil sie ohne Konzentration nicht mit dem Leben zurechtkommen können. Das Leben erfordert Konzentrationsfähigkeit. Sobald der Geist konzentriert wird, verengt sich sein Wahrnehmungsradius. Solange man einfach nur bewußt wahrnimmt, ist der Geist, obwohl bewußt, nicht auf etwas Bestimmtes gerichtet. Bewußtheit ist die uneingeschränkte Wahrnehmung von allem, was geschieht.

Wer sich konzentriert, trifft eine Wahl; er richtet dann das Bewußtsein ausschließlich auf *ein* Objekt. Damit tritt eine Verengung ein. Wenn du über die Straße gehst, mußt du deine Aufmerksamkeit auf dein Gehen beschränken. Normalerweise kann man nicht alles gleichzeitig wahrnehmen, was geschieht, weil es sonst verschwimmt, alles wäre dann sehr verschwommen. Wir sind, wenn wir leben — überleben, existieren wollen — auf die Konzentrationsfähigkeit unseres Geistes angewiesen.

Deshalb versucht jede Kultur auf ihre Art, den Geist des Kindes zu kanalisieren, ihm eine bestimmte Zielrichtung zu geben.

Kinder beschäftigen sich von Natur aus nie mit nur einer Sache. Ihr Bewußtsein ist nach allen Seiten hin offen. Sie nehmen alles auf, nichts wird ausgeschlossen. Das Kind ist für jeden äußeren Reiz offen; sein Bewußtsein nimmt alle Impulse auf. Die ganze Welt stürmt auf den Geist des Kindes ein! Darum sind Kinder so unbeständig und ablenkbar. Ihr noch ungeprägtes Bewußtsein ist wie ein Fluß, ein Strom von Empfindungen — aber mit so einem Bewußtsein kann es nicht überleben. Es muß lernen, den Geist auf *eine* Sache zu beschränken, ihn zu konzentrieren.

Sobald du deinen Geist auf etwas Bestimmtes beschränkst, wirst du dir zwar dieser bestimmten Sache ganz besonders bewußt, aber das geht auf Kosten der Wahrnehmung anderer Dinge. Und je weniger Spielraum du deiner Intelligenz läßt, desto erfolgreicher arbeitet sie. So wird man zum Spezialisten, zum Experten: Man weiß schließlich immer mehr über immer weniger.

Die Einschränkung des Bewußtseins ist also eine existentielle Notwendigkeit. Niemand ist dafür verantwortlich. Das Leben bringt es so mit sich, es muß so sein. Aber dabei darf es nicht bleiben. Es ist nützlich, aber es ist nicht genug, nur zu überleben. Sich nur nach der Nützlichkeit zu richten genügt nicht, sonst gehen die großen Möglichkeiten des menschlichen Bewußtseins verloren, die volle Kapazität wird nie ausgeschöpft, nur ein Bruchteil wird genutzt. Der Rest — der weit größere Teil — liegt brach, bleibt unbewußt.

Zwischen dem Bewußten und dem Unbewußten gibt es in Wirklichkeit keine Grenze. Es gibt nicht zwei Arten von Bewußtsein. Der »bewußte« Teil davon ist der Teil, der konzentrationsfähig ist; der »unbewußte« Teil ist der vernachlässigte, nicht wahrgenommene, verschlossene Bereich. Das führt zur Spaltung, zu einer Zweiteilung: der größere Teil deines Bewußtseins wird dir selber fremd. Du stehst deiner *eigenen* Gesamtheit wie ein Fremder gegenüber.

Man identifiziert sich mit einem kleinen Teil, und der Rest geht verloren. Er existiert nur als ungenutztes Potential, als unerkannte Möglichkeit, als ungelebtes Abenteuer.

Dieser unbewußte Bereich des Bewußtseins kämpft ständig gegen den bewußten Teil an; daher dieser ewige innere Konflikt. Jeder reibt sich in diesem Konflikt zwischen den beiden getrennten Bereichen, zwischen Bewußtem und Unbewußtem auf. Man kann erst dann fühlen, welch unendlicher Segen die Existenz ist, wenn man das Potential, das Unbewußte zuläßt, ihm hilft, zum Ausdruck zu kommen — sonst nicht.

Wenn der größere Teil deiner Anlagen nie zur Entfaltung kommt, ist das Leben eine einzige Enttäuschung. Je mehr man sich an Zweck und Nutzen orientiert, desto weniger Glück und Erfüllung findet man. Je zweckgerichteter die Einstellung zum Leben — je geschäftstüchtiger —, desto weniger Ekstase. Daher wurde *der* Teil des Bewußtseins, der in unserer zweckorientierten Welt nicht zu brauchen ist, mehr und mehr verdrängt.

Sich am Zweck einer Sache zu orientieren ist notwendig, aber als Lebensprinzip ist der Preis zu hoch. Das Festliche des Lebens geht verloren. Das Leben wird zum Fest, wenn deine Anlagen zur Entfaltung kommen. Dann wird das Leben zur Feier; daher sage ich immer wieder, daß das Leben durch Religion in ein Freudenfest verwandelt wird. Die Dimension der Religion ist die Dimension des Festlichen, des Nicht-Zweck-Gebundenen.

Man darf den zweckorientierten Teil des Geistes — den Intellekt — nicht für das Ganze nehmen. Der Rest, der größere Teil, dein gewaltiges Potential, darf ihm nicht zum Opfer fallen. Der Intellekt darf nicht zur Endstation werden, er muß Hilfsmittel bleiben, das große unbekannte Potential zu verwirklichen. Das verstehe ich unter einer religiösen Einstellung.

Wenn die Einstellung nicht religiös ist, dann wird der geschäftsorientierte Verstand zum Endzweck; dann hat das Unbewußte keine Chance, seine Fähigkeiten zu verwirklichen. Es bleibt verdrängt. Wenn die Nützlichkeit zum alleinigen Maßstab wird, heißt das, daß der Diener die Rolle des Herrn spielt. Intelligenz, die eine Verengung des Bewußtseins bedeutet, ist ein Mittel zum Überleben, aber nicht zum Leben. Überleben ist nicht gleichbedeutend mit Leben, sondern nur eine Notwendigkeit in der Welt der Materie. Das Ziel jedoch ist die Entfaltung des ganzen Potentials, alles dessen, was man ist. Wer sich total erfüllt, wer in sich kein unentwickeltes Samenkorn zurückgelassen hat, wer alles in sich zur Entfaltung, zur Blüte gebracht hat, der — und nur der — kann die Glückseligkeit, die Ekstase des Lebens fühlen.

Der unterdrückte und unbewußte Teil kann nur dann aktiv und kreativ werden, wenn man eine neue Dimension in seinem Leben zuläßt — die Dimension des Festlichen, des Feierns, des Spiels. Meditation ist nicht Arbeit, sondern Spiel. Ebenso, wie Beten nicht Geschäft, sondern Feier ist. Man meditiert nicht, um einen Zweck zu erfüllen oder um zu einem Ziel zu gelangen — Frieden, Glückseligkeit ... Nein: man muß Meditation um ihrer selbst Willen genießen.

Es gibt im Leben nichts Wichtigeres zu verstehen als die Dimension der Festlichkeit — und wir haben sie vollkommen verloren. Mit ›festlich‹ meine ich die Freude an allem, was einem widerfährt.

Wir sind so eingefahren, unsere Gewohnheiten sind so mechanisch geworden, daß wir in einer geistigen Verfassung sind, die sogar dann, wenn es keine Geschäfte zu erledigen gibt, weiterhin dieselbe bleibt — als ob es gälte, Geschäfte abzuwickeln. Der Geist bleibt angespannt, obwohl die Situation keine Konzentration erfordert. Und selbst wenn du spielst, kannst du es nicht genießen.

Beim Kartenspiel zum Beispiel freust du dich nicht am Spiel, sondern spielst, um zu gewinnen — und schon ist das Spiel zur Arbeit geworden, weil es jetzt auf das Resultat ankommt.

Im Beruf kommt es auf das Ergebnis an. Beim Feiern geht es um das, was man gerade tut. Und wenn alles, was du tust, nur um seiner selbst Willen geschieht, dann ist jede Beschäftigung ein Fest für dich.

Sobald man fähig ist, bewußt zu feiern, sind die Schranken durchbrochen, die dich vorher eingeengt haben. Du brauchst sie nicht mehr, und darum fallen sie weg. Entscheidungen werden unnötig, vielmehr läßt du alles zu, was kommt. Und wenn du dich für die gesamte Existenz öffnest, wirst du im selben Moment eins mit ihr. Es kommt zur Vereinigung.

Diese Vereinigung nenne ich Meditation: Dieses Freudenfest, diese Wahrnehmung ohne Auswahl, ohne Verengung, diese spielerische Offenheit. Solche Freude kommt aus dem Augenblick, aus dem, was jetzt geschieht, was man jetzt tut, nicht aus der Sorge um das Ergebnis, nicht, weil man etwas zustande gebracht hat. Es gibt kein gestecktes Ziel, deshalb kannst du dich an dem freuen, was hier und jetzt ist.

Ich kann es auch so sagen: Ich spreche zu euch. Wenn es mir dabei auf das Resultat ankommt, wird mein Reden zum Geschäft, zur Arbeit. Spreche ich aber ohne jede Erwartung, und kommt es mir nicht auf das Ergebnis an, dann wird mein Sprechen zum Spiel. Es ist sich in sich selbst genug. Konzentration ist nicht nötig. Ich kann mit Worten und Gedanken spielen; ich kann mit euren Fragen spielen und auch mit meiner Antwort. Nichts ist mehr ernsthaft, alles ist leicht.

Und wenn ihr mir auf derselben Wellenlänge zuhören könnt — ohne von dem, was ich sage, profitieren zu wollen — dann werdet ihr entspannt genug sein, dann kann es zwischen euch und mir zur Vereinigung kommen. Euer Bewußtsein ist offen, ihr freut euch an dem Spiel, ihr genießt es.

In jedem Augenblick hat man die Wahl, geschäftlich zu denken oder meditativ zu sein. Es liegt einzig an der eigenen Einstellung. Sicher, es gibt soziale und existentielle Bedürfnisse, die erfüllt werden müssen. Ich meine nicht, daß ihr eure Kinder nicht erziehen sollt. Läßt man Kinder ohne jede Anleitung aufwachsen, dann werden sie zu Barbaren, ja, sie können nicht einmal überleben. Zum Überleben braucht man ganz bestimmte Verhaltensregeln.

Aber diese muß man auch wieder ablegen können, denn es geht nicht *nur* ums Überleben. Man muß sie ablegen können wie die Kleider. Wenn man nach Hause kommt, legt man sie wieder ab. Dann kannst du *du* sein.

Wenn man mit seinen Kleidern nicht identifiziert ist — wenn man nicht sagt: »Ich bin, was ich denke«, dann gibt es keine Schwierigkeiten. Dann ist es leicht, aus dem einen Zustand in den andern zu schlüpfen. Wenn man aber mit seinen Verhaltensmustern identifiziert ist und denkt: »Ich bin das, was ich gelernt habe«, dann verleugnet man den Teil seines Wesens, der unkonditioniert, ungeprägt ist. Dieser ungeprägte Teil gehört dann einfach nicht zu dir, und du hältst dich ausschließlich für deinen konzentrationsfähigen Intellekt, dein Bewußtes; aber mit deinem Unbewußten willst du nichts zu tun haben. Das ist gefährlich.

Eine richtige Erziehung ist keine Abrichtung, sondern eine Anleitung — mit einer Bedingung: alle Konditionierung bleibt nur Mittel zum Zweck. Man muß das Angelernte ›ein- und ausschalten‹ können.

Man kann Menschen noch nicht Menschen nennen, solange sie sich mit ihren angelernten Verhaltensmustern voll identifizieren. Dann sind sie nichts als Roboter: konditioniert, abgerichtet. Hat man das erst einmal verstanden, dann wird man sich seines Potentials bewußt, das zuvor im Dunkel lag. Es wird dir klar, daß du nicht mit deinem bewußten Denken identisch bist, daß das nur der geringere Teil deiner Gesamtheit ist. ›Ich‹ — das ist beides, und der größere Teil davon ist noch unerschlossen ... Aber er ist da. Und wartet.

Dies ist meine Definition von Meditation: Sie ist ein Anlauf zum Sprung ins Unbewußte. Der Sprung selbst ist nicht kalkulierbar — denn alle Kalkulation gehört zum Intellekt, und dieser will vom Sprung nichts wissen. Er versucht, dich einzuschüchtern: »Tu das nicht, du wirst verrückt dabei!«

Das Bewußte fürchtet sich immer vor dem Unbewußten. Wenn das Unbewußte aufsteigt, überschwemmt es all das Ruhige und Abgeklärte des Bewußten. Alles wird plötzlich dunkel, wie in einem Wald. Es ist, wie wenn man einen Garten anlegt und ihn einzäunt. Nur eine kleine Fläche ist nutzbar, aber es wachsen ein paar Blumen, und alles geht bestens: der Garten ist ordentlich und übersichtlich. Die einzige Beunruhigung kommt vom Wald rings herum. Er ist unberechenbar, unkontrollierbar, und bedroht den

Garten unentwegt. Jeden Tag kann der Wald auf den Garten übergreifen und alle Mühe zunichte machen.

Genauso haben wir nur einen kleinen Teil unseres Bewußtseins kultiviert und versucht, darin alles schön sauber und übersichtlich zu halten. Aber das Unbewußte lauert ständig im Hintergrund; das bewußte Denken lebt ununterbrochen in der Angst vor der Bedrohung. Es sagt: »Laß dich nicht mit dem Unbewußten ein. Schau nicht hin. Denk nicht darüber nach!«

Die Wege des Unbewußten sind dunkel und unbekannt. Der Ratio erscheinen sie irrational; der Logik erscheinen sie unlogisch. Wenn du es von deinem Denken abhängig machst, ob du in die Meditation gehen wirst oder nicht, dann wirst du es nie tun: das Denken *kann* es nicht zulassen.

Das führt zu einem Dilemma. Du kannst nichts tun, ohne zu denken, und wenn du nachdenkst, wird Meditation unmöglich. Was tun? Selbst wenn du denkst: »Ich will nicht mehr denken«, ist das ein Gedanke. Es ist der Verstand, der sagt: »Ich erlaube keinen Gedanken mehr.« Man kann also nicht meditieren und zugleich denken — das ist das Dilemma. Es ist das größte Dilemma, das es gibt. Jeder Wahrheitssucher steht eines Tages davor. Die Erleuchteten sagen: »Spring einfach. Denk nicht erst nach.« Aber ihr könnt nichts tun, ohne vorher nachzudenken.

Aus diesem Grund sind unnötige Hilfsmittel erfunden worden. Unnötig, weil an sich kein Mittel nötig wäre, wenn ihr ohne Nachdenken springen könntet. Aber ihr könnt ohne Hilfsmittel nicht springen, und so sind sie nötig. Über Hilfsmittel läßt sich nachdenken. Die Mittel beschwichtigen den Verstand, geben dem Denken Beschäftigung: aber nur, solange Meditation noch nicht stattfindet. Meditation ist der Sprung ins Unbekannte. Wenn du mit einer Technik darauf hinarbeitest, stößt sie dich eines Tages automatisch hinein. Eine Technik ist nur deshalb notwendig, weil der Verstand Programme braucht. Sonst könnte man darauf verzichten. Wenn du erst einmal gesprungen bist, siehst du ein, daß das Hilfsmittel unnötig war. Aber das wird dir erst rückblickend klar. Und das meint auch Krishnamurti, wenn er darauf besteht, daß kein Hilfsmittel, keine Methode nötig sei. Und die Zen-Meister sagen: »Man muß sich nicht anstrengen, es geht ganz mühelos.« Aber für einen, der die Barriere noch nicht übersprungen hat, ist es absurd, so etwas zu sagen. Und meistens hat man es mit Leuten zu tun, die den Sprung noch nicht gewagt haben.

Deswegen sage ich, daß ein Hilfsmittel etwas Künstliches ist. Es ist bloß ein Trick, mit dem dein rationales Denken beschwichtigt wird, bis du wie von selbst ins Unbekannte fällst.

Aus diesem Grunde sind meine Methoden sehr energisch. Je dynamischer und kraftvoller die Methode, desto weniger kann dein kalkulierendes Denken zum Zuge kommen. Je mehr Energie du einsetzen mußt, desto totaler wirkt sich das aus; denn deine Vitalität ist nicht nur im Kopf, sie steckt vor allem im Körper, in den Gefühlen; und mit dynamischen Methoden wirst du auf allen Ebenen gefordert.

Sufi-Derwische verwenden das Tanzen als Technik, als Hilfsmittel. Wenn du zu tanzen anfängst, kannst du nicht intellektuell bleiben, denn das Tanzen strengt viel zu sehr an. Du mußt mit deiner ganzen Kraft dabei sein. Und es kommt unweigerlich der Moment, wo du nur noch tanzt und nicht mehr denkst. Je vitaler du wirst, je kraftvoller du darin aufgehst, um so weniger bist du im Kopf. So wird der Tanz zur Auslösetechnik: von einem bestimmten Punkt an bist nicht mehr du es, der tanzt, sondern der Tanz reißt dich mit, verselbständigt sich, und du verlierst dich darin. Er überschwemmt dich und reißt dich fort zum unbekannten Ursprung.

Die Zen-Meister benutzen das ›Koan‹ als Methode. Koans sind Rätsel, die von vornherein absurd, unlösbar sind. Jedenfalls für die Vernunft. Kein Grübeln kann zur Lösung führen. Auf den ersten Blick sehen sie aus, als ließe sich eine Lösung finden — das ist der Köder. Es ist scheinbar möglich, die Lösung auszutüfteln und dein Denkapparat gerät in Schwung. Dein Denken hat einen Knochen zum Benagen ... aber das Rätsel ist unlösbar. Es ist von vornherein unlösbar, völlig absurd.

Es gibt Hunderte solcher Rätsel. Der Meister sagt zum Beispiel: »Höre den tonlosen Ton.« Sprachlich gesehen scheint es möglich, darüber nachzudenken, ihn zu hören. Der Ton scheint zu existieren: mit großer Mühe kann man ihn vielleicht irgendwie, irgendwo finden, diesen lautlosen Laut. *Vielleicht.* Dann aber, an einem bestimmten Punkt — und dieser Punkt läßt sich nicht vorherbestimmen, er ist von Person zu Person verschieden — geht dem Verstand einfach die Luft aus. Er setzt aus. Du *bist*, aber der Verstand ist weg, mit all seinen Inhalten. Plötzlich bist du wieder wie ein kleines Kind, völlig ungeprägt. Du bist nur bewußt, aber ohne die geringste Verengung. Und jetzt weißt du, daß das Hilfsmittel nicht notwendig war — aber erst nachher. Du durftest es nicht vorher wissen.

Keine Methode ist kausal. Keine Methode ist die direkte Ursache von Meditation. Darum gibt es unzählige Methoden. Jede von ihnen ist nichts als ein Behelf ... aber jede Religion behauptet von *ihrer* Methode, sie sei die einzig Richtige, alle anderen seien verkehrt. Denn jede Religion denkt in Begriffen von Ursache und Wirkung.

Wenn man Wasser erhitzt, dann verdampft es. Hitze ist die Ursache. Ohne Hitze verdampft das Wasser nicht. Das ist Kausalität. Hitze muß notwendigerweise dem Verdampfen vorausgehen.

Aber Meditation hängt von keiner bestimmten Ursache ab, deshalb sind unendlich viele Methoden möglich. Jede von ihnen ist lediglich ein Hilfsmittel, das zum eigentlichen Geschehen hinführt, das eine Voraussetzung dafür schafft. Aber keine ist Ursache.

Zum Beispiel: draußen, außerhalb dieses beschränkten Raumes, wo wir uns befinden, ist der unbegrenzte, weite Himmel. Angenommen, du hast ihn noch nie gesehen. Ich kann dir dann etwas über den Himmel, über die frische Luft, das Meer erzählen, kurz über alles, was jenseits dieses Zimmers liegt — aber du hast all das noch nie gesehen. Du kennst es nicht. Und deshalb lachst du, denkst, daß ich alles erfinde, und sagst: »Das ist ja alles nur Einbildung, du bist ein Träumer.« Und ich kann dich nicht dazu bringen, selbst hinauszugehen, weil alles, was ich sage, dummes Zeug für dich ist.

Wenn ich aber plötzlich rufe: »Das Haus brennt!« — dann verstehst du sofort, du weißt, was das bedeutet. Ich muß nichts erklären. Ich renne los und du rennst hinterher. Das Haus brennt gar nicht — sobald du aber draußen bist, wirst du mich nicht erst fragen, warum ich gelogen habe ... es ist offensichtlich. Du siehst den Himmel und bist einfach dankbar. Jede beliebige Lüge ist gut, wenn sie *diesen* Zweck erfüllt. Sie war das Hilfsmittel, das dich aus deiner Ecke gelockt hat. Und es liegt nicht an der Lüge, daß es das Draußen gibt, daß es einen Himmel gibt. Die Lüge ist nicht die Ursache.

Jede Religion benutzt am Anfang eine Lüge als Hilfsmittel. Alle Methoden sind Lügen, sie schaffen nur die Voraussetzung, die Situation. Sie sind nicht kausal. Es können immerzu neue Hilfsmittel, neue Religionen entstehen. Alte Hilfsmittel verlieren ihre Kraft, alte Lügen schmecken schal, neue werden immerzu gebraucht.

Wenn dir immer von neuem gesagt wird, daß das Haus brennt, dann zieht der Trick nicht mehr, denn du weißt, daß es nicht stimmt. Dieser Trick ist unbrauchbar geworden. Man muß dir eine neue Falle stellen.

Solange ein Mittel noch seine Wirkung hat, kann man es auch noch brauchen, aber ein alter Trick zieht nicht mehr. Man braucht neue Tricks. Darum schlägt sich jeder neue Prophet mit den alten Propheten herum. Es geht ihm um genau das gleiche wie seinen Vorgängern, und doch muß er ihren Lehren widersprechen, weil er ihre Hilfsmittel, die inzwischen alt, abgestumpft und bedeutungslos geworden sind, ausmisten muß.

Alle Großen — Buddha, Christus, Mahavir — haben aus Mitleid große Lügen erfunden, nur um euch aus dem Haus herauszustoßen. Jeder Trick ist brauchbar, solange er dich nur aus deinem Kopf herausholt. Dein Kopf ist das Gefängnis. Er hält dich in einer verhängnisvollen Sklaverei.

Wie gesagt: An diesem Dilemma kommt keiner vorbei. Es gehört zum Leben, wie es ist. Anfangs muß man erst einmal lernen, das Bewußtsein zu konzentrieren — verstandesmäßig zu denken. Diese Verengung hilft einem zwar, mit der Außenwelt zurechtzukommen, aber sie wirkt sich im Inneren fatal aus. Im Umgang mit den anderen ist sie sinnvoll, dir selbst gegenüber wirkt sie wie Selbstmord. Und du mußt mit anderen *und* mit dir selbst existieren. Alles Einseitige verkrüppelt dich. Du mußt, um mit den anderen zu leben, die Verhaltensmuster der Gesellschaft beherrschen — aber um mit dir selbst zu leben, muß dein Bewußtsein von diesen engen Mustern völlig frei sein. Die Gesellschaft lenkt dein Bewußtsein in ihre engen Bahnen, aber Bewußtsein an sich bedeutet reine Ausdehnung. Es ist unbegrenzt. Beide Zustände des Bewußtseins sind notwendig für dich, und nach beiden Seiten hin mußt du diesen Notwendigkeiten Genüge tun, ihr Gebot erfüllen.

Den nenne ich weise, der beidem gerecht werden kann. Es ist kurzsichtig und schädlich, sich nur für eines von beiden zu entscheiden. Lebe deshalb in der Welt mit deinem Verstand, mit deinen Prägungen und Verhaltensmustern — mit dir selbst, jedoch ohne zu denken und ohne eingeübte Formeln. Gebrauche deinen Verstand als Mittel, mache ihn nicht zum Zweck. Laß ihn außer acht, wann immer sich die Gelegenheit bietet. Wenn du allein bist, leg ihn beiseite, steig aus und feiere den Augenblick. Dann freue dich, daß du da bist, freu dich am Sein selbst.

Einfach *sein* — das ist die größte Feier, wenn du weißt, wie du deine Prägungen ablegen kannst. Dieses ›Ablegen‹ kannst du durch dynamische Meditation erlernen. Aber wenn es kommt, kommt es unvermittelt. Die Meditation erzeugt nur eine Situation, in der du ins Unbekannte tauchst. Nach und nach entfernst du dich von deinen Gewohnheiten, von deiner mechanischen, roboterhaften Charaktermaske.

Nimm deinen ganzen Mut zusammen, steige rückhaltlos in die Dynamische Meditation ein — alles andere kommt von selbst. Es kommt nicht aus deinem Tun, sondern aus der lebendigen Situation.

Du kannst das Göttliche nicht erzwingen, aber du kannst es am Kommen hindern. Du kannst die Sonne nicht ins Haus bringen, aber du kannst die Türen schließen. Der Verstand kann negativ viel ausrichten, aber positiv bewirken kann er nichts. Alles Positive ist ein Geschenk, alles Positive ist ein Segen. Es kommt von selbst, während alles Negative dein eigenes Tun ist.

Meditation, d. h. alle Mittel, die zu ihr hinführen, können eines bewirken: sie lösen deine negativen Blockierungen auf. Sie können dich aus dem Gefängnis deiner Vorstellungen, Ansichten, Meinungen, dem Gefängnis deines Verstandes befreien. Wenn du draußen bist, dann kannst du nur lachen. Es war so leicht, herauszukommen! Es war ja schon DA! Nur ein einziger Schritt war nötig ... Aber wir gehen im Kreis herum, und den einen Schritt machen wir nie, den Schritt, der uns zum Zentrum, zur Mitte bringen kann.

Du bewegst dich im Kreis, an der Peripherie, und wiederholst immerzu dieselbe Geschichte. Irgendwo muß diese Kontinuität durchbrochen werden. Mehr kann eine Meditationstechnik nicht erreichen. Wenn die Kontinuität gebrochen wird, wenn eine Kluft zwischen dir und deiner Vergangenheit entsteht, dann gibt es im selben Moment eine *Explosion.* Und im selben Augenblick wirst du mit deinem wirklichen Wesen eins. Und dann erkennst du alles, was schon immer deine innere Wahrheit und dein Reichtum war und nur auf dich gewartet hat.

I. TEIL

Die Dynamik der Meditation

1

Yoga
Das Wachstum des Bewußtseins

Der Zweck des Lebens ist Bewußtwerdung. Nicht nur Yoga zielt darauf ab, sondern die Evolution des Lebens an sich steuert auf immer größeres Bewußtsein zu. Aber beim Yoga geht es noch um mehr.

Das Leben entwickelt sich zu immer größerem Bewußtsein, aber das Bewußtsein ist zunächst einmal nur auf das Andere gerichtet: Du bist dir einer Sache, irgendeines Objektes, bewußt. Yoga bedeutet, in die Dimension des Bewußtseins zu gelangen, in der es keine Objekte mehr, sondern nur noch Bewußtsein gibt. Yoga ist die Methode, wie man sich zu reinem Bewußtsein entwickelt. Nicht also, daß man sich einer Sache bewußt wird, sondern man wird zum Bewußtsein selber.

Wenn du dir einer Sache bewußt bist, bist du dir nicht dieses ›Bewußt-Seins‹ bewußt. Deine Wahrnehmung hat sich auf etwas Bestimmtes gerichtet, deine Aufmerksamkeit ist nicht auf den Ursprung des Bewußtseins selber gerichtet. Yoga setzt sich zum Ziel, beides wahrzunehmen: Objekt *und* Ursprung. Das Bewußtsein zielt in beide Richtungen. Du mußt das Objekt sehen und dir gleichzeitig des Subjekts bewußt sein. Das Bewußtsein muß zu einer Brücke zwischen beiden Polen werden. Das Subjekt darf nicht verlorengehen, du darfst es nicht vergessen, während deine Aufmerksamkeit auf das Objekt gerichtet ist.

Das ist der erste Schritt im Yoga. Der zweite Schritt besteht darin, beides, Subjekt und Objekt, fallenzulassen und einfach nur bewußt zu sein. Dieses reine Bewußtsein ist das eigentliche Ziel des Yoga.

Der Mensch wächst auch ohne Yoga einem höheren Bewußtsein entgegen, doch Yoga fügt etwas hinzu, es steuert zu dieser Evolution des Bewußtseins etwas bei. Durch Yoga wird vieles verändert, vieles verwandelt.

Als erstes wird das Bewußtsein umgewandelt, das nun in beide Richtungen geht; du bleibst dir nun deiner selbst bewußt, sobald irgend etwas deine Wahrnehmung auf sich zieht. Das anfängliche Problem dabei ist: entweder bist du dir eines Objektes bewußt, oder du bist unbewußt. Wenn es keine äußeren Objekte gibt, schläfst du ein: du brauchst Objekte, um bewußt zu sein. Wenn du total unbeschäftigt bist, dann wirst du müde und schläfrig — dein Bewußtsein verlangt nach einem Objekt —, und umgekehrt wirst du leicht schlaflos, wenn du zu viele Dinge im Kopf hast. Jemand, der zu viele Gedanken im Kopf hat, kann nicht einschlafen, weil die Objekte nicht verschwinden und die Gedanken nicht zur Ruhe kommen. Sein Geist bleibt aktiv; die Gedanken verlangen dauernd nach Aufmerksamkeit.

Und genauso leben wir.

Bei neuen Dingen bist du bewußter. Daher die Lust am Neuen und die Sehnsucht danach. Das Alte wird schnell langweilig. Sobald du mit einer Sache eine Zeitlang gelebt hast, nimmst du sie nicht mehr bewußt wahr. Du nimmst sie für selbstverständlich, nun ist deine Aufmerksamkeit nicht mehr nötig. Sie fängt an, dich zu langweilen. Zum Beispiel hast du deine Frau über Jahre hinweg kaum beachtet, du hältst ihre Anwesenheit für selbstverständlich. Du siehst ihr Gesicht nicht mehr und weißt nicht mehr, welche Augenfarbe sie hat. Über Jahre hinweg hast du dich nicht wirklich um sie gekümmert; erst wenn sie stirbt, wird dir auffallen, daß sie da war. Das ist der Grund, warum sich Eheleute so schnell langweilen. Alles, was nicht ständig deine Aufmerksamkeit reizt, wird langweilig.

Ein Mantra, ein bestimmter Ton, den man immerzu wiederholt, eine Tonschwingung, verursacht auf dieselbe Weise tiefen Schlaf. Wenn du ein bestimmtes Mantra andauernd wiederholst, fängt es an, dich zu langweilen. Es ist nichts Geheimnisvolles daran. Die ständige Wiederholung eines bestimmten Wortes langweilt dich; du kannst es nicht mehr ertragen. Du wirst schläfrig, fällst in eine Art von Schlaf, du wirst unbewußt. Alle Hypnosetechniken basieren auf Langeweile. Wenn man deinen Verstand mit etwas langweilt, schläfst du ein; der Schlaf kann ausgelöst werden.

Es hängt vom Reiz der Objekte ab, wieviel Aufmerksamkeit wir aufbringen können. Deswegen ist die Sehnsucht nach dem Neuen so groß: nach Sensationen, einem neuen Kleid, einem neuen Haus — nach allem, was neu ist, selbst wenn es nicht besser ist. Das andere, Neuartige schärft dein Bewußtsein, du fühlst, wie es plötzlich angestachelt ist. Und das ist gut, weil das Leben Wachstum des Bewußtseins ist; Anreiz ist gut, soweit er das äußere Leben betrifft. Ist eine Gesellschaft ständig auf der Suche nach neuen Reizen, dann entwickelt sie sich weiter; wenn sie sich jedoch mit dem Alten zufriedengibt — nicht nach Neuem sucht —, dann verödet sie, sie stirbt. Das Bewußtsein kann sich so nicht weiterentwickeln.

Im Osten zum Beispiel versuchen wir mit den Dingen zufriedenzusein, so wie sie sind. Das erzeugt Langeweile, weil alles ewig beim Alten bleibt; jahrhundertelang ändert sich nichts. Man langweilt sich einfach. Man kann zwar besser schlafen — der Westen dagegen leidet zwangsläufig unter Schlaflosigkeit, da er ständig auf der Jagd nach Neuem ist — aber es findet keine Evolution statt. Und das sind die zwei Extreme: entweder die ganze Gesellschaft wird schläfrig und schleppt sich dahin, wie es im Osten passiert ist, oder sie leidet unter Schlaflosigkeit, wie im Westen.

Keine der beiden Möglichkeiten ist gut. Du brauchst einen Geist, der wach sein kann, selbst wenn es keine neuen Objekte gibt. Du brauchst ein Bewußtsein, das nicht am Neuen, nicht an Gegenständen klebt.

Wenn das Bewußtsein im Bann des Objekts ist, dann wird es auch vom Neuen in Bann gehalten. Du brauchst ein Bewußtsein, das völlig frei von Objekten sein kann, jenseits aller Gegenständlichkeit. Dann hast du völlige Freiheit: du kannst schlafen oder wach sein, ganz nach Belieben. Du kommst ohne die Hilfe eines Objektes aus. Du wirst frei, wirklich frei, von der Welt der Objekte.

Im Moment, wo du alle Objekte hinter dir läßt, kannst du auch das Subjekt aufgeben, weil das eine ohne das andere nicht bestehen kann. Subjektivität und Objektivität sind in Wirklichkeit nur zwei Pole ein und derselben Sache. Solange es ein Objekt gibt, bist du ein Subjekt, wenn du aber ohne Objekt bewußt sein kannst, dann gibt es auch kein Subjekt — kein Selbst. Das erfordert tiefes Verständnis: wenn das Objekt wegfällt — und du *kannst* ohne Objekte bewußt sein, einfach nur bewußt sein — dann gibt es auch kein Subjekt mehr. Das Subjekt kann nicht für sich allein bestehen. Unmöglich! Beide sind aus dem Bewußtsein verschwunden, und was bleibt, ist einfach nur Bewußtsein, grenzenloses Bewußtsein.

Es gibt keine Begrenzungen mehr. Das Bewußtsein ist weder von einem Objekt noch von einem Subjekt begrenzt. Buddha sagte, daß es kein Selbst (kein Atman) gibt, wenn du in Meditation bist, weil das Bewußtsein *des Selbst* noch eine Trennung von all dem voraussetzt, was nicht zum Selbst gehört. Wenn du immer noch da bist, gibt es auch immer noch Objekte. »Ich *bin*«, aber »Ich« kann nicht total alleine existieren; »Ich« steht immer in Beziehung mit der Außenwelt; »Ich« ist immer relativ ... Somit ist auch das Selbst (das »Ich bin«) nur etwas Inneres, das in Beziehung zu etwas Äußerem steht, ein Bezugspunkt. Wenn es aber kein Äußeres gibt, löst sich auch das Innere auf. Dann gibt es nur noch bloßes, spontanes Bewußtsein.

Das ist es, was Yoga erreichen will. Yoga ist die Wissenschaft der Befreiung von den Schranken der Subjekt-Objekt-Beziehung; und solange du dich nicht von dieser Beschränkung befreist, bist du ein Opfer der östlichen oder der westlichen Störung des Gleichgewichts.

Wenn du Zufriedenheit suchst — geistigen Frieden, Stille, Schlaf —, dann ist es gut, nichts zu verändern, dann muß deine Umgebung immer gleich bleiben. Über Jahrhunderte hinweg darf es dann keine spürbare Veränderung geben. Dann kannst du beruhigt sein und gut schlafen ... aber nichts ist spirituell daran. Du verlierst viel ...

Der Drang zu wachsen geht verloren. Der lebendige Drang zum Abenteuer, der Drang, zu forschen und zu entdecken, geht verloren. Die Wahrheit ist, daß du nur noch dahinvegetierst und dich nur im alten Trott bewegst.

Wenn du das änderst, kommst du zwar in Bewegung, aber wirst auch krank. Du bist dann dynamisch, aber zugleich auch überspannt; energisch, aber auch verrückt. Du fängst an, nach dem Neuen zu suchen, du findest es auch, aber du gerätst in einen Wirbelwind. Veränderungen geschehen, aber du selbst gehst verloren.

Wenn du deinen Kontakt mit dem Gegenständlichen verlierst, wirst du zu subjektiv und verträumt, und wenn du dich zuviel mit Objekten abgibst, dann verlierst du deine Subjektivität. Beide Situationen sind unausgewogen. Der Osten hat die eine Richtung, der Westen die andere ausprobiert.

Und jetzt wird der Osten zum Westen, und der Westen zum Osten. Der Osten fühlt sich von westlicher Technologie und

Wissenschaft, vom westlichen Rationalismus angezogen. Einstein, Aristoteles und Russell feiern Triumphe in der östlichen Geisteswelt, während im Westen das Gegenteil passiert: Buddha, Zen und Yoga gewinnen immer größere Bedeutung. Das ist ein Wunder. Der Osten wendet sich dem Kommunismus, dem Marxismus und dem Materialismus zu, und der Westen beginnt, in Begriffen eines erweiterten Bewußtseins zu denken: Meditation, Spiritualität, Ekstase. Das Rad dreht sich, und wir können unsere Lasten tauschen. Für eine Weile wird das erhellend und aufklärend sein, aber dann wird der ganze Unsinn wieder von vorne anfangen.

Der westliche wie der östliche Weg sind einseitig, weil sie beide versuchen, einen Teil des menschlichen Geistes auszuklammern. Es geht darum, beide Haltungen hinter sich zu lassen und sich nicht mit der einen Sache abzumühen, während man die andere verleugnet. Der Geist des Menschen ist etwas Ganzes. Du kannst ihn entweder ganz, oder überhaupt nicht transzendieren. Wenn du weiterhin einen Teil verleugnest, dann wird sich dieser Teil rächen. Und so ist es: im Osten, wie im Westen.

Wenn du etwas verdrängst, kannst du nie darüber hinausgehen. Es ist da und sammelt immer mehr Kraft. Sobald der von dir gewählte Teil gewinnt, hast du verloren. Erfolg ist die größte Niederlage. Mit jedem Teilerfolg bewegst du dich auf eine immer größere Niederlage zu. Was du erreicht hast, wird unbewußt, und was du verloren hast, tritt ins Bewußtsein. Das, was fehlt, wird spürbarer. Hast du einen Zahn verloren, dann wird die Zunge auf die Lücke aufmerksam und fühlt danach — sie hat sich niemals zuvor mit dieser Stelle beschäftigt, niemals —, aber jetzt kannst du sie nicht davon abhalten. Sie bewegt sich andauernd zu der leeren Stelle, um den Zahn zu fühlen, der nicht da ist.

In derselben Weise wird dir, wenn ein Teil deines Geistes Erfolg hat, das Versagen des anderen Teils bewußt, des Teils, für den du dich auch hättest entscheiden können — den du aber vernachlässigt hast.

Jetzt merkt der Osten, wie fatal es ist, nicht wissenschaftlich vorzugehen: das ist der Grund, warum wir arm und unbedeutend geblieben sind. Man versucht jetzt, sich westlichen Maßstäben anzupassen, während der Westen auf seine eigene Dummheit aufmerksam wird, auf seinen Mangel an Ausgewogenheit.

Yoga bedeutet eine allumfassende, totale Wissenschaft vom Menschen. Es ist nicht einfach Religion. Es ist die umfassende Wissenschaft vom Menschen, die vollkommene Überwindung seiner Spaltung. Wenn du die verschiedenen Teile transzendierst, wirst du eins mit dem Ganzen. Das Ganze ist nicht nur eine Zusammenfassung von Teilen, es ist kein Mechanismus, in dem alle Teile zusammengesetzt werden und ein Ganzes ergeben. Nein, es ist viel mehr; es gleicht einem künstlerischen Schaffensprozeß.

Du kannst ein Gedicht in seine einzelnen Worte zerlegen, aber dann bedeuten die Worte nichts. Aber als Ganzes genommen, bedeutet es mehr als Worte. Dann hat es seine eigene Identität. Es hat Pausen ebenso wie Worte. Und manchmal sind die Pausen wichtiger als die Worte. Ein Gedicht ist nur dann Poesie, wenn es etwas andeutet, das nicht wirklich gesagt wurde, wenn es etwas hat, das über seine einzelnen Teile hinausgeht. Wenn du es aufgliederst und analysierst, dann hast du nur die Teile, doch das, worauf es ankommt, die Blüte, das, was jenseits der Worte liegt, geht verloren.

Genauso ist auch das Bewußtsein ein Ganzes. Indem du einen Teil verleugnest, verlierst du etwas, das wirklich bedeutsam war. Und du gewinnst nichts. Du landest nur im Extrem. Jedes Extrem wird zu einer Krankheit, zu einer inneren Schwäche. Dann bleibst du ewig in Aufruhr; es herrscht eine innere Anarchie.

Yoga ist die Wissenschaft, mit der man die Anarchie überwinden, das Bewußtsein vereinen kann — und du wirst nur dann eins, wenn du die Verabsolutierung von Teilen überwindest. Yoga ist also weder Religion noch Wissenschaft. Es ist beides. Oder, es geht über beides hinaus. Du kannst es eine wissenschaftliche Religion oder eine religiöse Wissenschaft nennen. Darum kann Yoga auch von jedem geübt werden, ganz gleich, welcher Religion, welcher Weltanschauung er angehört.

Alle Religionen, die sich in Indien entwickelt haben, folgen sehr verschiedenen, im Grunde gegensätzlichen Philosophien, Konzepten und Anschauungen; sie haben nichts gemeinsam. Zwischen Hindus, Jains und Buddhisten gibt es keine Gemeinsamkeiten. Es gibt nur einen gemeinsamen Punkt, den keine der drei Religionen verleugnet: Yoga.

Buddha sagt: »Es gibt keinen Körper und keine Seele«, aber er kann nicht sagen: »Es gibt kein Yoga.« Mahavir sagt: »Es gibt keinen Körper, aber eine Seele« — aber er kann nicht sagen: »Es gibt kein Yoga.« Der Hinduismus sagt: »Es gibt Körper, Seele ... und es gibt Yoga.« Yoga ist der gemeinsame Nenner. Selbst Christen und Mohammedaner können Yoga nicht ablehnen.

Tatsächlich könnte nicht einmal ein eingefleischter Atheist Yoga verneinen, weil für Yoga der Glaube an Gott nicht Voraussetzung ist. Yoga setzt nichts voraus; es ist absolut experimentell. Wenn ein Gottesbegriff darin vorkommt — und in den ältesten Yoga-Büchern wurde nie von Gott gesprochen —, dann nur als Hilfsmittel. Wenn jemandem damit geholfen ist, kann er als Hypothese verwendet werden — aber er ist keine Bedingung. Deswegen kann Buddha ein Yogi sein ohne Gott, ohne Veden, ohne irgendeinen Glauben. Er kann ohne jedes Bekenntnis, ohne irgendein sogenanntes Glaubensbekenntnis, ein Yogi sein.

Yoga kann für Theisten und Atheisten zum gemeinsamen Boden werden und die Kluft zwischen Wissenschaft und Religion überbrücken. Es ist gleichzeitig rational und irrational. Die Methodologie ist vollkommen rational, aber durch sie gelangst du tief ins Mysterium des Irrationalen. Der ganze Prozeß ist so rational — jeder Schritt ist so rational, wissenschaftlich, so logisch — daß du es einfach nur zu tun brauchst und alles andere automatisch folgt.

Jung sagt, daß sich im 19. Jahrhundert kein westlicher Psychologe vorstellen konnte, daß oberhalb oder unterhalb der bewußten Denkprozesse noch etwas existieren könne, weil für sie Denken mit Bewußtsein identisch war. Wie sollte dann also ein unbewußter Denkprozeß existieren können? Das war absurd, »unwissenschaftlich«. Dann, als die Wissenschaft unseres Jahrhunderts mehr und mehr das Unbewußte entdeckte, entwickelte sich die Theorie des Unbewußten. Als man noch tiefer nachforschte, mußte man die Vorstellung eines *kollektiven* Unbewußten akzeptieren, nicht nur eines individuellen. Es sah absurd aus — Denken bedeutet schließlich etwas Individuelles, wie kann es da ein kollektives Denken geben? Aber inzwischen hat man sich mit dem Konzept eines kollektiven Geistes abgefunden.

Diese drei Kategorien entsprechen den ersten drei Einteilungen buddhistischer Psychologie, des buddhistischen Yoga — den ersten drei. Buddha nennt weitere hundertsechzig Teilstufen. Jung sagt: »Zuvor hatten wir diese drei abgelehnt. Jetzt akzeptieren wir sie. Möglich, daß noch andere existieren. Wir müssen nur Schritt für Schritt weitergehen, tieferen Einblick gewinnen.« Jungs Zugang zu diesen Dingen ist sehr rational, tief im Westen verwurzelt.

Beim Yoga mußt du auf rationale Weise vorangehen — aber nur, um in das Irrationale zu springen. Das Ende ist notwendigerweise irrational. Das, was du verstehen kannst — das Rationale — kann nicht der Ursprung sein, weil es begrenzt ist. Der Ursprung muß größer als du sein. Die Quelle, aus der du gekommen bist, von der jeder, das ganze Universum, gekommen ist — und in die es wieder zurückgeht und verschwindet — muß mehr als dies sein. Das, was Gestalt angenommen hat, muß weniger sein als sein Ursprung. Der rationale Geist kann sich von allem, was formhaft ist, ein Bild machen, es verstehen. Das Formlose jedoch bleibt ihm verhüllt.

Yoga besteht nicht darauf, daß der Mensch nur rational sein soll. Yoga sagt: »Es ist rational, das Irrationale anzunehmen. Es ist rational konsequent, anzunehmen, daß das Rationale Grenzen hat.« Wahres und aufrichtiges Denken weiß immer um die Grenzen der Vernunft, weiß, daß sie irgendwo ein Ende hat. Jeder, der wirklich rational ist, erreicht einen Punkt, wo er das Irrationale spürt. Wenn du alle Möglichkeiten des Rationalen ausschöpfst, erkennst du seine Grenzen.

Einstein erging es so; Wittgenstein erging es so. Wittgensteins *Tractatus* ist eines der rationalsten Bücher, die jemals geschrieben wurden, er gehörte zu den rationalsten Denkern. Er spricht über die Existenz auf sehr logische Weise. Wie er sich ausdrückt, seine Worte, seine Sprache — alles ist rational; aber dann sagt er: »Es gibt einen Punkt, über den hinaus nichts gesagt werden kann, und ich muß darüber schweigen.« Dann schreibt er: »Das, was nicht gesagt werden *kann, darf nicht* gesagt werden.«

Damit bricht das ganze Bauwerk zusammen: *das ganze Bauwerk!* Wittgenstein versuchte, das gesamte Phänomen des Lebens und der Existenz rational anzugehen, und dann kommt plötzlich ein Punkt, an dem er sagt: »Jetzt, jenseits dieses Punktes, kann man nichts sagen.« Damit ist aber doch etwas ausgesagt, und zwar etwas sehr Bedeutsames. Es gibt jetzt etwas, das man nicht benennen oder definieren kann, vor dem alle Definitionen einfach zusammenbrechen.

Bis heute ist noch jeder wirklich logische Kopf an diesem Punkt angekommen. Einstein starb als Mystiker ... und als ein größerer Mystiker als eure sogenannten Heiligen; denn, wenn man ein Mystiker ist, ohne jemals versucht zu haben, dem Weg der Vernunft zu folgen, kann die Mystik nicht sehr tief gehen. Dann hat man die Grenzen nicht wirklich kennengelernt. Ich habe ›Mystiker‹ gesehen, die über Gott als ein logisches Konzept reden, über ihn diskutieren! Es gab christliche Mystiker, die versuchten, Gott zu

›beweisen‹. Was für ein Unsinn! Wenn du selbst Gott beweisen kannst, was läßt du dann noch unbewiesen? ... und das Unbewiesene ist der Ursprung.

Einer, der auch nur einmal einen Einblick ins Göttliche hatte, versucht nicht, es zu beweisen; tut man es, ist es nur ein Zeichen dafür, daß man niemals in Kontakt mit der Quelle des Lebens war, die unbeweisbar ist und bleibt. Das Ganze kann nicht von seinem Teil aus bewiesen werden. Meine Hand, zum Beispiel, kann nicht meine Existenz beweisen. Sie ist weniger als ich, sie kann nicht für mich stehen. Der Versuch muß kläglich scheitern. Wenn die Hand für sich selbst einstehen kann, ist das mehr als genug — wenn die Hand sich selber kennt, weiß sie auch, daß sie in einem größeren Ganzen verwurzelt ist, mit dem sie dauernd eins ist. Sie existiert, weil dieses Größere auch existiert.

Wenn ich sterbe, dann stirbt auch meine Hand. Es gab sie nur, weil es mich gab. Das Gesamte bleibt unbeweisbar; man kann nur die Teile erkennen. Wir können das Ganze nicht beweisen, aber wir können es fühlen. Die Hand kann mich nicht beweisen, aber sie kann mich fühlen. Sie kann tief in sich hineingehen, und wenn sie die Tiefe erreicht, ist sie eins mit mir.

Die sogenannten Mystiker, die sich an der Vernunft stoßen, sind keine echten Mystiker. Ein wirklicher Mystiker nimmt niemals Anstoß an der Vernunft. Er kann damit spielerisch umgehen. Und er kann mit der Vernunft spielen, weil er weiß, daß sie das Mysterium des Lebens nicht zerstören *kann*. Sogenannte Mystiker und religiöse Leute, die sich vor der Vernunft, vor Logik und Argumenten fürchten, fürchten sich in Wirklichkeit vor sich selbst. Jedes Argument gegen sie kann innere Zweifel erzeugen; es kann ihre inneren Zweifel zum Vorschein bringen. Sie haben vor sich selber Angst.

Der christliche Mystiker Tertullian sagt: »Ich glaube an Gott, weil ich ihn nicht beweisen kann; ich glaube an Gott, weil es unmöglich ist, zu glauben.« Das ist es, was ein wirklicher Mystiker fühlt: »Es ist unmöglich, deswegen glaube ich.« Wenn es möglich ist, braucht man nicht zu glauben. Dann wird Gott einfach zu einem Begriff, einem ganz gewöhnlichen Begriff.

Das ist es, was Mystiker immer mit Vertrauen, mit Glauben meinten. Es ist nichts Intellektuelles, Begriffliches. Es ist ein Sprung ins Unmögliche. Aber du kannst nur vom Ende der Vernunft aus ins Mystische springen, niemals vorher. Wie soll das denn möglich sein? Du kannst nur springen, wenn du bis an die Grenzen des logischen Denkens vorgedrungen bist.

Du bist an einem Punkt angelangt, den du mit dem Verstand nicht überwinden kannst ... und es wartet etwas auf dich, was jenseits davon ist. Jetzt weißt du, daß du mit Vernunft nicht einen Schritt mehr weiterkommst, daß es aber ein ›Darüberhinaus‹ gibt. Selbst wenn du dich einschließt, an der Vernunft festhältst, ist eine Grenze entstanden. Du weißt, daß es Existenz jenseits der Vernunftsgrenzen gibt, und selbst, wenn du sie nicht überschreitest, wirst du zum Mystiker, weil du mit etwas in Berührung gekommen bist, das überhaupt nicht rational war.

Du hast alles, was durch Vernunft erfahrbar war, ausgeschöpft. Jetzt begegnest du etwas, das die Vernunft *nicht* verstehen *kann*. Wenn du springst, mußt du die Vernunft hinter dir lassen. Du kannst sie nicht mitnehmen. Das ist das eigentliche Vertrauen. Vertrauen ist nicht gegen Vernunft; es führt über sie hinaus. Es ist nicht antirational; es ist irrational.

Yoga ist die Methode, dich zum äußersten Rand der Vernunft zu bringen — und nicht nur das: es ist auch eine Methode zu springen. Springen — aber wie? Einstein zum Beispiel hätte sich leicht zu einem Buddha entfalten können, hätte er etwas über Meditationsmethoden gewußt. Er stand kurz davor: er kam in seinem Leben viele Male an den Punkt, wo der Sprung möglich war. Aber er ging immer wieder daran vorbei und verwickelte sich wieder im Vernunftdenken, und am Ende war er frustriert, weil er sein ganzes Leben mit Vernunft verbracht hatte.

Das hätte Buddha auch passieren können. Auch er hatte einen äußerst rationalen Verstand, aber er hatte Methoden zur Verfügung. Nicht nur Vernunft hat ihre Methoden: Es gibt auch Methoden des Irrationalen.

Yoga läuft auf irrationale Methoden hinaus. Rationale Methoden sind nur am Anfang nützlich. Sie dienen dazu, dich erst einmal zu überreden, anzuspornen, deine Vernunft zum Äußersten zu treiben. Wenn du zur äußersten Grenze kommst, dann wagst du den Sprung.

Gurdjieff hat einige tiefgehende irrationale Methoden ausgearbeitet. Eine der Methoden, die er bei einer Gruppe von Suchern anwandte, nannte er ›Stopp-Übung‹. Du bist zum Beispiel mit ihm zusammen und plötzlich ruft er »Stopp!«. Dann muß jeder genau in der Stellung, in der er sich gerade befindet, anhalten und so verharren. Deine Hand ist an einem bestimmten Platz, und da muß sie bleiben. Wenn deine Augen offen sind, dann müssen sie offen bleiben. Wenn dein Mund offen ist — du wolltest gerade etwas sagen —, dann muß er genauso bleiben, wie er war. Keine Bewegung!

Diese Methode fängt mit dem Körper an. Wenn es keine Bewegung im Körper gibt, dann gibt es plötzlich keine geistige Bewegung mehr. Beides hängt zusammen; du kannst deinen Körper nicht bewegen, ohne eine innere geistige Bewegung auszulösen und du kannst deinen Körper nicht zum völligen Stillstand bringen, ohne daß die innere Bewegung des Verstandes aufhört. Körper und Verstand sind nicht zwei Dinge; sie sind *eine* Energie. Die Energie ist im Körper dichter als im Verstand — die Dichte ist verschieden; die Frequenz der Wellenlänge ist verschieden —, aber es ist dieselbe Welle, derselbe Energiefluß.

Die Gurdjieff-Gruppe praktizierte diese Stopp-Übung einen Monat lang ununterbrochen. Eines Tages war Gurdjieff in seinem Zelt, und drei Leute aus der Gruppe gingen gerade durch einen trockenen Kanal, der zu dem Gelände gehörte. Plötzlich rief Gurdjieff von seinem Zelt aus »Stopp!«. Die Leute am Ufer hielten an, und auch die drei, die schon im Kanal waren. Dieser war trocken, es gab also kein Problem.

Dann floß plötzlich Wasser in den Kanal. Irgend jemand hatte die Schleuse geöffnet, und das Wasser lief in den Kanal. Als es den dreien schon bis zum Hals stieg, sprang einer von ihnen ans Ufer, weil er sich dachte: »Gurdjieff weiß nicht, was los ist. Er ist in seinem Zelt und hat keine Ahnung, daß der Kanal unter Wasser gesetzt wurde.« Der Mann dachte: »Ich muß raus. Jetzt wird es irrational, hier zu bleiben«, und kletterte aus dem Kanal.

Die anderen zwei blieben im Kanal, und das Wasser stieg immer höher. Schließlich reichte es ihnen bis zur Nase, und der zweite Mann dachte: »Was zu viel ist, ist zu viel. Ich bin nicht hierhergekommen, um zu sterben. Ich bin hergekommen, um etwas vom ewigen Leben zu erfahren, nicht um dieses zu verlieren«, und rettete sich zum Ufer.

Der dritte Mann blieb, wo er war. Er hatte dasselbe Problem, aber er beschloß zu bleiben, weil Gurdjieff gesagt hatte, daß dies eine irrationale Übung sei, die nur einen Sinn hätte, wenn sich der Verstand nicht einschalte. Er dachte: »Okay, ich bin bereit zu sterben ... ich kann diese Übung nicht abbrechen«, und blieb, wo er war.

Jetzt stieg das Wasser über seinen Kopf. Gurdjieff sprang aus seinem Zelt und in den Kanal und zog ihn ans Ufer. Er war schon fast ertrunken. Aber als er wieder zu sich kam, war er ein verwandelter Mensch. Er war nicht mehr derselbe, der da gestanden hatte und die Übung gemacht hatte. Er war mit etwas in Berührung gekommen; er hatte den Sprung gewagt.

Wo liegt die Grenze? Wenn du dich weiterhin an die Vernunft hältst, kannst du die Grenzen verfehlen. Du weichst immer wieder davor zurück. Manchmal muß man einen plötzlichen Schritt machen, um weiterzukommen. Dieser Schritt verwandelt dich; die Trennung ist überwunden. Ob du nun sagst, daß die Trennung zwischen bewußt und unbewußt, Vernunft und Nicht-Vernunft, Wissenschaft und Religion oder zwischen Ost und West verläuft — die Trennung muß überwunden werden. Das ist es, was Yoga heißt: ein Überschreiten der Grenze. Danach kannst du dich der Vernunft wieder bedienen, aber als ein verwandelter Mensch. Du kannst sogar alles völlig rational durchdenken, aber *du* wirst jenseits von Rationalität sein.

2

Durch Tun zum ›Nicht-Tun‹

Meditation ist immer etwas Passives; ihr innerstes Wesen ist passiv. Sie kann nicht aktiv sein, weil sie ihrer Natur nach ›Nichts-Tun‹ bedeutet. Sobald du etwas dafür tun willst, bringt allein das schon alles durcheinander. Die bloße Tatsache, daß du etwas tust, aktiv wirst, erzeugt ein Störfeld.

›Nicht-Tun‹ ist Meditation, aber damit meine ich nicht, daß du nichts zu tun bräuchtest. Um zu diesem ›Nicht-Tun‹ zu kommen, muß man sehr viel tun — was aber nicht mit Meditation selbst verwechselt werden darf. Was man dafür tut, ist nur ein Startblock, ein Sprungbrett. Alle Mühe, alles ›Tun‹ ist nichts als ein Sprungbrett — aber nicht Meditation selbst.

Du näherst dich der Türe, bist auf den Stufen ... Die Türe ist Nicht-Tun, aber um diesen Zustand geistiger Passivität zu erreichen, muß man sich viel Mühe machen. Aber diese Mühe hat noch nichts mit Meditation selbst zu tun.

Die Lebensenergie arbeitet mit polaren Gegensätzen. Das Leben ist ein dialektischer Prozeß: es ist keine eindimensionale Bewegung. Es fließt nicht wie ein Fluß, es ist dialektisch. Mit jeder Bewegung erzeugt es sich einen Gegenpol und durch die Auseinandersetzung mit dem Gegenpol bewegt es sich vorwärts. Die These sorgt mit jeder neuen Bewegung für die Antithese. Und das geht so weiter: die These erzeugt eine Antithese, verschmilzt mit der Antithese zur Synthese und wird zu einer neuen These. Dazu bildet sich dann wieder die Antithese ...

Wenn ich vom Leben als einer dialektischen Bewegung spreche, meine ich, daß es nicht einfach geradlinig verläuft; es ist eine in sich geteilte Bewegung: sie spaltet sich entzwei, erzeugt das Gegenteil und vereint sich dann wieder mit dem Gegenteil. Dann spaltet sich wieder ein neuer Gegenpol ab. Und das gleiche Prinzip gilt für die Meditation, weil sie die tiefste Dimension des Lebens ist.

Wenn ich dir sage: »Entspann dich einfach«, ist das unmöglich, weil du nicht weißt, wie. Das sagen aber viele Pseudo-Lehrer, die dir Entspannung beibringen wollen, sie wiederholen immerzu: »Entspann dich einfach nur. Tu nichts; sei ganz entspannt.« Was sollst du dann aber machen? Du kannst dich zwar hinlegen, aber das ist nicht Entspannung. Der ganze innere Aufruhr bleibt ... nur ist jetzt noch ein neuer Konflikt dazu gekommen: du *mußt* dich entspannen! Damit hast du ein Gewicht mehr auf dem Buckel. Zu deinen alten Spannungen, zu deiner ganzen inneren Verwirrung hast du nur noch etwas hinzugefügt — »Entspanne dich!«

Wer versucht, entspannt zu leben, verspannt sich mehr als alle anderen. Das ist unausweichlich, solange man den dialektischen Fluß des Lebens nicht verstanden hat. Man denkt, es sei eine gradlinige Bewegung: du bräuchtest dich bloß entschließen zu entspannen, und schon entspannst du dich ...

Das ist aber nicht möglich! Wenn du meinen Rat suchst, werde ich dir niemals sagen, dich einfach zu entspannen. Spann dich zuerst an, spann den Bogen bis zum Äußersten! Sei total angespannt! Leg dich mit deiner ganzen Kraft ins Zeug, erhöhe die Spannung bis zum Maximum, bis du nicht mehr kannst. Und dann plötzlich fühlst du, wie sich Entspannung ausbreitet. Du hast getan, was du konntest: jetzt erzeugt die Lebensenergie das Gegenteil.

Du hast die Spannung auf die Spitze getrieben. Mehr ist nicht möglich: bis hierhin und nicht weiter! Du hast deine ganze Energie in die Anspannung gelegt. Aber weiter geht es nicht; irgendwann muß sich die Spannung lösen, gleich ist es soweit. Jetzt beobachte genau, was geschieht. Durch die Anspannung bist du an den Rand gekommen, von wo aus du springen kannst. Darum geht es jetzt nicht weiter. Wenn du weitermachst, dann platzt du, überlebst es nicht. Der Höhepunkt ist da. Jetzt entspannt sich die Lebensenergie von selbst. Sie übernimmt alles Weitere.

Sei jetzt wach und beobachte, wie die Entspannung einsetzt. Jede Faser, jeder Muskel des Körpers, jeder Nerv entspannt sich ganz von allein, ohne daß du etwas tun mußt. Du tust nichts dazu, es passiert einfach. Du fühlst, wie der Druck an vielen Punkten deines Körpers nachläßt. Der ganze Körper wird einfach zu einer dichten Menge sich entspannender Punkte. Sieh es dir bewußt an.

Diese Bewußtheit ist Meditation. Aber sie ist ein Nicht-Tun. Du bist dabei nicht aktiv, weil Bewußtheit nicht getan werden kann. Sie hat mit ›Tun‹ nicht das geringste zu tun; Bewußtheit ist deine

Natur, ist das, woraus dein innerstes Wesen besteht. Du *bist* Bewußtheit. Alles was dir dein Tun eingebracht hat, ist deine Unbewußtheit ... und es hat dich große Mühe gekostet.

Für mich besteht Meditation also aus zwei Schritten: erstens, der aktive Schritt, der überhaupt nichts mit Meditation zu tun hat, und zweitens der völlig inaktive Schritt, das passive Bewußtsein — die wirkliche Meditation. Bewußtsein ist immer passiv, und sobald du aktiv wirst, büßt du deine Bewußtheit ein. Es ist erst dann möglich, zugleich aktiv und bewußt zu sein, wenn das Bewußtsein ein solches Ausmaß erreicht hat, daß man jetzt auch ohne Meditation mit dem Bewußtsein in Kontakt bleiben kann und es fühlt.

Sobald Meditation überflüssig wird, hörst du einfach damit auf. Jetzt bist du wach. Nur dann kannst du gleichzeitig bewußt und aktiv sein — sonst nicht. Solange du noch Meditation brauchst, kannst du bei deinen Handlungen nicht bewußt sein. Aber wenn selbst Meditation nicht länger nötig ist ...

Wenn du Meditation *bist*, brauchst du nicht länger zu meditieren. Dann kannst du aktiv sein, aber selbst in diesem Tun bleibst du immer der passive Zuschauer. Jetzt bist niemals mehr du es, der handelt: du bist das Bewußtsein, das zuschaut.

Bewußtsein ist passiv, und Meditation muß passiv sein, weil sie nur die Tür zum Bewußtsein bildet — zum vollkommenen Bewußtsein. Es ist deshalb Unsinn, von ›aktiver‹ Meditation zu sprechen. Meditation ist Passivität. Mag sein, daß man eine aktive Methode braucht, um dorthin zu kommen — das ist gut möglich —, aber das heißt nicht, daß Meditation an sich aktiv ist. Vielmehr hat sich, weil du so viele Leben lang aktiv warst, der Drang zur Tätigkeit deinem Verstand so tief eingeprägt, daß du jetzt selbst für das Nicht-Tun etwas tun mußt.

Du warst bisher so sehr in Tätigkeiten verwickelt, daß du sie nicht einfach fallenlassen kannst. Deswegen können Leute wie Krishnamurti hundertmal sagen: »Hör einfach damit auf«, aber du fragst dann doch jedesmal, *wie* du das machen sollst. Krishnamurti wird sagen: »Frage nicht wie. Laß es einfach fallen. Es gibt kein Wie. Ein Wie ist unnötig.«

In gewisser Weise hat er recht. Passive Wahrnehmung oder passive Meditation kennt kein ›Wie‹. Wenn es ein ›Wie‹ gäbe, dann könnte sie nicht passiv sein. Aber Krishnamurti macht den Fehler, den Zuhörer nicht in Betracht zu ziehen. Er redet über sich selber.

Meditation geschieht ohne ein ›Wie‹, ohne irgendeine Technik.

Bhagwan Shree Rajneesh

Bhagwan Shree Rajneeshs Morgen-Diskurse

Deshalb hat Krishnamurti absolut recht, aber er hat den Zuhörer vergessen, der nichts als Aktivität in sich hat: für ihn gibt es nichts als Tätigkeit. Wenn man ihm also sagt: »Meditation ist passiv, nicht aktiv, sie bedarf keiner Entscheidungen. Du brauchst einfach nur in diesem Zustand zu *sein,* du brauchst dich nicht anzustrengen; es ist mühelos«, dann spricht man eine Sprache, die der Zuhörer nicht verstehen kann. Er versteht es allenfalls linguistisch — und das macht es doppelt schwierig. Er sagt: »Aus intellektueller Sicht ist mir alles klar. Alles, was du sagst, leuchtet mir ein«, aber er kann die wahre Bedeutung nicht verstehen.

Nichts ist geheimnisvoll an Krishnamurtis Lehren. Er ist einer der Meister, bei denen alles offen zu Tage liegt. Nichts ist unverständlich. Alles ist klar, exakt, analytisch, logisch und rational, jeder kann es also verstehen. Und genau das wird zu einer riesigen Barriere, denn der Zuhörer glaubt, es zu verstehen. Er versteht die linguistische Seite, aber die verborgene Sprache des Nicht-Tuns versteht er nicht.

Was er versteht, sind die Wörter. Er hört ihnen zu, er kennt ihre Bedeutung. Er stellt Sinnverbindungen her. In seiner Vorstellung entsteht ein vollständiges, sinnvolles Bild. Was gesagt wird, wird verstanden; es findet eine intellektuelle Kommunikation statt. Aber das, worum es geht, die Sprache der Passivität, versteht er nicht. Er *kann* sie von seinem Standpunkt aus nicht verstehen. Sein Geist versteht nur die Sprache der Aktion, der Aktivität.

Deshalb muß ich von Aktivität reden und euch durch Aktivität zu dem Punkt führen, von dem ihr einfach in die Nicht-Aktivität springen könnt. Das Tun muß zu einem Höhepunkt kommen, wo du bei bestem Willen nichts mehr tun kannst. Wäre noch mehr Aktivität möglich, dann würdest du weiter machen.

Deine Aktivität muß erschöpft sein! Du mußt bis an die Grenze dessen gehen dürfen, was du tun kannst. Du mußt dazu gebracht werden, alles nur Menschenmögliche zu tun, bis du selber schreist — »Ich kann nicht mehr. Ich habe alles versucht. Es ist nicht mehr möglich, egal, wie sehr ich mich anstrenge. Ich bin am Ende.«

Dann sage ich: »Jetzt hör einfach auf!« Jetzt ist diese Aufforderung sinnvoll. Du bist an der Schwelle; jetzt bist du bereit, alles fallen zu lassen. Jetzt kannst du die Sprache der Passivität verstehen. Das war vorher unmöglich, weil du zu sehr mit Aktion geladen warst.

Ihr habt euch noch nie bis zum äußersten Extrem angestrengt.

Ihr könnt etwas nur vom Extrem, nie von der Mitte her aufgeben. Man kann den Sex erst aufgeben, wenn man ihn total durchlebt hat; dann kann man ihn einfach fallenlassen, nicht eher. Man kann auf alles verzichten, was man bis zur Neige ausgeschöpft hat. Wenn man etwas restlos erfahren hat, gibt es keinen Grund, zurückzukehren. Man kann es aufgeben, weil man es vollkommen kennengelernt hat.

Was du durch und durch kennst, langweilt dich. Selbst wenn du weitermachen wolltest — du bist an einem toten Punkt angelangt, und es gibt kein ›Weiter‹. Es geht weder vorwärts noch zurück — du befindest dich am absoluten Endpunkt. Jetzt kannst du einfach alles fallenlassen, kannst passiv werden. Und in diesem Moment tritt Meditation ein; sie blüht von selber auf. Sie kommt zu dir. Du fällst gleichsam ›tot um‹, ins Nicht-Tun hinein.

Daher führt für mich der Weg zur Mühelosigkeit über die Mühe: nur das Tun führt zum ›Nicht-Tun‹, nur durch den Verstand kommst du zur Meditation; es ist genau diese unsere materielle Welt, die zur Erleuchtung führt. Das Leben ist ein dialektischer Ablauf; sein Gegenpol ist der Tod. Man muß ihn benützen; man kann ihn nicht einfach aussparen.

Gehe tief hinein, und du wirst zum Gegenpol geworfen. Und sei wach dabei: wenn die Welle dich mitreißt, bleibe wach. Das ist leicht. Wenn du von einem Spannungshöhepunkt zur Entspannung gelangst, ist es sehr leicht, bewußt zu bleiben — sehr leicht. Und zwar deshalb, weil du dazu nur passiv zu sein brauchst, einfach nur zu beobachten brauchst.

Das Beobachten darf keine Anstrengung sein, das ist nicht notwendig. Du bist von der Aktivität so erschöpft, daß du denkst: »Zum Teufel, jetzt reicht's!« Dann ist plötzlich Meditation da, und du bist nicht mehr da. Und bist du erst einmal auf den Geschmack gekommen, dann wirst du diesen Geschmack niemals mehr verlieren. Er begleitet dich, wo immer du bist.

Er begleitet dich und durchdringt allmählich auch deine Handlungen. Du wirst etwas tun, und in der Mitte deines Seins herrscht ungetrübte Stille. Ringsherum — die ganze Welt. In der Mitte — Brahma. Auf der Oberfläche: jede erdenkliche Tätigkeit; im Zentrum: nichts als Schweigen. Aber ein sehr fruchtbares Schweigen, kein totes Schweigen, weil aus diesem Schweigen alles entsteht, selbst die Aktivität.

Alle Kreativität entspringt aus diesem Schweigen. Es enthält unendliche Möglichkeiten ... Mit ›Schweigen‹ meine ich nicht ein Friedhofsschweigen oder das Schweigen eines verödeten Hauses. Nein! Ich meine das Schweigen des Samenkorns, das Schweigen des Mutterleibes, das Schweigen der Wurzeln in der Erde. Es birgt viele verborgene Möglichkeiten, die ans Licht drängen.

Handlungen wird es weiterhin geben, aber niemanden, der handelt. Darum geht es bei der Suche; das ist das Ziel allen Suchens. Es gibt zwei gegensätzliche Traditionen: *Yoga* und *Samkhya*. Yoga sagt, daß man nichts ohne Mühe erreichen kann. Das ganze Yoga Patanjalis (Raja Yoga) besteht aus nichts anderem als Anstrengung. Und das war die Hauptströmung, weil ›Einsatz‹ und ›Anstrengung‹ von vielen verstanden werden können. Aktivität ist leichtverständlich, und so wurde Yoga zur Hauptströmung. Aber manchmal gab es Sonderlinge, die sagten: »Man braucht nichts zu tun.« Ein Nagarjuna, ein Krishnamurti, ein Huang Po — ein paar Sonderlinge. Sie sagen: »Es gibt nichts zu tun. Tu überhaupt nichts. Frage nicht nach einer Methode.« Das ist die Tradition des *Samkhya*.

Es gibt wirklich nur zwei Religionen in der Welt: *Yoga* und *Samkhya*. Aber *Samkhya* hat immer nur ein paar vereinzelte Individuen angesprochen, deswegen hört man nicht viel davon. Daran liegt es, daß Krishnamurti als sehr neuartig und originell erscheint. Er ist es nicht, es scheint nur so, weil *Samkhya* so unbekannt ist.

Yoga ist allgemein bekannt. Es gibt dafür Ashrams, Trainings-Zentren und Yogis in der ganzen Welt. Man kennt Yoga als die Tradition des Willens, der Anstrengung, während *Samkhya* so gut wie unbekannt ist. Krishnamurti hat kein einziges neues Wort gesagt; weil wir aber mit der Tradition des *Samkhya* nicht vertraut sind, scheint seine Botschaft neu zu sein. Revolutionäre gibt es nur dank unserer gesegneten Unwissenheit.

Samkhya bedeutet ›Erkennen‹. Samkhya sagt: »Es genügt zu erkennen; bewußte Wahrnehmung reicht aus.« Aber diese beiden Traditionen sind einfach nur dialektisch. Für mich sind sie nicht widersprüchlich. Für mich sind sie dialektisch, und eine Synthese ist möglich. Diese Synthese nenne ich *Mühelosigkeit durch Mühe*. Yoga durch Samkhya und Samkhya durch Yoga ... durch Tun zum Nicht-Tun. Heutzutage kann uns keine von diesen beiden dialektisch entgegengesetzten Traditionen, für sich allein genommen, weiterbringen. Man kann Yoga nutzen, um zu *Samkhya* zu kommen — und man muß es sogar benutzen, um *Samkhya* zu erreichen.

Wenn du die Hegelsche Dialektik verstehen kannst, wird dir der ganze Zusammenhang klar. Die Vorstellung einer dialektischen Bewegung ist seit Marx von niemandem mehr aufgegriffen worden, und er gebrauchte sie völlig anders als Hegel. Er wandte sie auf materielle Evolution, auf Gesellschaft und Klassen an, um gesellschaftliche Vorgänge im Klassenkampf darzustellen. Marx sagte: »Hegel stand auf dem Kopf, und ich habe ihn wieder auf die Beine gestellt.«

In Wirklichkeit war das Gegenteil der Fall. Hegel stand auf beiden Beinen, aber Marx stellte ihn auf den Kopf. Und durch Marx wurde das äußerst prägnante Konzept der Dialektik vom kommunistischen Dogma verunstaltet; trotzdem ist dieses Konzept brilliant und sehr bedeutsam. Es ist sehr tief. Hegel sagt: »Bei der Entwicklung einer Idee bewegt sich das Bewußtsein dialektisch. Bewußtsein bewegt sich durch Dialektik voran.«

Ich sage, daß alle Lebensenergie sich durch Dialektik voranbewegt, und Meditation ist das tiefste Phänomen überhaupt, die Explosion der Lebensenergie. Sie reicht tiefer als eine atomare Explosion, weil in einer atomaren Explosion nur ein Materieteilchen explodiert, in Meditation jedoch explodiert eine lebendige Zelle — eine lebendige Existenz, ein lebendes Wesen.

Zu dieser Explosion kommt es durch Dialektik. Strenge dich also an — aber behalte den Ruhepunkt in Erinnerung. Anstrengen mußt du dich, aber vergiß dabei nicht, daß das nur dazu dient, ein Stadium zu erreichen, in dem du nichts zu tun brauchst.

Samkhya und Yoga scheinen beide einfach zu sein. Weder Krishnamurti noch Vivekananda sind schwer zu verstehen, weil sie nur einen Teil des dialektischen Ganzen gewählt haben. Und so erscheinen sie sehr konsequent. Krishnamurti ist sehr konsequent, absolut konsequent. In den vierzig Jahren, die er schon öffentlich spricht, hat er kein einziges inkonsequentes Wort geäußert, weil er sich nur für einen Teilaspekt des gesamten Prozesses entschieden hat, dessen Gegenteil er unter den Tisch fallen läßt. Vivekananda ist auf seine Weise genauso konsequent.

Ich mag sehr inkonsequent erscheinen. Oder man könnte sagen, bei mir kann man sich nur auf eines verlassen: daß ich mir laufend widerspreche! Nehmt es dialektisch: Entspanne dich durch Anspannung — meditiere durch Tun.

In diesem Sinn spreche ich übers Fasten: es ist ein *Tun*, ein tiefgreifendes Handeln. Essen hat als Handlung weniger Gewicht als

Fasten. Man ißt und vergißt es wieder. Es ist keine große Handlung. Wenn du jedoch keine Nahrung zu dir nimmst, kannst du es nicht vergessen. Der ganze Körper, jede Zelle, verlangt danach. Dein Körper gerät in Aufruhr. Er ist sehr aktiv — aktiv bis zum Äußersten. Fasten ist nichts Passives.

Tanzen ist nicht passiv, sondern sehr aktiv. Am Ende *wirst* du zu Bewegung. Der Körper wird vergessen; nur Bewegung bleibt übrig. Tanz ist eine Kunst, die ungemein losgelöst ist vom Erdigen, vom Erdschweren, weil Tanz einfach nur rhythmische Bewegung ist. Tanz ist absolut ungegenständlich, deswegen kannst du ihn nicht festhalten. Du kannst den Tänzer, jedoch niemals den Tanz festhalten. Der Tanz verfliegt einfach in den Kosmos: er ist da, und dann ist er nicht da ... es gibt ihn nicht und auf einmal ist er da. Er kommt aus dem Nichts und ist hier. Tanz kommt aus dem Nichts und kehrt wieder zum Nichts zurück.

Wenn ein Tänzer hier sitzt, dann findet kein Tanz in ihm statt. Aber wenn ein Dichter hier sitzt, kann Dichtung in ihm sein. Wenn ein Maler hier ist, sind auf sehr subtile Weise Bilder in ihm anwesend. Bevor er überhaupt malt, ist das Malen schon im Gange. Aber bei einem Tänzer ist nichts da, und wenn trotzdem etwas da *ist*, dann ist er einfach technisch versiert, aber kein Tänzer. Die Bewegung ist jedesmal neu, tritt völlig spontan in Erscheinung. Der Tänzer macht sich nur zu einem Instrument für den Tanz: die Bewegung macht sich selbständig.

Nijinsky war einer der größten Tänzer dieses Jahrhunderts. Am Ende wurde er einfach verrückt ... und er war vielleicht der größte Tänzer der ganzen Geschichte. Aber die Bewegung überkam ihn so sehr, daß der Tänzer darin verlorenging. In seinen letzten Jahren hatte er sich nicht mehr in der Hand. Er konnte jeden Moment zu tanzen anfangen — egal, wo er war. Und wenn er tanzte, wußte niemand, wann er wieder damit aufhören würde. Es konnte die ganze Nacht so weitergehen ...

Wenn ihn ein Freund fragte: »Was ist aus dir geworden? Du fängst an, und dann gibt es kein Ende?«, dann sagte Nijinsky: »Ich bin nur am Anfang, dann ergreift etwas Besitz von mir und es gibt mich nicht mehr ... und wer tanzt, weiß ich nicht.«

Er wurde verrückt und kam in eine Anstalt; er starb in einem Irrenhaus.

Ganz gleich, was du tust — geh bis zu der Grenze, wo du entweder verrückt oder meditativ wirst. Lauwarme Suche hat keinen Zweck.

3
›Chaotische‹ Meditation ...

Der Mensch ist neurotisch. Nicht nur ein paar vereinzelte Menschen sind neurotisch, sondern die Menschheit selbst. Es geht nicht darum, ein paar Leute zu heilen, sondern die Menschheit als solche. Neurose ist der ›normale‹ menschliche Zustand, weil jeder Mensch eine Sozialisation, eine gesellschaftliche Prägung durchmacht. Man erlaubt ihm nicht, einfach das zu sein, was er ist. Er muß sich in ein bestimmtes Verhaltensmuster einfügen. Und dieses Muster erzeugt Neurose.

Die Gesellschaft gibt dir eine Form, drückt dir ihren Stempel auf. Du wirst auf bestimmte Formen und Normen zurechtgetrimmt. Du darfst nur einen Bruchteil deines Wesens ausdrücken, während der Rest unterdrückt wird. Das erzeugt Spaltung, Schizophrenie. Und der unterdrückte Teil kämpft weiter um Ausdruck.

Deswegen ist jeder Mensch schizophren, gespalten ... in sich geteilt, mit sich selber im Kampf. Der Mensch *als solcher* ist schizophren. Er kommt nicht zur Ruhe; er kann nicht still sein; er kann nicht glücklich sein. Er lebt dauernd in der Hölle. Und bevor du nicht ein Ganzes wirst, kommst du nicht aus dieser Hölle heraus.

Es muß etwas getan werden, was diese Neurose zum Ausbruch bringt, was sie freisetzt, etwas, das hilft, deine innere Kluft zu schließen. Das, was bis jetzt unausgedrückt war, muß zum Ausdruck kommen, und die ständige Unterdrückung des Unbewußten durch das Bewußte muß ein Ende finden.

Die alten Meditationstechniken tragen diesem Umstand keine Rechnung. Deswegen haben sie versagt. Meditationstechniken existieren schon seit langer Zeit, sie waren die ganze Geschichte hindurch bekannt: aber Buddha, Jesus, Mahavir — sie haben alle versagt. Ich sage nicht, daß sie nicht selber Erfüllung fanden. Sie erreichten ihre eigene Erleuchtung, aber sie konnten nicht vielen Menschen dazu verhelfen, Erleuchtung zu finden.

Warum hat sich Religion als so hilflos erwiesen? Aus einem einfachen Grund: man machte sich über die Menschen keine weiteren

Gedanken und führte sie, so wie sie waren, in alle möglichen Meditationstechniken ein. Diese Techniken nützen nur bis zu einem gewissen Grad: sie können nur auf die Oberfläche einwirken. Die innere Teilung bleibt bestehen: Religion diente nur als Tapete, die Mauern blieben morsch.

Zum Beispiel gibt es Zen-Techniken ... oder Mahesh Yogis Transzendentale Meditation ... und andere Techniken. Sie haben nur begrenzten Wert. Sie können dich beruhigen; auf der Oberfläche wirst du friedlicher. Aber nichts geschieht in deinem inneren Wesen. Es ist nicht möglich so! Außerdem ist diese oberflächliche Beruhigung gefährlich, weil du früher oder später doch wieder explodierst. Es ist nämlich nichts Grundlegendes passiert. Du hast nur dein Oberflächenbewußtsein dazu gebracht, ruhiger zu sein.

Du kannst dein Gemüt leicht mit Mantras beruhigen, oder durch Singen, durch alles mögliche. Alles, was innere Langweile verursacht, wird dir helfen, dich zu beruhigen. Wenn du, zum Beispiel, dauernd Ram — Ram — Ram wiederholst, erzeugt diese dauernde Wiederholung eine gewisse Schläfrigkeit, eine Langeweile, und dein Geist wird neblig, schläfrig. Du kannst diese Schläfrigkeit als Frieden, als Ruhe auslegen, aber sie ist es nicht. Es ist eine Art Abgestumpftheit. Das mag dir zwar dazu verhelfen, wenigstens dein Leben leichter zu ertragen. Auf der Oberfläche wenigstens kannst du dich zufriedener fühlen. Aber die neurotischen Kräfte kochen weiterhin in dir. Jeden Tag können sie zum Ausbruch kommen.

Solche Methoden sind nur ein Trostpflaster. Sehr wenigen Leuten ist damit geholfen. Und denjenigen, denen damit geholfen ist, kann auch ohne Techniken geholfen werden. Aber sie sind seltene Ausnahmen, die wenigen Glücklichen, die nicht neurotisch sind. Der Großteil der Menschheit ist weniger glücklich dran.

Deswegen geht es mir ausschließlich darum, zuerst eure innere Spaltung aufzuheben, euch wieder ganz zu machen — zur Einheit. Bevor du nicht ganz bist, kann nichts getan werden. Die grundlegende Frage ist also, wie man deine Neurose auflösen kann.

Meine Technik der Dynamischen Meditation akzeptiert deine Neurose so, wie sie ist und versucht, sie zum Ausdruck zu bringen. Die Technik beginnt von vornherein mit einer Katharsis. Du darfst dich nicht weiterhin unterdrücken, sondern mußt Wege finden, alles rauszulassen, auszudrücken. Verurteile dich nicht! Akzeptiere, was du bist, weil Bewertung nur Teilung mit sich bringt. Sobald du etwas akzeptierst, kannst du es hinter dir lassen, weil es Einheit erzeugt, wenn du dich mit dir abfindest; und wenn du innerlich eins bist, hast du die Energie weiterzugehen.

Wenn du innerlich gespalten bist, kämpft deine Energie mit sich selber. Dann kann sie nicht für spirituelle Wandlung eingesetzt werden. Deswegen finde dich mit allem ab, was du bist. Alles, was du bis jetzt unterdrückt hast, muß freigesetzt werden. Und wenn du deiner Neurose bewußt Luft machst, kommst du irgendwann zu einem Punkt, wo du nicht länger neurotisch bist.

Diejenigen, die ihre Neurose unterdrücken, werden immer neurotischer, während diejenigen, die ihr bewußt Ausdruck verschaffen, davon frei werden. R. D. Laing hat recht, wenn er sagt: »Gestehe dir zu, verrückt zu sein.« Er ist einer der einfühlsamsten Psychologen des Westens.

Du *bist* verrückt, deswegen muß etwas unternommen werden. Die traditionelle Einstellung war: »Unterdrücke deinen Wahnsinn. Laß ihn nicht aus dem Keller heraus, weil du sonst unzurechnungsfähig wirst«; aber ich sage: »Laß ihn raus; werde dir seiner bewußt. Das ist der einzige Weg, auf dem du geheilt wirst!«

Laß es raus! Innen wird es zu einem Gift. Wirf alles Krankhafte aus deinem System. Aber diese Katharsis muß man in einer sehr systematischen, methodischen Weise angehen; sie ist ein »Verrücktwerden *mit Methode*« ... ein bewußtes Verrücktwerden.

Du mußt zwei Dinge beachten: bleib dir dessen bewußt, was du tust, und unterdrücke nichts. Wenn unser Bewußtsein über unsere Verstandeskontrolle läuft, bedeutet das gewöhnlich Unterdrükkung. Das ist das Problem. In dem Moment, wo du dir gewisser Dinge bewußt wirst, fängst du an, sie zu unterdrücken. Deswegen muß man eines lernen: bewußt zu sein und nichts zu unterdrücken ... bewußt zu sein und *aus*zudrücken.

Mein System der Dynamischen Meditation* beginnt mit Atmen, weil der Atem tiefe Wurzeln in deinem Sein hat. Du hast es vielleicht bisher noch nicht bemerkt, aber wenn du deinen Atem verändern kannst, dann kannst du viele Dinge ändern. Wenn du deinen Atem genau beobachtest, dann wirst zu sehen, daß du bei Ärger oder Wut einen bestimmten Atemrhythmus hast. Wenn du verliebt bist, stellt sich ein völlig anderer Rhythmus ein. Wenn du entspannt bist, dann atmest du auf eine bestimmte Art, und wenn du angespannt bist, dann atmest du wieder anders. Du kannst

---

* Auch bekannt als chaotische Meditation.

nicht entspannt atmen und dich gleichzeitig ärgern. Das ist unmöglich.

Wenn du sexuell erregt bist, verändert sich dein Atem. Wenn du deinem Atem keine Veränderung erlaubst, verschwindet deine Erregung automatisch. Das bedeutet, daß das Atmen in tiefem Zusammenhang mit deiner geistigen Verfassung steht. Wenn du deinen Atem veränderst, kannst du deinen Gemütszustand verändern. Oder, wenn du deinen Gemütszustand veränderst, wechselt auch der Atemrhythmus.

Deswegen lasse ich euch mit Atmen beginnen; ich lasse euch im ersten Stadium zehn Minuten lang chaotisch atmen. Unter chaotischem Atmen verstehe ich tiefes, schnelles, kraftvolles Atmen, ohne jeglichen Rhythmus. Atme einfach ein und wieder aus, sauge den Atem ein und wirf ihn wieder hinaus, so kraftvoll, so tief und so intensiv wie möglich.

Dieses chaotische Atmen soll ein Chaos in deinem unterdrückten System auslösen. Was immer du bist, spiegelt sich in einem bestimmten Atemtypus wieder. Ein Kind atmet auf bestimmte Weise. Oder wer Angst vor Sex hat, atmet auf eine bestimmte Weise.

Man kann dann nicht tief durchatmen, weil jeder tiefe Atemzug das Sex-Zentrum trifft. Auch wenn man Furcht hat, kann man nicht tief durchatmen. Furcht erzeugt flaches Atmen.

Dieses chaotische Atmen soll alle deine bisherigen Verhaltensmuster zerstören. Es soll deine ganzen Panzerungen durchbrechen. Chaotisches Atmen erzeugt das Chaos, das dich erst dazu fähig macht, deine unterdrückten Emotionen rauszulassen. Und diese Emotionen stecken tief in deinem Körper.

Du bist nicht Körper *und* Geist: Du bist Körper/Geist, psychosomatisch. Du bist beides zusammen. Deshalb wirkt sich alles, was mit deinem Körper geschieht, auf das Gemüt aus, und alles, was mit deinem Gemüt geschieht, wirkt sich auf den Körper aus. Körper und Gemüt sind zwei Pole eines Ganzen.

Zehn Minuten chaotisches Atmen wirkt Wunder!! Es muß aber chaotisch sein. Es ist keine Art *Pranayama*, kein Yoga-Atmen. Es wird dadurch einfach ein Chaos erzeugt.

Tiefes, schnelles Atmen gibt dir mehr Sauerstoff. Je mehr Sauerstoff im Körper ist, desto lebendiger wirst du, desto mehr kommt die Tiernatur zum Vorschein. Tiere sind lebendig, der Mensch aber ist halbtot, halblebendig. Du mußt wieder zum Tier gemacht werden. Nur dann kann sich etwas Höheres in dir entwickeln.

Solange du nur halblebendig bist, kann man nichts mit dir anfangen. Deswegen bringt dich chaotisches Atmen auf die tierische Stufe: voll von Leben, vibrierend, vital — mit viel Sauerstoff im Blut, viel Energie in den Zellen. Deine Körperzellen werden energetisch angeregt. Dieser Sauerstoff hilft dem Körper, Elektrizität zu erzeugen — oder nenne es ›Bio-Energie‹. Wenn Elektrizität im Körper ist, kannst du tief in dich gehen und in neue Bereiche vorstoßen. Die Energie kann in dir arbeiten.

Der Körper hat seine eigenen Energiequellen. Wenn du auf sie durch viel Atem und Sauerstoff einhämmerst, dann fangen sie zu fließen an. Und wenn du wirklich lebendig wirst, dann bist du nicht länger ein Körper. Je lebendiger du bist, je mehr Energie in dem System fließt, um so weniger empfindest du dich als etwas Physisches. Du fühlst dich mehr als Energie und weniger als Materie.

Immer, wenn du vor Leben sprühst, löst sich deine Körperorientierung für Momente auf. Das ist einer der Gründe, warum Sex so große Anziehung ausübt: wenn du dich wirklich hingibst, total darin aufgehst, mit deiner ganzen Energie, dann bist du nicht länger ein Körper — sondern einfach nur Energie. Diese Energie zu fühlen, diese Energie anzufachen, ist unerläßlich, wenn du weitergehen willst.

Der zweite Schritt in meiner Technik der dynamischen Meditation ist Katharsis (Entladung). Ich möchte, daß du *bewußt* verrückt wirst. Was auch immer für Empfindungen aufsteigen — egal welche —, erlaube ihnen, sich zu entladen; hilf ihnen dabei. Keine Gegenwehr: nur ein Fluß von Emotionen. Wenn du schreien willst, dann schreie. Laß es zu. Ein tiefer Schrei, ein totaler Schrei, in den du dein ganzes Volumen hineinwirfst, ist sehr therapeutisch, bringt große Erleichterung. Viele Dinge, viele Krankheiten werden durch den Schrei einfach freigesetzt. Wenn der Schrei total ist, dann steckt dein ganzes Sein darin.

Erlaube dir also für die nächsten zehn Minuten (diese zweite Stufe dauert auch zehn Minuten), alles auszudrücken, durch Weinen, Tanzen, Schreien, Heulen, Springen, Lachen — ›Ausflippen‹, wie man sagt. Innerhalb von ein paar Tagen wirst du ein Gefühl dafür entwickeln, was gemeint ist.

Am Anfang mußt du dich vielleicht überwinden, dich dazu zwingen, oder es kann auch nur Schauspielerei sein. Wir sind so künstlich geworden, daß nichts Echtes, nichts Authentisches aus uns heraus kommt. Wir haben nie gelacht, nie geweint, wir haben nie authentisch geschrien. Alles ist nur Fassade — eine Maske. Deswegen kann es, wenn du mit dieser Methode beginnst — am Anfang erzwungen sein. Du mußt vielleicht übertreiben, einfach so tun ›als ob‹. Aber laß dich dadurch nicht stören. Mach weiter. Bald wirst du mit den Ursachen deiner Verdrängungen in Berührung kommen. Wenn du zu den Quellen dieser Unterdrückungen gelangst, dann finden sie ein Tor, sie werden freigesetzt, und du fühlst dich unglaublich erleichtert. Ein neues Leben fängt an, es ist eine zweite Geburt.

Dieses Ballastabwerfen ist eine grundlegende Voraussetzung ... und ohne sie kann kein Mensch, so wie er ist, meditieren. Um es zu wiederholen, ich spreche nicht von den Ausnahmen. Sie sind irrelevant.

Durch diesen zweiten Schritt, mit dem der psychische Unrat hinausgeworfen wird, wirst du leer. Das genau ist es, was mit ›Leere‹ gemeint ist: in dieser Leere kann etwas getan werden. Die Verwandlung kann einsetzen; Meditation ist jetzt möglich.

Dann, im dritten Stadium, setze ich den Laut HUH ein. In der Vergangenheit wurden viele Laute verwendet. Jeder Lautklang hat eine spezielle Aufgabe. Die Hindus zum Beispiel gebrauchten den Laut AUM. Das ist euch vielleicht bekannt. Aber AUM kommt für euch nicht in Frage. AUM schlägt an das Herzzentrum, aber der Mensch ist nicht mehr im Herzen verankert. AUM pocht an eine Türe, wo niemand zu Hause ist.

Die Sufis benutzten HUH, und wenn du laut HUH sagst, geht es tief zum Sex-Zentrum hinunter. So wird dieser Laut wie ein innerer Hammer gebraucht. Wenn du leer und offen bist, kann dich dieser Laut durchdringen.

Der Ton kann sich nur in dir bewegen, wenn du leer bist. Wenn du mit unterdrückten Emotionen geladen bist, dann wird nichts geschehen. Und manchmal ist es sogar gefährlich, irgendein Mantra oder einen Laut zu benützen, wenn du voll von Unterdrückungen und Verklemmungen bist. Jede Unterdrückungsschicht wird den Weg des Lautes verändern, und das endgültige Resultat kann etwas sein, das du dir nie hast träumen lassen, das du weder erwartet noch gewünscht hast. Du brauchst leeren Raum in deinem Geist; nur dann hat ein Mantra Sinn.

Deswegen gebe ich nur Leuten ein bestimmtes Mantra, die vorbereitet sind. Zuerst muß eine Katharsis stattfinden. Dieses Mantra HUH sollte niemals benützt werden, ohne daß die ersten beiden Schritte vorausgegangen sind. Es darf *niemals* vorher benützt werden. Nur im dritten Stadium, das zehn Minuten dauert, darf man HUH verwenden — und zwar so laut wie möglich: die volle Energie muß dafür aufgebracht werden. Du mußt mit dem Laut auf deine Energiequellen hämmern. Und wenn du leer bist — durch die Katharsis der zweiten Stufe —, kann dieses HUH tief in den Körper eindringen und das Sex-Zentrum aufrütteln.

Das Sex-Zentrum kann auf zwei Weisen aktiviert werden. Die erste ist natürlich. Jedesmal, wenn dich jemand vom anderen Geschlecht anzieht, wird das Sex-Zentrum von außen angereizt. Und auch dieser Reiz ist eine subtile Schwingung, ein Laut.

Ein Mann fühlt sich zu einer Frau hingezogen oder die Frau zum Mann. Warum? Wie ist das bei Mann und Frau zu erklären? Sie werden von einer positiven bzw. einer negativen Elektrizität getroffen: von einer subtilen Schwingung. Es ist in Wirklichkeit ein Laut. Ihr habt vielleicht beobachtet, wie die Vögel sich durch Laute gegenseitig sexuell anziehen. Ihr ganzes Gezwitscher ist sexuell. Sie reizen sich immer wieder durch bestimmte Laute an. Das Krähen eines Hahns, zum Beispiel, trifft ins Sex-Zentrum einer Henne.

Subtile elektrische Schwingungen wirken von außen auf dich ein. Wenn dein Sex-Zentrum von außen getroffen wird, beginnt deine Energie nach außen zu fließen — zum anderen hin: das führt dann zu Reproduktion und Geburt. Ein neuer Mensch wird aus dir geboren.

HUH dringt in dasselbe Energiezentrum ein, aber von innen. Und wenn das Sex-Zentrum von innen getroffen wird, dann beginnt die Energie, nach innen zu fließen. Dieser innere Fluß der Energie verändert dich völlig. Du wirst verwandelt: du gebierst dich selbst.

Du wirst nur dann verwandelt, wenn deine Energie in eine andere Richtung fließt als bisher. Jetzt fließt sie noch nach außen, aber dann beginnt sie, im Inneren zu fließen. Jetzt fließt sie noch nach unten, aber dann steigt sie aufwärts. Dieses Aufwärtsfließen der Energie wird *Kundalini** genannt. Du wirst sie tatsächlich in deiner Wirbelsäule fließen fühlen ... und je höher sie dringt, desto höher bewegst du dich mit ihr. Wenn diese Energie das *Brahma-Randhra* erreicht — das höchste Zentrum in dir: das siebente

* Auf Kundalini wird in Kapitel 6 näher eingegangen.

Zentrum, das sich unter der Schädeldecke befindet —, dann bist du auf der höchstmöglichen Stufe angelangt — dann bist du das, was Gurdjieff als den ›Mensch Nummer sieben‹ bezeichnet.

Du bist ›Mensch Nummer eins‹, wenn sich deine Energie nur im Sex-Zentrum befindet. Wenn ein wenig Energie zum Herzen steigt, dann bist du ›Mensch Nummer zwei‹: der Mensch mit Gefühl. Wenn Energie zum Intellekt geht, bist du ›Mensch Nummer drei‹: der Verstandesmensch. Das sind die gewöhnlichen Menschentypen — alle neurotisch auf ihre eigene Weise. Der eine ist emotional neurotisch, der andere körperlich, der dritte in seinem Denken. Aber alle drei sind ganz gewöhnliche Menschen.

›Mensch Nummer vier‹ ist einer, der versucht, die Energie nach innen zu leiten: der Mensch, der meditiert und sich bemüht, seine Neurose, seine Spaltungen, seine Schizophrenie aufzulösen. Das ist ›Mensch Nummer vier‹. Indem sich diese Energie nach oben und innen wendet, wird ein höherer Mensch geschaffen. Dieser höhere Mensch ist dann nicht mehr neurotisch, nicht mehr schizophren — er ist heil, er ist ganz.

Dann kommt ein Moment, wenn die Energie sich von deinem letzten Zentrum löst und in den Kosmos aufsteigt. Du wirst zum Übermenschen. Oder, besser, du bist nicht länger ein Mensch. Und erst in diesem Moment — wenn du nicht länger Mensch bist — bist du nicht mehr verrückt.

Der Mensch kann also nicht anders, als auf irgendeine Art verrückt zu sein, weil sein Wesen sich nicht kristallisiert hat. Im Gegenteil, er ist nur eine Fassade. Der Mensch ist nichts Abgeschlossenes, sondern eher ein Prozeß — auf halbem Weg. Er ist nicht mehr Tier und er ist noch nicht das, wozu er bestimmt ist. Er ist einfach nur auf halber Strecke zwischen Tier und Gott. Das ist es, was Neurosen erzeugt.

Du bist nicht mehr Tier, aber das Tier steckt immer noch in dir. Es zieht dich unentwegt nach unten. Es gibt daran nichts Schlechtes; ein Tier kann nichts anderes tun. Es zieht dich nach unten, weil das seiner Natur entspricht. Aus diesem Grund zieht es dich ins Sex-Zentrum.

Das Sex-Zentrum ist das höchste Zentrum für das Tier und das niedrigste für den Menschen. Deswegen hat das Tier in dir keine andere Wahl. Es zieht dich zum Sex-Zentrum hinunter. Das aber ist dein niedrigstes Zentrum und nicht deine höchste Möglichkeit. Deine höchste Möglichkeit liegt im Übermenschen — jenseits des

Menschlichen; sie ist etwas, das über das Menschliche hinausgeht. Diese höchste Möglichkeit — der Übermensch, der Gott in dir — zieht dich immerzu nach oben.

Diese beiden Zugkräfte erzeugen Schizophrenie. In einem Moment zieht es dich nach oben und du bist wie ein Heiliger, und im nächsten Moment zieht es dich nach unten und du benimmst dich wie ein Tier. Der Geist verwirrt sich. Du kannst nicht mit ganzem Herzen ein Tier sein — du kannst dich nicht mit dem inneren Tier zufrieden geben —, weil du immer von der höheren Möglichkeit, die noch im Keim steckt, herausgefordert wirst. Aber du kannst das Tier nicht beseitigen. Es ist da; du hast es geerbt. Und so spaltest du dich in zwei Hälften. Du schiebst den tierischen Teil ins Unbewußte ab und identifizierst dich bewußt mit der höheren Möglichkeit, die du aber noch nicht bist.

Diese höhere Möglichkeit ist das Ideal, die Vollendung. Soweit du bewußt bist, identifizierst du dich mit der Vollendung, aber unbewußt stehst du am Anfang. Diese zwei Punkte erzeugen Konflikt, und du kannst dem Zwiespalt nicht entkommen, bevor du nicht über das Menschliche hinausgehst. Der Mensch *ist* Wahnsinn.

Im dritten Stadium verwende ich HUH als Auslöser, um deine Energie nach oben zu leiten. Diese ersten drei Schritte sind kathartisch. Sie haben nichts mit Meditation zu tun, sondern sind nur die Vorbereitung dafür. In ihnen ›läufst du dich warm‹, nimmst den Anlauf für den Sprung; der Sprung selbst kommt erst.

Der vierte Teil ist der Sprung. In der vierten Phase lasse ich dich abrupt *anhalten!* Wenn ich »Stopp!« rufe, dann gefrierst du vollkommen. Zucke mit keiner Wimper, denn alles, was du jetzt tust, ist Ablenkung, und du versäumst den springenden Punkt. Jede Kleinigkeit — und wenn es nur ein Husten oder Niesen ist — kann dir die ganze Sache verpatzen, weil deine Aufmerksamkeit abgelenkt wird. Dann hört die Energie sofort auf, nach oben zu fließen, weil deine Aufmerksamkeit abgelenkt wird.

Tu gar nichts. Du stirbst nicht deswegen. Selbst wenn du niesen mußt, und du niest zehn Minuten nicht, dann stirbst du deswegen nicht. Wenn du einen Hustenreiz spürst und du reagierst nicht darauf, dann stirbst du noch nicht. Laß deinen Körper erstarren, damit die Energie nach oben fließen kann.

Wenn die Energie nach oben steigt, wirst du immer stiller. Schweigen ist eine Nebenerscheinung der Energie, wenn sie nach oben fließt, ebenso wie sich als Nebenerscheinung Verspannung einstellt, wenn die Energie nach unten fließt. Jetzt wird dein Körper so still — als ob es ihn nicht mehr gäbe. Du kannst ihn nicht mehr fühlen. Du bist körperlos geworden. Und wenn du still bist, ist die ganze Existenz still, weil die Existenz nichts anderes als ein Spiegel ist. Sie reflektiert dich. Wenn du still bist, ist auf einmal die ganze Existenz still.

Wenn du dann still geworden bist, beobachte einfach nur — bleibe wach, aufmerksam: tue nichts, sondern sei nur ein Beobachter, sei einfach nur bei dir selbst; mach *überhaupt nichts* — keine Bewegung, kein Verlangen, kein Gedanke, kein Planen — sei einfach hier und jetzt, und beobachte schweigend, was geschieht.

Dieses Im-Mittelpunkt-Verharren, in dir selbst, wäre dir ohne die vorhergehenden drei Schritte nicht möglich. Vor diesen drei Schritten kannst du nicht bei dir selbst sein. Du magst darüber reden soviel du willst, aber alles Denken und Träumen nützt dir nichts, weil du nicht darauf vorbereitet bist.

Diese ersten drei Schritte bereiten dich vor, im Moment zu sein. Sie machen dich bewußt. Das ist Meditation. In dieser Meditation geschieht etwas, das jenseits von Worten ist. Wenn es einmal geschehen ist, wirst du niemals wieder derselbe sein: es ist unmöglich. Das ist Wachstum; es ist nicht einfach nur eine Erfahrung. Es ist ein Wachsen.

Das ist der Unterschied zwischen falschen und echten Techniken. Mit falschen Techniken kannst du eine Erfahrung machen, aber dann fällst du wieder zurück. Es war nur ein kurzer Einblick, es ist kein Wachstum. Das kann mit LSD passieren. Du verschaffst dir eine vage Vorstellung damit. Das kann mit anderen Techniken geschehen: anfangs ein Schimmer, es passiert etwas mit dir, aber dann fällst du wieder zurück, weil du nicht durch eigene, bewußte Schritte dahin gekommen bist. Die Erfahrung kam *zu dir*; du bist nicht zu der Erfahrung gekommen. Du bist nicht gewachsen. Wenn du wächst, dann kannst du nicht zurückfallen.

Wenn ein Kind träumt, ein junger Mann zu sein, kann es eine Vorstellung davon haben. Aber es ist ein Traum. Der Traum wird verfliegen, und das Kind ist wieder Kind, weil es kein echtes Wachstum war. Aber wenn du gewachsen bist und ein junger Mann bist, kannst du nicht zurückfallen und wieder zum Kind werden. Es ist wirkliches Wachstum. Das ist das Kennzeichen, an dem man beurteilen kann, ob eine Methode, eine Technik echt oder falsch ist.

Es gibt falsche Techniken, die leichter anzuwenden sind. Sie führen nirgendwo hin. Wenn du nur auf spektakuläre Erlebnisse aus bist, wirst du auf alle möglichen falschen Techniken hereinfallen. Einer echten Technik geht es nicht nur um interessante Erlebnisse. Einer echten Technik kommt es auf Wachstum an. Erlebnisse, Erfahrungen geschehen nebenbei, das ist irrelevant. Für mich zählt Wachstum, nicht neue Erfahrungen.

Du mußt wachsen, um eins zu werden, heil zu werden. Das kann dir nicht aufgezwungen werden. Die Gesellschaft versucht, dir etwas aufzudrängen, aber du bleibst in dir geteilt und alles andere ist nur Fassade.

Mir geht es nicht darum, dir Gesundheit aufzuzwingen, sondern vielmehr darum, deine Krankheit zum Vorschein zu bringen. Wenn sie vollkommen ans Tageslicht gekommen ist, in alle Winde verweht ist, kommt Gesundheit von selber: du wirst dich entwickeln, wachsen, ein anderer Mensch sein. Das ist das Geheimnis von Meditation.*

---

* Nach zehnminütigem Schweigen schließt die Dynamische Meditation mit zehn Minuten Feiern — Singen, Tanzen. Man gibt seiner Freude Ausdruck oder seiner Ekstase. Für eine stufenweise Beschreibung der Dynamischen Meditation siehe Kapitel 19.

4
. . . oder stille Meditation?

FRAGE:

»Dynamische Meditation ist sehr aktiv, sehr anstrengend. Kann man nicht auch meditieren, indem man einfach ruhig dasitzt?«

Du kannst dich in Meditation versenken, indem du einfach nur sitzt, aber dann *sitze einfach nur.* Tu nichts anderes. Wenn du einfach nur sitzen kannst, wird es zu Meditation. Gehe völlig im Sitzen auf; Nicht-Bewegung muß deine einzige Bewegung sein. Das Wort *Zen* kommt ja auch von dem Wort *Zazen*, das ›einfach sitzen . . . und nichts tun‹ bedeutet. Wenn du einfach sitzen kannst — vollkommen ruhig im Körper und ohne zu denken —, dann wird das zu Meditation. Es ist aber schwierig.

Du kannst sehr leicht sitzen, wenn du irgend etwas dabei tun kannst, aber sobald du nur sitzt und nichts tust, wird es zu einem Problem. Jede Faser des Körpers beginnt sich in dir zu regen: jede Ader, jeder Muskel pulsiert mit Bewegung. Du wirst ein verborgenes Zittern fühlen, wirst dir vieler Punkte im Körper bewußt, die dir vorher niemals aufgefallen waren. Und je mehr du versuchst, einfach nur zu sitzen, desto mehr fühlst du innere Bewegung. Deswegen kannst du erst dann ›sitzen‹, wenn du dich genügend vorbereitet hast.

Du kannst einfach nur gehen; das ist leichter. Du kannst einfach nur tanzen; das ist noch leichter. Und nachdem du solche Dinge, die dir leichter fallen, getan hast, kannst du sitzen. In Buddha-Haltung zu sitzen, ist wirklich der letzte Schritt. Man darf nie damit anfangen, sondern erst wenn du weißt, was es heißt, total in Bewegung aufzugehen, kannst du versuchen, dich auch mit Nicht-Bewegung eins zu fühlen.

Deswegen rate ich niemandem, mit bloßem Sitzen anzufangen. Beginne da, wo es dir leichtfällt. Sonst siehst du dich unnötigen Schwierigkeiten gegenüber — unnötig, weil sie nicht auftauchen, wenn du richtig anfängst.

Wenn du mit Sitzen anfängst, dann stößt du auf viele innere Störungen. Je mehr du versuchst, einfach nur zu sitzen, desto mehr Ablenkung stellt sich ein. Du nimmst nur die Ausgeburten deines verrückten Geistes wahr und sonst nichts. Dadurch wirst du niedergeschlagen, fühlst dich frustriert und unglücklich. Und dann fängst du erst wirklich an, dich verrückt zu fühlen. Es könnte sogar dazu kommen, daß du tatsächlich verrückt wirst!

Wenn du dich ernsthaft anstrengst, »einfach nur zu sitzen«, kannst du wirklich verrückt werden. Nur weil die Leute es nicht ernsthaft versuchen, kommt es nicht öfter dazu. In der Sitz-Haltung wirst du auf deinen inneren Wahnsinn aufmerksam, und wenn du dich darauf versteifst, »einfach zu sitzen«, kannst du wirklich verrückt werden. Es ist schon oft genug vorgekommen. Deswegen empfehle ich dir nichts, was zu Unzufriedenheit, Depression oder Traurigkeit führt ... nichts, was dich zu sehr auf deine Verrücktheit aufmerksam macht. Es könnte dich überfordern, deinem inneren Chaos ins Auge zu schauen. Man muß dir gestatten, gewisse Dinge nur schrittweise zu erfahren. Erkenntnis ist nicht immer gut. Sie muß sich langsam entfalten, und zwar in dem Maße, wie deine Fähigkeit wächst, das zu verkraften, was du erkennst.

Wegen deiner Verrücktheit fange ich nicht mit einer Sitz-Meditation an. Ich erlaube dir, deine Krankheit auszudrücken. Wenn du völlig ausgelassen tanzt, geschieht der Umkehreffekt. Bei einem verrückten Tanz wird dir ein stiller Punkt bewußt, der in dir ist; bei stillem Sitzen dagegen wird dir deine Verrücktheit bewußt. Das Gegenteil lenkt immer die Aufmerksamkeit auf sich.

Im wilden Tanzen, im Schreien, im chaotischen Atmen hat deine Verrücktheit freien Lauf. Dann nimmst du allmählich dein Zentrum wahr, einen Punkt tief in deinem Inneren, der ruhig und unbewegt ist, im Gegensatz zu dem Wirbelsturm an der Oberfläche. Ein Wonnegefühl steigt in dir auf, in deinem Zentrum herrscht Schweigen. Aber wenn du nur sitzt, dann ist der Irrsinn im Inneren. Du bist schweigsam nach außen hin, innen jedoch in hektischer Bewegung.

Es ist besser, wenn du mit etwas Aktivem, etwas Handfestem, mit lebendiger Bewegung beginnst. Dann stellt sich das Gefühl einer inneren Gelassenheit ein, die ständig zunimmt. Je mehr sie wächst, desto mehr kannst du in eine Sitz- oder Liege-Position übergehen — desto mehr stille Meditation wird möglich. Mit einer Technik hast du die Voraussetzung dafür geschaffen.

Eine Meditationstechnik, die mit Bewegung, mit Aktion beginnt, hilft dir auch noch auf eine andere Weise. Sie wird zur Katharsis. Wenn du einfach nur sitzt, bist du frustriert: dein Gemüt sucht nach Bewegung, und du sitzt einfach nur. Jeder Muskel, jeder Nerv fiebert. Du versuchst, dir etwas aufzuwingen, das unnatürlich für dich ist. Dann hast du dich geteilt, in den, der zwingt, und den, der gezwungen wird. Und der Teil, der gezwungen und unterdrückt wird, ist der wirklich authentische. Er hat eine größere Macht über deinen Geist als der Teil, der kontrollieren will, und der größere Teil gewinnt mit Sicherheit.

Was du unterdrückst, muß rausgeworfen werden. Es hat sich in dir angesammelt, weil du es dauernd verdrängt hast. Alle Erziehung, Zivilisation, Ausbildung arbeitet mit Unterdrückung. Du hast vieles verdrängt, was du bei einer anderen Erziehung leicht losgeworden wärest; bei einer bewußteren Erziehung, bei Eltern, die wissen, was sie tun. Hätte die Gesellschaft, in der du aufgewachsen bist, mehr von den psychischen Gesetzmäßigkeiten verstanden, hättest du viele Dinge einfach loswerden können.

Zum Beispiel, wenn ein Kind wütend ist, sagen wir ihm: »Das darfst du nicht.« Es fängt an, die Wut zu unterdrücken. Mit der Zeit wird das, was anfangs nur die Stimmung eines Augenblickes war, etwas Chronisches. Jetzt läßt das Kind den Ärger nicht heraus, indem es etwas *tut*, sondern staut den Ärger auf und bleibt wütend. Wieviel Ärger haben wir hinuntergeschluckt, wo es nur um augenblickliche Dinge ging. Niemand kann ständig verärgert und mißmutig sein, wenn er keinen Ärger anstaut. Wut ist etwas Flüchtiges, sie kommt und geht: Wenn du sie ausdrückst, bist du anschließend nicht mehr wütend. Ich würde also dem Kind erlauben, seinen Gefühlen freien Lauf zu lassen. Sei wütend, aber gehe wirklich tief in die Wut. Unterdrücke sie nicht.

Natürlich gibt das Probleme. Wenn wir die Wut zulassen, dann richtet sie sich normalerweise auf eine bestimmte *Person*. Aber ein Kind paßt sich leicht an. Man kann ihm ein Kissen geben und sagen: »Laß deine Wut am Kissen aus. Schlag auf das Kissen ein.« Man kann das Kind von Anfang an so erziehen, daß die Wut einfach abgeleitet wird. Man kann ihm irgendeinen Gegenstand geben. Dann kann es sich an diesem Objekt auslassen, bis der Ärger verflogen ist. Innerhalb von Minuten, von Sekunden, hat es dann den Ärger abreagiert und staut ihn nicht auf.

Du hast Ärger, sexuelles Verlangen, Gewalt und Gier aufgestaut — alles ist in dir! Dieser Haufen aufgestauter Gefühle macht dich innerlich verrückt. Er ist da, er steckt in dir. Wenn du mit irgendeiner passiven Meditation, zum Beispiel mit »einfach sitzen« beginnst, unterdrückst du dein Unbewußtes noch mehr und läßt es weiterhin nicht ans Tageslicht. Deswegen fange ich mit Katharsis an. Mach dir zuerst Luft. Und wenn du deinem Ärger Luft machen kannst, ohne einen anderen damit zu treffen, dann bist du reif geworden.

Wenn ich nicht von Liebe erfüllt sein kann, wenn ich allein bin, sondern nur, wenn jemand da ist, den ich liebe, dann bin ich noch nicht wirklich reif. Dann bin ich mit meiner Liebe von einem anderen abhängig. Ohne einen anderen kann ich nicht liebevoll sein. Solche Liebe kann nur sehr oberflächlich sein; sie ist nicht mein natürlicher Zustand. Wenn ich allein im Zimmer bin und keine Liebe fühle, dann ist es mit dieser Liebe nicht weit her; sie ist nicht sehr tief gedrungen.

Du wirst um so reifer, je weniger du abhängig bist. Wenn du allein wütend sein kannst, bist du reifer, weil du kein Objekt dazu brauchst. Deswegen mache ich Katharsis am Anfang zur Bedingung. Du mußt alles hinauswerfen, in den Himmel, ins Offene, ohne dabei irgendein Zielobjekt im Sinn zu haben.

Sei wütend, ohne die Wut auf den zu richten, der sie ausgelöst hat. Weine, ohne nach einem Grund zu suchen. Lache, lache einfach, ohne einen Anlaß. So kannst du den ganzen aufgestauten Dampf einfach ablassen. Du kannst dich des ganzen Wulstes einfach entledigen. Und wenn du erst einmal weißt, wie man das macht, kannst du dich von deiner ganzen Vergangenheit befreien.

Du kannst dich innerhalb von Momenten von den aufgestauten Gefühlen eines ganzen Lebens — oder sogar mehrerer Leben — befreien. Wenn du bereit bist, alles abzuschütteln, wenn du deiner Verrücktheit erlaubst, ans Tageslicht zu kommen, dann geschieht innerhalb von Momenten eine tiefe Reinigung. Danach bist du rein: frisch, unschuldig. Du bist wieder ein Kind. Mit dieser Unschuld, kannst du zu Sitzmeditation — einfach sitzen, oder liegen, oder was du willst — übergehen, weil es jetzt keinen Verrückten mehr in dir gibt, der dich dabei stören könnte.

Reinigung muß der erste Schritt sein — Katharsis. Mit Atemübungen, mit Sitzen, mit dem Üben von Asanas (Yoga-Positionen) würdest du nur etwas unterdrücken. Und dann geschieht etwas Merkwürdiges: wenn du allen Ballast los bist, geschieht das Sitzen von alleine, du nimmst Yoga-Positionen ein, ohne es zu beabsichtigen. Es geschieht spontan.

Du hast vielleicht noch nichts über Yoga-›Asanas‹ gehört, aber du beginnst, ähnliche Stellungen einzunehmen. Jetzt sind diese Haltungen echt, wirklich. Sie bringen viele Verwandlungen innerhalb deines Körpers mit sich, weil der Körper sie jetzt selber tut. Du zwingst sie ihm nicht auf. Wer innerlich leer ist, mag zum Beispiel versuchen, auf dem Kopf zu stehen. Er hat vielleicht nie gelernt, wie man ›shirshasan‹ (den Kopfstand) macht, aber jetzt will es sein ganzer Körper. Jetzt ist das ein innerer Drang. Der Impuls kommt vom inneren Wissen seines Körpers, nicht aus den intellektuellen, zerebralen Informationen des Verstandes. Wenn es ein echtes Bedürfnis des Körpers ist, auf dem Kopf zu stehen, und man diesem Drang nachgibt, dann wird man sich dadurch sehr frisch fühlen, wie erneuert.

Du kannst jede Haltung einnehmen, aber ich erlaube es nur, wenn es von selber geschieht. Jeder kann so tun, als ob er ruhig sei, und sich in ›siddhasan‹ (eine Sitzposition im Yoga) begeben, oder in jede andere Position, aber dieses *›siddhasan‹* ist jetzt etwas völlig Unnatürliches. Die Qualität ist anders. Er *versucht*, zu schweigen, still zu sitzen; echtes Sitzen geschieht jedoch von selbst. Es gibt darin kein Vermeiden und keine Absicht. Dein Körper will es einfach tun; dein ganzes Sein fühlt sich nach Sitzen. In diesem Sitzen ist dein Geist nicht geteilt, du unterdrückst nichts. Durch dieses Sitzen wirst du aufblühen.

Du hast bestimmt schon Statuen Buddhas gesehen, die ihn auf einer Blume sitzend, auf einem Lotus darstellen. Der Lotus ist nur symbolisch. Er ist symbolisch für das, was in Buddha geschieht. Wenn ›einfach sitzen‹ von innen heraus geschieht, dann fühlst du dich wie das Sich-Öffnen einer Blume. Nichts wird von außen erzwungen, sondern es ist ein Wachsen, ein Sich-Öffnen von innen her. Es öffnet sich etwas in dir und entfaltet sich. Du kannst Buddhas Haltung nachahmen, aber nicht den Lotus. Du kannst haargenau wie ein Buddha dasitzen — sogar Buddha-hafter als Buddha selbst —, aber das innere Aufblühen findet nicht statt. Man kann es nicht nachahmen.

Du kannst Tricks anwenden. Du kannst Atem-Rhythmen folgen, die dich zwingen, ruhig zu sein, die deine Gedanken beschwichtigen. Mit Atmen kannst du dich leicht manipulieren, weil mit jedem Atemrhythmus eine bestimmte Stimmung in dir ent-

Arbeit als Meditation: Schneidern

Tanzen — eine Phase in allen dynamischen Meditationstechniken Bhagwan Shree Rajneeshs (Kundalini, Nataraj, dynamische Meditation)

steht. Das bedeutet jedoch nicht, daß damit die anderen Schwingungen verschwinden, sie werden nur zugedeckt.

Du kannst dich zu allem zwingen. Wenn du wütend sein willst, dann atme einfach in dem Rhythmus, der in der Wut aufkommt. Das ist es, was Schauspieler tun; wenn sie Wut darstellen wollen, ändern sie ihren Atem. Der Atemrhythmus muß der der Emotion sein, die dargestellt werden soll. Durch schnelles Atmen entsteht das Gefühl von Wut. Das Wutpotential des Gemüts kommt zum Vorschein.

Auf diese Weise kann der Atemrhythmus dazu benützt werden, das Gemüt zu manipulieren und alles, was in den Sinn kommt, zu unterdrücken. Aber das hat keinen Zweck; zum Aufblühen kommt es dadurch nicht. Der andere Weg ist besser — erst verändert sich dein Geist bzw. dein Gemüt, und dann, als Konsequenz, ändert sich dein Atem. Die Veränderung geht vom Gemüt selber aus.

So ist für mich der Atemrhythmus eines Menschen ein Hinweis dafür, ob er mit sich im klaren ist; wenn ja, dann bleibt er ständig im selben Atemrhythmus. Der Atem läßt sich nicht mehr von Gedanken beeinflussen. Er ändert sich nur mit der Körperbewegung — wenn du rennst, zum Beispiel, tritt eine Veränderung ein.

Im Tantra werden viele Atemrhythmen als geheime Schlüssel verwendet. Auch sexuelle Vereinigung wird als Meditation erlaubt, aber nur, wenn man seinen Atemrhythmus dabei gleichmäßig halten kann. Wenn sich Gedanken und Gefühle einschalten, dann kann der Atemrhythmus nicht gleichbleiben, und wenn der Atemrhythmus gleichbleibt, sind Gedanken und Emotionen ausgeschlossen.

Aber du kannst dich zwingen. Du kannst dich hinsetzen, deinem Atem einen bestimmten Rhythmus aufzwingen und eine Buddhahaltung vortäuschen, aber du wirst dann einfach nur leblos sein! Du wirst stumpfsinnig, dumm. So ist es vielen Mönchen und *Sadhus* ergangen. Sie werden einfach dumm! In ihren Augen ist kein Funke von Intelligenz; ihre Gesichter sind idiotisch — kein inneres Licht, keine innere Flamme. Weil sie sich so sehr vor jeder inneren Bewegung fürchten, haben sie alles unterdrückt — einschließlich ihrer Intelligenz. Intelligenz ist eine Bewegung, eine der subtilsten Bewegungen überhaupt; deswegen wird sie, wenn alle Bewegung unterdrückt wird, in Mitleidenschaft gezogen.

Bewußtsein ist nichts Stillstehendes. Auch Bewußtsein ist Bewegung: ein dynamischer Fluß. Wenn du deshalb von außen beginnst, dich zwingst, wie eine Statue zu sitzen, tötest du vieles ab.

Bemühe dich zuerst um Katharsis, um die Reinigung deines Geistes; indem du alles hinauswirfst, wirst du leer und offen — du bist nur noch ein Durchlaß, so daß die andere Realität in dir Fuß fassen kann. Danach kann dir stilles Sitzen weiterhelfen, vorher nicht.

Für mich ist Schweigen *an sich* bedeutungslos. Man kann auch ein lebloses Schweigen erzeugen. Schweigen muß lebendig, dynamisch sein. Wenn du Schweigen »machst‹, wirst du nur dumm, abgestumpft, leblos. Aber das ist in gewisser Weise einfach und deswegen machen es jetzt viele Leute so. Unsere ganze Zivilisation ist so sehr auf Unterdrückung eingestellt, daß es einfacher ist, sich noch mehr zu unterdrücken, denn dabei braucht man kein Risiko einzugehen, dabei braucht man den Sprung nicht zu wagen.

Es kommen Leute zu mir und sagen: »Gib uns eine Meditationstechnik, die wir im Stillen praktizieren können.« Warum diese Furcht? Jeder hat ein ganzes Irrenhaus in sich und trotzdem wollen sie eine Methode, die sie im Stillen anwenden können. Mit einer Technik, die auf Schweigen beruht, wirst du nur noch wahnsinniger, schweigend wahnsinniger, das ist alles.

Die Türen deines inneren Irrenhauses müssen geöffnet werden! Habt keine Angst, was andere sagen werden. Jemand, der sich danach richtet, was andere sagen, kann niemals nach Innen gehen. Er ist zu sehr mit dem beschäftigt, was andere sagen und denken könnten.

Wenn du einfach still sitzt, deine Augen schließt, ist alles in Ordnung. Deine Frau oder dein Mann werden sagen, daß du ein guter Mensch geworden bist. Jeder will, daß du harmlos, leblos bist. Selbst Mütter wollen, daß ihre Kinter sich totstellen, gehorsam und schweigsam sind. Die ganze Gesellschaft will dich tot sehen. Die sogenannten guten Leute sind in Wirklichkeit nur Leichen, deswegen kümmere dich nicht darum, was andere denken, was sie für ein Bild von dir haben.

Fange mit Katharsis an, und dann kann etwas Positives in dir aufblühen. Es wird sich ganz und gar neu anfühlen, eine neue Schönheit haben, dein ganzes Leben umwälzen. Was dann kommt, ist authentisch, es kommt aus dir selbst.

Wenn Stille zu dir kommt, wenn sie dich überkommt, ist es nichts Unechtes. Du hast sie nicht künstlich kultiviert. Sie kommt zu dir, aus heiterem Himmel. Du spürst, wie sie in dir wächst, so wie eine Mutter fühlt, daß ein Kind in ihr heranwächst.

Ein tiefes Schweigen wächst in dir; du wirst schwanger damit. Nur dann verwandelt es dich auch; alles andere ist nur Selbsttäuschung. Und man kann sich Leben für Leben belügen. Die Fähigkeit dazu ist grenzenlos.

FRAGE:

»Aber bedeutet Meditation nicht Akarma *(Nicht-Tun)?«*

Das vierte Stadium der Dynamischen Meditation ist ja genau *akarma* (Nicht-Tun), nur die ersten drei Stufen sind aktiv. In der ersten, zweiten und dritten Stufe muß man sich bis zum Äußersten anstrengen. Im ersten Stadium ist dein »vitaler Körper«*, dein Atmen, in intensiver Bewegung, in extremer Aktivität. Durch die extreme Aktivität im vitalen Körper — in deinem *prana-sharira* — deinem Atmen, wird der zweite Schritt möglich: die Aktivität deines physischen Körpers wird intensiviert. Und im dritten Stadium, nachdem du dich physisch bis ins Letzte verausgabt hast, wird es möglich, im mentalen Körper aktiv zu werden.

Auf diese Weise erzeugst du in den drei Körpern — im physischen, im vitalen und im mentalen Körper — einen Höhepunkt an Aktivität, einen Spannungshöhepunkt. Du wirst immer angespannter. Eine ganze Existenz wird ein Wirbelsturm. Je intensiver, desto größer die Möglichkeit, im vierten Stadium zu entspannen.

Die vierte Stufe ist totale Entspannung. Diese Entspannung ist nicht herbeigeführt, weil kein Mensch wirklich Entspannung herbeiführen kann. Entspannung tritt nur als die Folge, als Schatten intensiver Anspannung ein. Entspannung zu praktizieren ist ein Widerspruch in sich. Jedes Praktizieren bedeutet, eine Spannung herzustellen. Entspannung bedeutet Nicht-Tun, und das läßt sich nicht praktizieren. Du kannst nur darauf stoßen, von allein dahingelangen.

Nur durch intensive Aktivität kannst du eine Situation erzeugen, die dich in den Zustand des ›Gehen-lassens‹ bringt. Deswegen ist erst die vierte Stufe »akarma«. Jetzt tust du nichts: jetzt *bist* du. Du existierst darin; es gibt nichts, was du tust. Wenn etwas geschieht,

* Zur Erläuterung der »sieben Körper« siehe Kapitel 17.

dann geschieht es auf natürliche Weise, nicht von dir aus. Du selbst tust überhaupt nichts mehr. Es gibt kein Tun.

In diesem Stadium des Nicht-Tuns (in diesem *akarmischen* Stadium) kommen sich das Kosmische und das Individuelle näher. Sie vermischen sich; sie verlieren ihre Identität; die Grenzen werden fließend. Es dringt etwas vom Kosmischen in dich ein, und etwas von dir geht ins Kosmische über. Die Grenzen werden durchlässig und flüssig. Für Momente gibt es keine Grenze — du fühlst es als eine Abwesenheit des Bewußtseins. Es gibt keine Grenzen mehr — kein Ende und keinen Anfang. Und dann fangen die Grenzen wieder an, sich um dich herum zu kristallisieren.

Dieser Zustand flackert hin und her. Manchmal fühlst du deine Grenzen und manchmal nicht. Aber je entspannter du bist, desto mehr verschwimmen die Grenzen. Irgendwann kommt dann ein Moment, der unvorhersagbar ist, ein Moment, in dem es geschieht, unverursacht und von nichts bedingt — der Moment, in dem du die Grenzen endgültig verlierst.

Dann tritt ein menschliches Wesen ohne Begrenzungen in Erscheinung, ein Geist ohne Barrieren, ein Bewußtsein ohne Einschränkungen. Das ist das Kosmische, das ist das Göttliche, das ist Ganz-Sein.

5
Tief ins Bekannte eintauchen

Ich glaube nicht an feststehende, starre Methoden. Ich verwende Methoden nur, um dich in ein abgrundtiefes Bewußtseinschaos zu werfen; zuerst muß dein gesamtes Verhaltensmuster zerstört werden. Du bist fest und starr und mußt flüssiger werden, fließender. Und bevor du nicht strömst wie ein Fluß, kannst du das Göttliche nicht erkennen, weil es kein Ding ist: es ist ein lebendiges Geschehen.

Du kannst das Göttliche nicht suchen, weil du nur suchen kannst, was du bereits kennst. Suchen bedeutet begehren, und du kannst nicht nach etwas Unbekanntem suchen. Wie willst du etwas suchen, was du überhaupt nicht kennst? Der Drang, nach etwas zu suchen, kann erst aufkommen, wenn du es schon einmal gekostet, es kennengelernt hast — und war es auch noch so flüchtig. Das Göttliche kann man also nicht suchen. Aber wenn ich sage, daß man das Göttliche nicht suchen kann, meine ich damit nicht, daß man es nicht finden kann. Man kann es nicht suchen, aber man kann es *finden.*

Je mehr du suchst, desto geringer ist die Möglichkeit, es zu finden. Suche, und du wirst überhaupt nichts finden, weil genau das Suchen *selbst* zum Hindernis wird. Suche also nicht nach etwas, das du nicht kennst. Schau lieber tief in das hinein, was du schon kennst. Sehne dich nicht nach dem Unbekannten, befasse dich eingehender mit dem Bekannten. Und wenn du tief ins Bekannte schaust, wirst du auf die Tore des Unbekannten stoßen, weil das Bekannte in Wahrheit nur das Tor zum Unbekannten ist. Forsche also tiefer im Bekannten nach.

Das Göttliche kannst du nicht suchen, aber wenn du zum Beispiel einmal geliebt hast, dann bist du schon mit Liebe in Berührung gekommen. Gehe also tief in die Liebe. Und wenn du tief in Liebe aufgehst, gibt es den Liebhaber und die Geliebte irgendwann nicht mehr, und das Göttliche tritt in Erscheinung.

Suche also nicht nach dem Göttlichen, sondern steig in das ein, was dir gegeben ist, was du bereits kennst, was dir naheliegt. Gehe nicht in die Ferne. Beginne beim Allernächsten. Wir greifen immer gleich nach den Sternen, und so unterlassen wir den ersten Schritt, den naheliegenden. Wir fragen zuerst nach dem letzten Schritt, aber das ist am Anfang unsinnig. Du mußt den ersten Schritt zuerst machen. Der erste ist hier und jetzt; du hast jedoch das ›dann und dort‹ im Sinn.

Suchen heißt, daß du dazu Zeit brauchst. Suchen ist ein Hinausschieben, ein hartnäckiges Verzögern, weil du beim Suchen immer in die Zukunft schweifst. Suche kann niemals in der Gegenwart stattfinden. Wie willst du hier und jetzt suchen? Es gibt keinen Raum dafür. Du kannst hier und jetzt *sein*, aber du kannst nicht suchen. Der suchende Sinn bringt die Zeit mit ins Spiel, weil du ohne Zeit nicht suchen kannst; sie ist Voraussetzung.

Deswegen mußten diejenigen, die *moksha*, die absolute Befreiung, suchten, sich die Vorstellung der Seelenwanderung schaffen. Mehr Zeit ist nötig. *Ein* Leben ist nicht genug, viele Leben werden jetzt gebraucht. Erst diese zeitliche Ausweitung, dieser Raum, der Zeit verschafft, erlaubt überhaupt Bewegung. Wenn du dir das Absolute zum Ziel gesetzt hast, reicht ein Moment nicht aus. Und ein Leben natürlich auch nicht.

Zeit ist in Wirklichkeit ein Nebenprodukt von Begierde. Je mehr du begehrst, desto mehr Zeit brauchst du. Du kannst das Problem auf zwei Arten angehen. Die eine ist die Vorstellung, daß es viele Leben gibt, daß die Zeit nicht endet. Das ist der eine, der östliche Weg, mehr Raum für Begierden zu schaffen. Der andere ist der westliche: zeitbewußter zu sein, viele Dinge in dem Zeitabschnitt zu tun, der einem zubemessen ist. Es gibt nur ein Leben — keine Möglichkeit für weitere Leben. Dieses Leben ist alles, was du hast, deswegen mußt du viele Dinge erledigen — viele, viele Dinge. Unendlich viele Begierden mußt du in der Zeit unterbringen, die du zur Verfügung hast. Und das ist es, was den Westen so zeitbewußt gemacht hat. Zeitbewußtsein ist tatsächlich ein Wesensmerkmal des westlichen Geistes.

Aber welchen der beiden Wege du auch wählst, sobald du etwas begehrst, erschaffst du die Zeit. Zeit ist die vierte Dimension des Raumes; sie ist eine Art Raum. Ohne Zeit können deine Wünsche und Begierden nicht am Leben bleiben, sie sind bewegungsunfähig, und deshalb erzeugt jeder Wunsch Zeit und Zukunft. Und dann kannst du den *gegenwärtigen* Moment vernachlässigen; der ist in Wirklichkeit nicht Zeit, sondern Existenz.

Deswegen ist es besser, tief in das zu gehen, was dir bekannt ist, was dein Leben ausmacht. Schau gründlich hinein; egal, was es ist — spring tief hinein. Bleibe nicht an der Oberfläche; tauche bis in die letzte Tiefe. Und in dem Moment, wo du tief tauchst, tief fällst, gelangst du in eine andere Dimension. Du gelangst dabei nicht in die Zukunft, sondern gehst tief ins Gegenwärtige, in diesen Moment hinein.

Wenn du mir zuhörst, kannst du zum Beispiel sehr oberflächlich zuhören. Dann sind nur deine Ohren beteiligt. Das ist die erste Stufe des Hörens. Du kannst sagen: »Natürlich höre ich zu«, aber nur die Ohren hören, der Körpermechanismus nimmt nur die Schallwellen auf. Dein Geist kann ganz woanders sein. Wenn du aber tief gehen kannst, dann hörst du mit gespitzten Ohren und zugleich mit voller geistiger Aufmerksamkeit zu. Dann dringst du tiefer in diesen jetzigen Moment ein.

Aber selbst, wenn dein Geist teilnimmt, braucht deshalb dein Sein noch lange nicht beteiligt zu sein. Wenn du darüber nachdenkst, was ich sage, ist der Verstand beteiligt, aber es gibt noch eine tiefere Teilnahme. Dein Wesen braucht überhaupt nicht anwesend zu sein; es mag unbewußte Strömungen geben, die dich von hier wegführen. Du kannst also auch auf dieser tieferen Ebene mitgehen. Das bedeutet, daß dein Wesen teilnimmt. Dann bist du einfach nur leer, ohne darüber nachzudenken. Dein Hör-Mechanismus ist hier, dein Verstand ist hier, dein Wesen ist hier — alles ist auf das Hören ausgerichtet. Jetzt gehst du wirklich tief.

Gehe in alles, was du tust, tief hinein. Je mehr du darin aufgehst, desto näher bist du dem Unbekannten. Und das Unbekannte ist nicht das Gegenteil des Bekannten. Es liegt im Bekannten verborgen. Das Bekannte ist nur eine Kulisse.

Begib dich nicht in die Zukunft; suche nicht. Sei einfach hier — — — und SEI.

Suchend zersplitterst du deine Energie, aber im Sein bist du eindringlich; und allein diese Intensität schafft eine Kristallisation. Im Moment totalster Eindringlichkeit *bist* du. Dieses Sein, diese Kristallisierung des Seins, wird zum Tor. Und du hast es gefunden, ohne auch nur zu suchen. Deswegen sage ich: Suche nicht, und du findest ...

All die Hilfsmittel und all die Methoden, die ich verwende, sind nur dazu da, dich ins Hier und Jetzt zu bringen, dir zu helfen, Vergangenheit und Zukunft zu vergessen. Jede Bewegung deines Körpers und Geistes kann als Sprungbrett benützt werden. Es kommt darauf an, daß du ins Hier und Jetzt springst.

Selbst Tanz kann man dazu gebrauchen, aber dann sei nur das Tanzen, nicht der Tänzer. Es kommt ein Moment, wenn du nur noch Bewegung bist, wenn es keine Teilung mehr gibt. Dieses ungeteilte Bewußtsein ist Meditation.

Und du kannst aus allem eine Meditation machen. Wenn du ißt, dann kann Essen zur Meditation werden — wenn es keinen ›Esser‹ mehr gibt ... Wenn du gehst, kann Gehen zur Meditation werden, wenn es keinen mehr gibt, der geht. Wenn du liebst, dann kann Liebe eine tiefe Meditation sein, wenn es keinen gibt, der liebt. Derjenige, der liebt, löst sich auf. Solange der ›Liebhaber‹ noch mit von der Partie ist, wird die Liebe giftig, aber Liebe ohne ›Liebhaber‹ wird göttlich — plötzlich öffnet sich eine Türe zum Unbekannten.

Wir sind gespalten, und so handeln wir. Immer ist einer da, der handelt: das ist das Problem. Warum ist der Macher da? Weil es Begierden gibt, Erwartungen, Erinnerungen an die Vergangenheit, Zukunftssehnsüchte. Der Macher ist da. Er ist die ganze angesammelte Vergangenheit und die ganze projizierte Zukunft. Nur verpaßt er eines permanent: den Moment, die Gegenwart. Und alles ist im Moment da ... alles Vergangene, alles Zukünftige. Genau dieser Moment wird vergeudet, und genau dieser Moment ist das Leben. Alles andere ist nur vergangenes Tun oder Zukunftstraum — nichts weiter als Träume.

Wirklich, es ist höchst beeindruckend, wie viel du zusammengetragen hast, aber es ist Schrott. Der Macher ist der tote Punkt in dir. Er sonnt sich in der Pracht seiner vergangenen Glanzleistungen und ist voller Erwartungen an die Zukunft — gewaltig, was er zu bieten hat! —, aber er ist tot. Dagegen ist der gegenwärtige Moment nur eine nackte, winzigkleine Angelegenheit, sehr arm, arm in dem Sinn, daß er keine gesammelte Vergangenheit und keine Zukunftsprojektionen enthält. Nichts als ein nackter, kahler, existentieller Augenblick! Er schaut arm aus, aber einzig er ist Leben. Er lebt! Und lebendig und arm zu sein, ist der einzige Reichtum; während es nichts armseligeres gibt, als tot und reich zu sein. Daher kommt es, daß ein Bettler wie Buddha oder Christus die Blüte des Menschenmöglichen verkörpert, während ein Midas das armseligste Schauspiel auf Erden ist.

Zur Meditation kann nur das verhelfen, was lebendig von sich aus geschieht, nichts Künstliches. Deswegen wurde immer so viel Nachdruck auf die Bedeutung eines lebenden Meisters gelegt. Bücher sind Falschgeld, sie können nichts anderes sein; sie können dich nicht ändern, können nicht in enger Tuchfühlung mit dir sein, können dich nicht in Bewegung bringen. Lehrsysteme können nicht lebendig sein, sie sind tot; deshalb hat man im Osten immer darauf bestanden, daß ein Lehrer, ein Meister nötig ist. Der Grund dafür ist, daß nur ein Meister im Fluß bleiben kann. Er kann alles mögliche ändern. Bei ihm hören selbst Methoden auf, Methoden zu sein, während durch Schriften, durch Traditionen selbst das zur Methode wird, was keine war; denn im selben Moment, wo etwas aufgeschrieben wird, stirbt es ab.

Etwas wird ausgesprochen, und schon ist es tot. Ein Meister ist nötig, der immer wieder seinen früheren Behauptungen widerspricht, damit sich nichts verfestigt und starr wird. Das Geschehen muß immer im Fluß bleiben. Nur dann kann sich Neues entwickeln.

Eine Gruppe, die mit Meditation arbeitet, richtet also ihre Aufmerksamkeit ganz auf den gegenwärtigen Augenblick und sucht nichts in der Zukunft. Und das, was gerade getan wird, ist vielleicht sehr geringfügig. Ein Betrachter, ein Außenseiter, nimmt vielleicht nicht einmal wahr, was geschieht. Er denkt vielleicht, die Meditierenden seien verrückt geworden. Sie springen vielleicht herum und schreien, weinen und lachen, oder was auch immer. Sie mögen einfach nur schweigend sitzen oder wirre Laute von sich geben. Aber egal, was sie tun, sie machen es ohne den Macher. In Wirklichkeit lassen sie nur zu, daß es passiert, sie tun es nicht. Sie sind offen, lassen es zu.

Am Anfang ist das schwierig. Du willst nichts *ohne* dich geschehen lassen, weil du der Herr im Haus sein willst. Nichts darf geschehen, worüber du nicht die Meisterschaft und die Kontrolle behältst! Deshalb ist es am Anfang schwierig. Aber nach und nach ... je mehr du die Freiheit fühlst, die sich einstellt, wenn dein Kontrollmechanismus abstirbt — die Frische, die sich einstellt, sobald du die Kontrolle aufgibst —, desto mehr kannst du lachen. Und dann, an einem bestimmten Punkt, begreifst du, daß dein Macher-Geist das zerstörerische Element in dir ist, daß es der Eigner, der Besitzer, der Kontrollierende in dir ist, der dich versklavt.

Du kannst dir das nicht bewußt machen, indem du andere beobachtest, sondern nur durch Fühlen, durch schrittweises Ertasten in dir selbst. Dann, in einer plötzlichen Explosion, bist *du* nicht mehr da: der Macher ist verschwunden, nur das Tun bleibt übrig. Damit kommt Freiheit, Bewußtsein, damit wirst du völlig wach. Besser gesagt: dann *bist* du nicht das Bewußtsein.

Das ist es, was ich unter Meditation verstehe — nicht suchen, nicht nach etwas suchen, sondern nur tief in sich gehen, in die Gegenwart. Und man kann jedes Mittel dazu benützen. Eines ist so gut wie das andere. Wenn du das verstehst, dann kann alles als Meditationsobjekt oder als Meditation benützt werden. Deswegen rate ich euch, mit Dynamischer Meditation anzufangen; dann kommt ihr in tiefes Schweigen ... ins Zentrum des Orkans.

FRAGE:

»In Hatha Yoga gibt es eine Übung, in der man jeden Muskel im Körper anspannt und dann die Anspannung aufgibt und sich entspannt. Ähnelt das dem, was in der Dynamischen Meditation geschieht?«

Entspannung ist im Grunde genommen etwas Existentielles. Du kannst dich nicht entspannen, wenn du eine gespannte Einstellung zum Leben hast. Dann kannst du dich nicht einmal entspannen, wenn du es willst. Es ist tatsächlich absurd, es zu versuchen. Anstrengung als solche ist entspannungsfeindlich. Du kannst dich nicht absichtlich entspannen: du kannst nur entspannt *sein.*

Allein dein Dabeisein ist schon entspannungsfeindlich. Entspannung bedeutet, daß du gar nicht da bist; nur kannst du dich nicht selber dazu bringen, nicht dazusein. Wie auch immer du dich abmühst, es wird nur deine Anwesenheit unterstreichen. Das ist zwangsläufig so.

Egal, was du tust, es ist dein Tun; du wirst dadurch gestärkt, wirst dich dadurch nur noch mehr verdichten.

So gesehen, kannst *du* dich nicht entspannen. Es kann nur in dir zur Entspannung kommen, wenn du nicht bist. Alles, was du tust, wird zu einem Teil deines Egos; deine Bemühungen selbst werden dich weiterbestehen lassen.

Du bist entspannt, sobald du nicht bist. Spannung gibt es nur, weil du da bist. Du kannst ohne Spannung nicht weiterbestehen; du *bist* die Spannung.

Spannung beginnt, wenn du nach etwas verlangst, was es nicht gibt. Du bist ein gespanntes Seil zwischen Vergangenheit und Zukunft. Du streckst dich wie eine Brücke zwischen zwei Dingen, und immer, wenn zwei Dinge verbunden werden, kommt es zu Spannung.

Der Mensch ist eine Brücke — eine Brücke der Begierden — eine »Regenbogen-Brücke«, keine Stahlbrücke. Sie kann verdunsten.

Wenn ich sage, daß Entspannung existentiell ist, meine ich damit: verstehe die Spannung; tu nichts damit, verstehe sie nur.

Du kannst verstehen, was Spannung ist, aber du kannst dir kein Bild von Entspannung machen. Das ist unmöglich. Du kannst nur die Funktionsweise von Spannung durchschauen: mach dir deshalb klar, was sie ist, wie sie ist, woher sie kommt; wie sie aufrechterhalten wird, wodurch sie weiterbesteht. Verstehe deine Spannung in allen ihren Aspekten; sobald du sie verstehst, kommt es zu einer plötzlichen Entspannung. Dann entspannt sich nicht nur dein Körper, sondern dein ganzes Wesen.

Körperliche Entspannung ist wirklich nicht schwer, aber mit dem Fortschritt der Zivilisation ist sie zunehmend schwieriger geworden, weil der Kontakt zum Körper verloren gegangen ist. Wir existieren nicht mehr im Körper. Unser Dasein ist bis ins Letzte zu einer zerebralen, zu einer Hirn-Angelegenheit geworden.

Nicht einmal lieben kannst du mehr mit deinem Körper; du liebst mit deinem Kopf. Der Körper folgt nach wie ein totes Gewicht. Wenn du jemanden berührst, ist es nicht der Körper, den du berührst. Du bist mit deiner sinnlichen Empfindung nicht dabei. Die Berührung kommt vom Verstand; weil er aber nicht wirklich berühren kann, treffen zwei Körper aufeinander, ohne daß ein inniger Austausch stattfindet. Die Körper sind leblos; zwei Menschen umarmen sich, aber bleiben dabei zwei empfindungslose Körper. Sie kommen sich nahe, aber sie sind sich nicht wirklich nah. Man kann jemand nur dann nahe kommen, wenn man im Körper existiert — in den Sinnen ist.

Wir sind außerhalb unserer Körper, wie Geister. Immer draußen und drumherum, aber niemals drinnen. Je zivilisierter der Mensch geworden ist, desto weniger ist er in Kontakt mit seinem eigenen Körper. Der Kontakt ist verlorengegangen: das ist es, was den Körper verspannt macht.

Der Körper hat seinen eigenen automatischen Mechanismus, sich zu entspannen. Der Körper ist müde, liegt auf dem Bett. Aber weil du nicht in ihm bist, kann er sich nicht entspannen. Du mußt in ihm sein, sonst arbeitet der automatische Mechanismus nicht. Er braucht dich, er kann nicht von selbst einschlafen. Du verlierst die Fähigkeit, wirklich zu schlafen, dich zu entspannen, wenn du keinen Kontakt mit deinem Körper mehr hast.

Du bist nicht in deinem Körper, deswegen kann dein Körper nicht angemessen funktionieren. Er kann seine eigene Weisheit nicht einsetzen. Er speichert eine genetische, angeborene, in Jahrhunderten entstandene Weisheit; aber weil du nicht im Körper bist, kommt es zu Spannungen. Der physische Körper arbeitet eigentlich von sich aus automatisch: alles, was er braucht, ist deine Gegenwart. Dann fängt er an zu arbeiten.

Unser Verstand ist ebenfalls mit Spannungen geladen. Das braucht nicht so zu sein. Du bist geistig verspannt, weil du ständig deine Zentren durcheinander bringst. Wenn jemand zum Beispiel über Sex nachdenkt, erzeugt er Verwirrung, weil Sex nicht zum Nachdenken da ist. Das Verstandeszentrum ist nicht dafür bestimmt. Der Sex hat sein eigenes Zentrum, aber du erledigst die Arbeit des Sex-Zentrums durch den Verstand. Selbst wenn du verliebt bist, bist du es in Gedanken, du fühlst es nicht. Dein Gefühlszentrum funktioniert nicht.

Je zivilisierter der Mensch ist, desto überlasteter ist das intellektuelle Zentrum. Andere Zentren arbeiten nicht, sind nicht funktionstüchtig. Auch das erzeugt Spannung, weil ein Zentrum, das arbeiten *sollte* und über eine bestimmte Arbeitsenergie verfügt, seine Funktion nicht ausüben kann. Das erzeugt spezifische Spannungen und so wird dieses Zentrum durch die eigene unbenützte Energie überlastet.

Das Zentrum des Intellekts ist überlastet. Wir verlangen Gefühle von ihm — es kann jedoch nicht fühlen. Der Verstand kann nicht fühlen, sondern nur denken. Die Kategorien des Denkens sind sehr verschieden von den Kategorien des Fühlens, und nicht nur verschieden, sondern genau entgegengesetzt. Die Logik des Herzens ist nicht die Logik des Verstandes.

Die Liebe denkt auf ihre eigene Art, aber nicht verstandesmäßig; und so muß der Verstand Dinge tun, die nicht in seinem Arbeitsbereich liegen. Er wird überlastet und Spannungen entstehen. Die Situation ist ungefähr so, als ob der Vater die Arbeit des Kindes, und das Kind die Arbeit des Vaters verrichtete. Das ist ungefähr der Grad an Verwirrung, wenn man im Kopf lebt.

Wenn jedes Zentrum seine eigene Arbeit tut, folgt Entspannung von allein. Der Intellekt ist nicht das einzige Zentrum. Weil wir aber so einseitig auf ihn ausgerichtet sind, haben wir das Schweigen zerstört, die harmonische Übereinstimmung des Menschen mit dem Universum.

Der Intellekt muß arbeiten; er hat eine Funktion, aber eine sehr begrenzte. Er ist überlastet. Deine ganze Erziehung ist nur auf ein Zentrum ausgerichtet. Du wirst aufgezogen, als ob du nur ein Zentrum hättest: den mathematischen, rationalen Geist.

Das Leben ist nicht nur rational. Im Gegenteil, der größere Teil des Lebens ist irrational. Die Vernunft ist nur eine kleine, lichte Insel im weiten, dunklen und mysteriösen Ozean des Irrationalen. Und diese Insel hat ihre Wurzeln im Ozean des Geheimnisvollen.

Dieser lichte Fleck ist nur ein Teil des Ganzen, man darf ihn nicht für das Ganze halten, sonst führt das zu Spannung. Das Geheimnisvolle wird sich sonst rächen; das Irrationale wird sich rächen.

Du kannst die Folgeerscheinungen im Westen sehen. Der Westen hat dieses eine Zentrum überspannt, überlastet — das Rationale. Und jetzt rächt sich das Irrationale. Es schlägt zurück, bricht die ganze Ordnung in Stücke, in einem anarchischen, undisziplinierten, rebellischen und unlogischen Ausbruch. Es zeigt sich in der Musik, in der Malerei, in allem Möglichen. Das Irrationale nimmt Rache und zeigt der ganzen etablierten Ordnung ihre Grenzen auf.

Vernunft ist nicht alles. Wenn man sie dazu macht, entstehen Spannungen in der ganzen Gesellschaft. Dieselben Gesetze, die auf das Individuum zutreffen, kann man auf die gesamte Kultur, die ganze Gesellschaft anwenden.

Diese Gesetze muß man verstehen. Und genau mit diesem Verständnis beginnt eine umfassende innere Umwandlung: genau diese Einsicht führt zur Wandlung.

Der Körper ist verspannt, weil du nicht in ihm bist, und der Verstand ist überspannt, weil du ihm zuviel aufgelastet hast. Aber dein spirituelles Sein kann sich niemals verspannen. Ich spreche von der Dreiteilung in Körper, Geist und Seele nur als Hilfsvorstellung. Du bist nicht geteilt — diese Grenzen existieren nicht tatsächlich — sie dienen nur als Eselsbrücke. Der spirituelle Bereich ist niemals angespannt, aber du bist nicht in Kontakt mit ihm. Jemand, der nicht einmal in Kontakt mit seinem Körper ist, kann niemals in Kontakt mit der Seele sein, weil das ein tieferer Bereich ist. Wenn du nicht einmal in Kontakt mit deinen äußeren Grenzbereichen bist, kannst du auch nicht mit deinen inneren Zentren in Verbindung stehn.

Der dritte Bereich, der spirituelle, ist entspannt. Selbst in diesem

Augenblick ist er entspannt. Es wäre tatsächlich angemessener, ihn als ›Reich der Entspannung‹ zu bezeichnen. Es gibt dort keine Spannung, weil die Bedingungen für Spannung im dritten Bereich nicht existieren können. Du kannst ohne den dritten Bereich nicht existieren. Du magst alle Erinnerung daran verloren haben, aber du kannst niemals ohne ihn sein, weil du mit ihm *identisch* bist. Es ist dein Sein. Es ist das reine Sein.

Du nimmst das Spirituelle nicht wahr, weil du so viele Verspannungen im Körper und Geist hast. Wenn du jedoch im physischen und im mentalen Bereich nicht verspannt bist, lernst du ganz von selbst die Wonne und die Entspannung des Spirituellen kennen. Sie kommt zu dir, sie hat auf dich gewartet. Deine gesamte Aufmerksamkeit ist jedoch so sehr vom physischen und mentalen Bereich in Anspruch genommen, daß du kein bißchen Aufmerksamkeit für das Spirituelle aufbringen kannst. Nur wenn Körper und Verstand nicht verspannt sind, kannst du ins Spirituelle eintauchen, kannst du sein Glück erfahren. Das Spirituelle ist niemals angespannt; das liegt nicht in seiner Natur. Es gibt keine spirituelle Spannung, sondern nur körperliche oder mentale Spannung.

Körperliche Verspannung ist von denen erzeugt worden, die — im Namen der Religion — körperfeindliche Weltanschauungen gepredigt haben. Im Westen war es das Christentum, das sich betont körperfeindlich verhielt. Es schuf eine falsche Teilung, eine Kluft zwischen dir und deinem Körper. Eine solche Einstellung zum Körper kann nur zu einer Quelle von Konflikten und Spannungen werden. Du kannst weder entspannt essen, noch entspannt schlafen. Jeder körperliche Vorgang erzeugt dann inneren Konflikt. Der Körper ist der Feind, aber du kommst ohne ihn nicht aus. Du mußt es mit ihm aushalten, du mußt mit deinem Feind leben, und daher gibt es fortwährend Spannung. Du kannst niemals gelöst sein.

Der Körper ist weder dein Feind, noch ist er in irgendeiner Weise unfreundlich oder selbst nur gleichgültig dir gegenüber. Die Existenz des Körpers an sich ist reine Wonne. Und sobald du den Körper als Geschenk betrachtest, als ein göttliches Geschenk, kommst du zum Körper zurück. Du liebst ihn, du fühlst ihn — ist es nicht wunderbar, wie fein seine Empfindungen sein können! Und du kannst den Körper eines anderen nicht fühlen, solange du nicht deinen eigenen gefühlt hast; du kannst nicht den Körper eines anderen lieben, wenn du deinen eigenen nicht geliebt hast. Das ist unmöglich. Du kannst den Körper eines anderen nicht gerne haben, wenn du den eigenen Körper nicht mit Liebe und Sorgfalt behandelt hast ... und keiner kümmert sich um seinen eigenen Körper! Du magst einwenden, daß du ihn doch pflegst, aber ich bestehe darauf: niemand sorgt wirklich für ihn. Selbst wenn du es dem Anschein nach tust, tust du es nicht wirklich. Du bist aus einem anderen Grund besorgt — um die Meinung anderer, um dein Aussehen in den Augen der anderen. Du kümmerst dich niemals um deinen Körper deinetwegen; du liebst deinen Körper nicht. Und wenn du ihn nicht lieben kannst, kannst du nicht in ihm sein.

Liebe deinen Körper, und du wirst eine Entspannung fühlen, wie du sie niemals vorher erlebt hast. Liebe entspannt. Wo Liebe ist, ist Entspannung. Wenn du jemanden liebst — wenn du einen Mann oder eine Frau liebst — dann kommt mit der Liebe die Musik der Entspannung. Dann breitet sich Entspannung aus.

Wenn du mit jemandem entspannt zusammenlebst, ist das das einzige Anzeichen für Liebe. Wenn du dich nicht entspannen kannst, heißt das, daß du den anderen nicht liebst, daß er der ›andere‹ ist, immer noch ein Feind. Deshalb sagte Sartre: »Der andere ist die Hölle.« Wenn keine Liebe zwischen zwei Menschen schwingt, ist der andere die Hölle, aber wenn Liebe zwischen ihnen schwingt, dann ist der andere der Himmel. Es kommt also darauf an, ob es eine Liebesbeziehung ist.

Wenn du liebst, kommt Schweigen auf. Alle Sprache geht verloren; Worte werden bedeutungslos. Du hast so vieles — und gleichzeitig nichts zu sagen. Das Schweigen hüllt dich ein, und in diesem Schweigen blüht die Liebe auf. Du bist entspannt. Es gibt keine Zukunft in der Liebe; es gibt keine Vergangenheit. Nur wenn die Liebe gestorben ist, gibt es eine Vergangenheit. Erinnern kannst du dich nur an eine tote Liebe; lebendige Liebe ist keine Erinnerung. Sie ist lebendig; sie läßt keine Lücke, keinen Raum, sich an sie zu erinnern. Liebe ist in der Gegenwart. Es gibt keine Zukunft und keine Vergangenheit. Wenn du jemand liebst, brauchst du nichts vorzutäuschen. Dann kannst du sein, was du bist. Du kannst deine Maske ablegen und entspannt sein. Wenn du nicht liebst, mußt du eine Maske tragen. Du bist jeden Moment angespannt, weil es den anderen gibt. Du mußt dich verstellen, auf der Hut sein. Wer schlägt wen zuerst? — es ist ein Streit, ein Tauziehen. Du kannst dabei nicht gelöst, entspannt sein.

Das Glück der Liebe ist mehr oder weniger das Glücksgefühl der Gelöstheit. Du fühlst dich entspannt; du kannst sein, der du bist.

Du kannst deine Schutzhüllen fallenlassen, sein wie du bist. Du brauchst nicht unzufrieden mit dir zu sein, du brauchst nichts vorzutäuschen. Du kannst offen sein, ungeschützt. Und in diesem Offensein bist du entspannt.

Und dieses Wunder geschieht auch, wenn du einen Körper liebst. Du wirst entspannt; du kümmerst dich um ihn. Es ist nichts Verkehrtes daran, es ist nicht narzißtisch, deinen Körper zu lieben. Im Gegenteil, es ist der erste wirkliche Schritt zur Spiritualität.

Deswegen beginnt Dynamische Meditation mit dem Körper. Durch kraftvolles Atmen dehnt sich der Geist aus, erweitert sich das Bewußtsein. Der ganze Körper erwacht zu einem vibrierenden, sprühenden Leben. Jetzt kannst du den Sprung leicht machen. Jetzt ist es einfach; Denken ist keine große Hürde mehr. Du bist wieder ein Kind: springst herum, vibrierst, lebst. Dein Charakterpanzer, dein geistiges Korsett, ist abgefallen.

Dein Körper ist nicht so vorgeprägt wie dein Geist. Mach dir klar, daß dein Geist konditioniert ist, während dein Körper immer noch ein Teil der Natur ist. Alle Religionen und religiösen Denker, die grundsätzlich vom Intellekt ausgehen, wenden sich gegen den Körper, weil du alle geistigen Prägungen verlierst, wenn du tief im Körper, in den Sinnen lebst. Und so hatten sie alle Angst vor dem Sex. Im Sex löst sich die Kontrolle des Verstandes auf. Du wirst wieder zu einem Teil der größeren biologischen Sphäre, der Biosphäre. Du wirst eins mit ihr.

Der Verstand ist immer gegen den Sex, weil im gewöhnlichen Leben nur der Sex gegen den Verstand rebellieren kann. Du hast alles unter Kontrolle gebracht; nur dieser eine Bereich entzieht sich jeder Kontrolle. Deshalb kämpft der Intellekt gegen Sex an, weil Sex die einzige Verbindung zwischen dem Körper und dir ist. Wenn er vollkommen ausgeklammert werden kann, dann kannst du ganz Kopf werden und bist überhaupt kein Körper mehr.

Die Angst vor Sex ist im Grunde die Angst vor dem Körper, denn im Sex vibriert der ganze Körper, er wird vital und lebendig. Sobald der Sex den Körper überschwemmt, wird der gesamte Geist zurückgedrängt. Er verschwindet; das Atmen absorbiert ihn und wird kraftvoll, vital.

Aus diesem Grund beginnt meine Meditation mit Atmen. Mit Atmen fängst du an, deinen ganzen Körper zu fühlen, jeden Winkel. Der Körper wird durchflutet, und du wirst eins mit ihm. Jetzt bist du in der Lage, den Sprung zu wagen.

Der Sprung, den man im Sex macht, ist nur ein sehr kleiner Sprung; dagegen ist der Sprung in die Meditation gewaltig. Im Sex »springst« du in den anderen. Bevor es dazu kommt, mußt du eins mit deinem Körper sein, und im Sprung selber mußt du dich noch weiter ausdehnen: zum Körper eines anderen. Dein Bewußtsein weitet sich über die Grenzen deines Körpers hin aus. In Meditation springst du von deinem Körper in den Körper des ganzen Universums; du wirst eins damit.

Der zweite Schritt der Dynamischen Meditation ist kathartisch, du tobst dich aus. Du bist nicht nur eins mit dem Körper, sondern mußt auch alle Spannungen, die sich darin aufgestaut haben, hinauswerfen. Der Körper muß leicht und frei werden, deswegen müssen die Bewegungen kraftvoll sein, so kraftvoll wie möglich. Dann wird das möglich, was beim Tanz der Derwische (Sufi-Tanz) geschieht. Wenn deine Bewegungen vital und kraftvoll sind, kommt ein Moment, wo du die Kontrolle verlierst.

Und auf diesen Moment kommt es an! Du darfst nicht kontrollieren, weil deine Kontrolle die Barriere darstellt, *du* bist das Hindernis. Dein Kommandozentrum — dein Geist — ist die Barriere.

Mach weiter, hör nicht auf, dich zu bewegen! Natürlich mußt du einen Anfang machen, aber irgendwann kommt der Moment, in dem du fühlst, daß es keine Kontrolle mehr gibt. Du bist auf der Schwelle, jetzt kannst du springen.

Jetzt bist du wieder zum Kind geworden. Du bist zurückgekommen, alle Programmierungen sind abgeschüttelt. Du kümmerst dich nicht darum, was andere denken. Jetzt hast du alles abgeworfen, womit dich die Gesellschaft vollgestopft hat. Du bist einfach zu einem tanzenden Teilchen im Universum geworden.

Erst wenn du dich in der zweiten Stufe der Dynamischen Meditation von allem befreit hast, wird die dritte Stufe möglich. Deine Identität geht verloren, dein Image ist zerbrochen, denn alles, was du über dich weißt, hat nichts mit dir zu tun, ist nur ein Etikett. Andere haben dir erzählt, du seist »dieses« oder »jenes«, und du hast es ihnen geglaubt, dich damit identifiziert. Aber in wilder Bewegung, in einem kosmischen Tanz, gehen alle Identifikationen verloren. Dann bist du zum erstenmal wieder so, wie du bei deiner Geburt gewesen sein mußt. Und mit dieser neuen Geburt wirst du ein neuer Mensch.

6
Kundalini
Das Erwachen der Lebenskraft

Kein theoretisches Wissen und keine anatomische Vorstellung von der *Kundalini* können dir zu Meditation verhelfen.* Wenn ich dies sage, meine ich nicht, daß es keine *Kundalini* oder keine Chakras gibt. Es gibt *Kundalini*, es gibt Chakras, aber kein Wissen kann irgendwie helfen. Im Gegenteil, es behindert nur. Und zwar aus vielen Gründen. Ein Grund ist, daß jegliches Wissen über *Kundalini* — das heißt über die esoterischen Wege der Bioenergie, die inneren Wege des *élan vital* — nur allgemein bleibt.

---

* *Kundalini*, erklärt Bhagwan, ist die Passage, der Kanal, durch den die Lebenskraft fließt. Gewöhnlich wird sie mit der Lebenskraft selbst gleichgesetzt. (Bhagwan spricht über dieses weitverbreitete Mißverständnis auf Seite 87 ff.) *Kundalini* wird als zusammengerollte Schlange dargestellt, die im ersten Chakra (oder Zentrum) schläft; das erste Chakra, das *Muladhar*-chakra befindet sich am unteren Ende der Wirbelsäule. Wenn man durch Meditation genügend Energie erweckt hat, steigt die *Kundalini* durch die Chakras auf und wird schließlich, wenn es zur Erleuchtung kommt, im *Sahasrar*, dem letzten Chakra, freigesetzt. Das Freisetzen der Energie durch das *Sahasrar* wird oft als ein tausendblättriger Lotus dargestellt, der sich öffnet. Die sieben Chakras, durch die *Kundalini* aufsteigt, haben Parallelpunkte auf der physischen Ebene:

(1) das Ende der Wirbelsäule
(2) unter dem Nabel
(3) über dem Nabel
(4) Herz
(5) Kehle (Schilddrüse)
(6) das dritte Auge (Zirbeldrüse)
(7) unter der Schädeldecke

Es wird viel über *Kundalini* und über die sieben Chakras geredet, aber Bhagwan warnt vor theoretischem Wissen über diese Dinge. In diesem Diskurs bringt er Klarheit in die vielen falschen Vorstellungen, die durch theoretisches Wissen und Mangel an authentischer Erfahrung entstanden sind.

Sie sind jedoch bei jedem einzelnen Individuum verschieden; die Voraussetzungen können nicht dieselben sein. Bei ›A‹ sind sie anders als bei ›B‹, und bei ›C‹ sieht es wiederum anders aus. Dein inneres Leben hat seine eigenen Gesetze, deswegen kann dir kein theoretisches Wissen helfen; es kann dich sogar behindern — weil es nichts mit dir selbst zu tun hat. Theorie *kann* sich nicht mit deiner individuellen Lage decken. Wenn du wirklich etwas über dich erfahren willst, mußt du nach innen gehen.

Es gibt Chakras, aber die Anzahl ist bei jedem Individuum verschieden. Der eine mag sieben haben, der andere neun; einer weniger, der andere mehr. Aus diesem Grunde haben sich so viele verschiedene Traditionen gebildet. Die Buddhisten sprechen von neun Chakras, die Hindus von sieben, die Tibetaner von vier — und sie haben alle recht!

Der Ursprung der *Kundalini*-Energie, der Kanal, durch den sie aufsteigt, ist ebenfalls von Mensch zu Mensch verschieden. Je mehr du nach innen gehst, desto individueller bist du.

Dein Gesicht, zum Beispiel, ist der individuellste Teil deines Körpers; und am Gesicht sind die Augen das unverwechselbarste. Das Gesicht ist lebendiger als irgendein anderer Teil des Körpers; deswegen hat es die größte Individualität. Es ist dir vielleicht noch nicht aufgefallen, daß das Gesicht mit einem bestimmten Alter — genaugenommen mit der sexuellen Reife — eine Form annimmt, die es, mehr oder weniger, das ganze Leben hindurch beibehält. Vor der sexuellen Reife kann sich das Gesicht stark verändern; aber danach ist deine Individualität festgelegt. Du bekommst jetzt eine feste Form, und von nun an bleibt das Gesicht mehr oder weniger unverändert.

Die Augen sind noch lebendiger als das Gesicht, sie sind so individuell, daß sie jeden Moment ihren Ausdruck ändern. Die Augen verändern sich laufend, es sei denn, man wird erleuchtet. Erleuchtung ist eine höhere Form von Reifung.

Die sexuelle Reifung prägt das Gesicht, aber wenn sich selbst die Augen nicht mehr verändern, ist dies ein Zeichen einer anderen Form von Reife. In den Augen eines Buddhas kannst du keine Änderung entdecken: sein Körper altert und stirbt irgendwann, aber seine Augen bleiben dieselben. Das war seit je eines der Merkmale eines Buddhas. Wenn jemand Nirvana erreicht hat, können die andern nur an den Augen erkennen, ob der Mann wirklich erleuchtet ist. Jetzt verändern sich die Augen nie mehr. Und wenn sich sonst alles ändert — die Augen bleiben dieselben. Die Augen sind der Ausdruck deiner inneren Welt.

Kein theoretisches Wissen kann dir helfen. Mit theoretischem Wissen vergewaltigst du dich nur. Du beginnst, dir alles so vorzustellen, wie du es gelernt hast, und dabei mag es in dir selber völlig anders aussehen. Auf diese Weise entsteht große Verwirrung.

Man muß die Chakras fühlen, nicht ›über‹ sie Bescheid wissen. Du mußt Fühler nach innen ausstrecken. Das einzige, was dir hilft, ist, deine Chakras zu fühlen — deine *Kundalini* und ihren Kanal zu *fühlen*. Wissen hat sich, was die innere Welt betrifft, tatsächlich als äußerst zerstörerisch erwiesen. Je mehr Wissen du hast, desto kleiner ist die Möglichkeit, die wirklichen Vorgänge zu fühlen.

Du fängst an, das, was du weißt, auf dich zu projizieren. Wenn jemand sagt: »Hier ist das Chakra, genau an dieser Stelle«, dann stellst du dir ein Chakra an diesem Fleck vor. Und es ist vielleicht ganz woanders! Damit hast du dir imaginäre Chakras geschaffen. Du kannst dir etwas ausdenken — deine Vorstellungskraft beliefert dich. Du kannst imaginäre Chakras erzeugen, und dann beginnt etwas zu fließen, das nicht *Kundalini* ist, sondern einfach ein Hirngespinst — ein völlig illusionäres, traumhaftes Gebilde.

Wenn du dir Zentren einbilden und eine imaginäre Kundalini erzeugen kannst, dann kannst du alles mögliche projizieren. Dann folgen imaginäre Erfahrungen, und du entwickelst eine vollkommen unechte Welt in dir. Die äußere Welt ist illusionär, aber nicht so illusionär wie die Welt, die du in dir selbst erzeugen kannst.

Nicht alles, was innen ist, ist notwendigerweise wirklich oder wahr; Einbildung ist auch etwas Inneres, Träume geschehen auch innen. Das Gehirn hat die Fähigkeit — eine äußerst starke Fähigkeit — Träume, Illusionen zu erzeugen, zu projizieren.

Deswegen ist es gut, ohne theoretisches Wissen über *Kundalini* und Chakras in die Meditation einzusteigen. Wenn du von selber auf diese Dinge stößt — du magst plötzlich etwas fühlen — dann kannst du fragen. Mag sein, du beginnst zu fühlen, wie ein Chakra zu arbeiten anfängt, aber laß das Gefühl zuerst kommen. Stell dir nichts vor, denk nicht darüber nach, gib dir keine Mühe, es im voraus zu verstehen. Es ist keine Vorinformation nötig. Sie ist nicht nur nicht nötig, sondern ausgesprochen schädlich.

Und noch etwas: die *Kundalini* und die Chakras gehören nicht zu deiner Anatomie, deiner Physiologie. Chakras und *Kundalini* gehören zu deinem feinstofflichen Körper, *deinem Sukshma* *sharira**, nicht zum grobstofflichen Körper. Es gibt natürlich korrespondierende Punkte. Die Chakras sind Teil deines Sukshma sharira, aber deine Physiologie und Anatomie weisen korrespondierende Punkte auf. Wo sie liegen, kannst du nur spüren, wenn du deine Chakras fühlst. Ansonsten kannst du den ganzen Körper auseinandernehmen — du wirst keine Chakras finden.

All das Gerede und die sogenannten Beweise, und all die »wissenschaftlichen« Behauptungen, daß dein grobstofflicher Körper so etwas wie Kundalini und Chakras aufweise, sind Unsinn, absoluter Unsinn. Es gibt korrespondierende Punkte, aber diese Punkte können nur gefühlt werden, wenn du die wirklichen Chakras spürst. Würde dein physischer Körper obduziert, käme nichts dergleichen zum Vorschein; es ist keine Sache der Anatomie.

Noch etwas: es ist nicht unbedingt notwendig, den Chakra-Weg zu gehen. Das ist nicht unumgänglich! Man kann die Chakras einfach links liegenlassen. Es ist auch nicht nötig, daß du die *Kundalini* vor der Erleuchtung fühlst. Der Vorgang läuft ganz anders ab, als man sich landläufig vorstellt. Man fühlt die Kundalini-Energie nicht, weil sie aufsteigt. Du fühlst sie nur, wenn die Energiebahn nicht ganz frei ist. Wenn der Kanal völlig klar ist, dann fließt die Energie, aber du kannst sie nicht fühlen.

Du fühlst sie, wenn es etwas gibt, das dem Fluß Widerstand bietet. Nur wenn die Energie beim Aufsteigen auf Blockierungen im Energiekanal stößt, fühlst du sie. Wer die Kundalini stark spürt, ist in Wirklichkeit voller Blockaden: sein Aufstiegskanal ist so verblockt, daß die Kundalini nicht fließen kann.

Wenn die Kundalini auf Widerstand stößt, kann man sie fühlen. Du kannst Energie nicht direkt fühlen, sondern nur durch Widerstand. Wenn ich meine Hand bewege, und es gibt keinen Widerstand, dann bleibt die Bewegung ungefühlt. Ich fühle die Bewegung, weil die Luft Widerstand leistet, und wenn der Widerstand ein Felsblock ist, dann ist das Gefühl entsprechend stärker. Dann spüre ich die Bewegung stärker, während ich in einem Vakuum überhaupt nichts spüre. Es ist also relativ.

Buddha hat nie von Kundalini gesprochen, nicht, weil keine Kundalini in seinem Körper war, sondern weil die Passage so frei

---

* *Sukshma sharira* ist der ätherische Körper. Bhagwan spricht in Kapitel 17 über die sieben Körper.

und offen war, daß es keinen Widerstand gab. Auf diese Weise kam er nie dazu, sie zu fühlen.

Mahavir hat Kundalini auch nie erwähnt. Deswegen kamen die Jains, die Anhänger Mahavirs, zu der völlig falschen Auffassung, daß Kundalini blanker Unsinn sei, daß es nichts dergleichen gäbe. Und so streitet die Jain-Tradition die Kundalini seit 25 Jahrhunderten mit der Behauptung ab, daß selbst Mahavir keine Kundalini gefühlt habe, und deshalb könne es keine Kundalini geben. Aber der Grund, warum Mahavir nicht darüber sprach, war ein anderer. Er fühlte sie nicht, weil keine Blockierungen in seinem Körper waren.

Es besteht also keine Notwendigkeit, Kundalini zu fühlen. Du wirst sie vielleicht nie zu spüren bekommen. Und wer keine Kundalini fühlt, der wird auch keinen Chakras begegnen, weil die Arbeit der Chakras nur dazu dient, die Blockierungen zu brechen. Sonst erübrigen sie sich.

Wenn es eine Sperre gibt, die den Fluß der Kundalini behindert, fängt das nächstgelegene Chakra an zu arbeiten. Es wird dynamisch. Das Chakra fängt — provoziert durch die Sperre — zu rotieren an, und es dreht sich so schnell, daß eine spezielle Energie erzeugt wird, die das Hindernis durchbricht.

Wenn die Passage offen ist, braucht das Chakra nicht in Funktion zu treten, und man spürt überhaupt nichts. Die Chakras existieren nur, um dir zu helfen. Wenn deine Kundalini abgeblockt wird, dann ist die Hilfe nicht weit. Irgendein Chakra wird die abgestoppte Energie absorbieren. Wenn die Energie sich nicht weiterbewegen kann, dann fällt sie zurück. Bevor sie zurückfällt, wird sie vom Chakra gänzlich absorbiert und arbeitet dort. Durch Bewegung wird die Energie beschleunigt, vitaler, lebendiger, und wenn sie von neuem auf den Engpaß stößt, kann sie ihn durchbrechen. Chakras sind nur Hilfsvorrichtungen.

Wenn die Kundalini ohne Hemmnisse fließen kann, dann fühlst du nie irgendein Chakra. Deswegen mag jemand neun Chakras fühlen, ein anderer dagegen zehn und wieder ein anderer fühlt nur drei oder vier, oder eins, oder keins. Es kommt darauf an. Tatsächlich gibt es unbegrenzt viele Chakras, und bei jedem Schritt steht der Kundalini ein Chakra zur Seite, um, falls nötig, zu helfen.

Deshalb weise ich euch so nachdrücklich darauf hin, daß Theorien und Konzepte gefährlich sind. Und Meditation hat an sich wirklich nichts mit Kundalini zu tun. Wenn Kundalini aufsteigt, dann ist das etwas anderes — aber mit Meditation hat das nichts zu tun. Meditation kann erklärt werden, ohne das Wort Kundalini überhaupt nur zu erwähnen. Es ist nicht nötig. Und wenn man Kundalini mit hineinzieht, wird es nur schwieriger zu erklären, worum es geht.

Meditation läßt sich ohne Umschweife erklären; du brauchst dir keine Gedanken über Chakras zu machen. Man fängt mit Meditation einfach an. Wenn der Energiekanal blockiert ist, kann es geschehen, daß du die Kundalini fühlst, daß Chakras in Erscheinung treten, aber das geschieht ohne dein Zutun. Merkt euch, daß es ohne Willen geschieht, daß es nicht von eurer Absicht abhängt.

Je tiefer du dringst, desto weniger geschieht durch deinen Willen. Ich kann meine Hand bewegen — das ist noch ein Willensakt —, aber meinen Blutkreislauf kann ich nicht regulieren. Zwar ist es nicht unmöglich; wenn man jahrelang trainiert, kann man den Blutkreislauf dem Willen unterwerfen (im Hatha-Yoga ist das möglich), aber es ist sinnlos. Dreißig Jahre lang zu trainieren, nur um die Blutbewegung zu kontrollieren, ist unsinnig und dumm, denn mit dieser Kontrolle ist nichts erreicht. Der Blutkreislauf ist unwillkürlich; dein Wille ist überflüssig. Du nimmst Nahrung auf, und wenn sie einmal in dir ist, brauchst du keinen Willen mehr. Der Körpermechanismus übernimmt jeden notwendigen Schritt. Dein Schlaf ist nicht willkürlich, deine Geburt ist nicht willkürlich, und dein Tod ebensowenig. All diese Dinge geschehen unwillkürlich und mechanisch.

Kundalini ist ein noch tieferes Phänomen — tiefer selbst als dein Tod, tiefer als deine Geburt, tiefer als dein Blut; denn *Kundalini* ist der Kreislauf deines ätherischen Körpers. Sie ist dem Willen absolut entzogen. Selbst ein Hatha-Yogi kann sie nicht beeinflussen.

Man muß meditieren; dann fängt die Energie an, sich zu regen. Alles, was es von dir aus zu tun gibt, ist Meditation. Wenn du tief in Meditation bist, fängt die Energie an, nach oben zu steigen. Und du wirst den Richtungswechsel fühlen. Er wird sich auf viele Arten bemerkbar machen: jetzt wird die Veränderung auch physiologisch erkennbar.

Zum Beispiel ist es gewöhnlich ein Zeichen guter Gesundheit, wenn deine Füße warm sind und dein Kopf kühl. Das ist ein Zeichen biologischer Gesundheit. Das Gegenteil — die Füße werden kalt und der Kopf warm — gilt als Krankheitssignal. Das gleiche jedoch passiert, wenn die Kundalini aufwärts fließt: die Füße werden kalt.

Dynamische Meditation Phase 2: Katharsis

In Wirklichkeit ist die Wärme der Füße nichts anderes als Sex-Energie, die nach unten fließt. Sobald die Lebensenergie (die Kundalini) nach oben steigt, folgt die Sex-Energie nach. Sie fängt an, nach oben zu fließen: die Füße werden kalt, und der Kopf wird warm. Biologisch betrachtet ist es besser, wenn die Füße wärmer als der Kopf sind, spirituell gesehen ist es ein gutes Zeichen, wenn die Füße kühler sind, denn das heißt, daß die Energie nach oben fließt.

Viele Krankheiten können auftreten, wenn die Energie nach oben fließt, weil dadurch — biologisch gesehen — der ganze Organismus gestört wird. Buddha starb sehr krank; Mahavir starb sehr krank, Raman Maharshi starb an Krebs, Ramakrishna starb an Krebs. Und der Grund dafür ist, daß ihr gesamtes biologisches System gestört war. Viele andere Gründe werden angegeben, aber sie sind Unsinn.

Die Jains haben viele Geschichten erfunden, weil sie nicht begreifen konnten, daß Mahavir krank war. Für mich ist das Gegenteil der Fall; ich kann nicht sehen, wie er völlig gesund hätte sein können. Er konnte es nicht sein, weil dies sein letztes Leben war, und das ganze biologische System zusammenbrechen mußte. Ein System, das Tausende von Jahren hindurch bestanden hatte, stand vor dem Zusammenbruch. Mahavir konnte nicht gesund sein; am Ende war er sehr krank, es mußte so kommen. Und wie krank er war! Aber es fiel seinen Anhängern sehr schwer, sich vorzustellen, Mahavir könne krank sein.

Es gab zu jener Zeit nur eine Erklärung für Krankheit. Wenn du krank warst, bedeutete das, daß deine *Karmas* (deine vergangenen Taten) schlecht gewesen waren. Falls Mahavir an einer Krankheit litt, hätte das bedeutet, daß er immer noch unter karmischer Rückwirkung stand. Das durfte nicht sein, deswegen erfand man eine Geschichte: Goshalak, ein Rivale Mahavirs, habe dunkle Kräfte gegen ihn ausgesandt. Aber das stimmt überhaupt nicht.

Der biologische, natürliche Energiefluß geht nach unten, der spirituelle nach oben. Und der ganze Organismus ist auf den biologischen Fluß, auf das Hinabfließen abgestimmt. Es können viele Veränderungen im Körper auftreten, aber die ersten Veränderungen finden im feinstofflichen Körper statt. Meditation ist nur ein Mittel, um eine Brücke vom Groben zum Feinen zu schlagen. Wenn ich ›Meditation‹ sage, meine ich nur das. Unter Meditation versteht man die Fähigkeit, aus dem grobstofflichen Körper auszusteigen. Um diesen Sprung zu tun, brauchst du aber die Hilfe des grobstofflichen Körpers: du benötigst ihn als Sprungbrett.

Von jedem extremen Punkt aus kannst du den Sprung tun. Fasten wurde als Technik benützt, um zu einem solchen Extrem zu gelangen. Durch langes, ununterbrochenes Fasten kommst du an die Schwelle. Der menschliche Körper kann normalerweise bis zu 90 Tagen fasten; sobald der Körper aber völlig erschöpft ist, sobald der Reservevorrat für Notfälle ausgeschöpft ist, kann zweierlei geschehen. Wenn du nichts tust, kann der Tod eintreten, aber wenn du in diesem Stadium meditierst, wird der Sprung möglich.

Wenn du nichts tust und einfach weiterfastest, kann der Tod eintreten. Das ist dann Selbstmord. Mahavir, der radikaler mit Fasten experimentiert hat als irgend jemand anders in der ganzen Geschichte der menschlichen Evolution, ist der einzige, der seinen Anhängern spirituellen Selbstmord erlaubt hat. Er nannte es *santhara:* den Punkt auf der Kippe, wenn beide Dinge möglich sind. In einem einzigen Moment kannst du entweder sterben oder springen. Wenn du eine bestimmte Technik benützt, kannst du springen. Dann ist es, sagt Mahavir, nicht Selbstmord, sondern die größte spirituelle Explosion. Mahavir war der einzige Mensch — der einzige —, der sagte, daß, wenn du genügend Mut hast, selbst Selbstmord für dein spirituelles Wachstum eingesetzt werden darf.

Von jedem Endpunkt aus ist der Sprung möglich. Sufis haben Tanz benützt. Beim Tanzen kommt ein Moment, in dem du schwerelos wirst. Wenn ein echter Sufi tanzt, fühlen sich selbst die Zuschauer schwerelos. Durch Körperbewegungen, durch rhythmische Bewegungen, gelangt der Tänzer bald in einen Zustand, wo er sich vom Körper getrennt fühlt. Am Anfang muß er sich willentlich bewegen, aber bald übernimmt ein unwillkürlicher Körpermechanismus die Bewegung und lenkt ihn.

Du beginnst den Tanz, aber wenn du dich nicht im Tanz verlierst, dann war es nur ein gewöhnlicher Tanz. Wenn du aber beginnst und irgendwann das Gefühl bekommst, daß der Tanz unwillkürlich wird, dann ist es ein Derwisch-Tanz. Du bewegst dich so schnell, daß der Körper zu vibrieren anfängt und die Bewegung nicht mehr willentlich ist.

Das ist der Punkt, an dem du verrückt werden oder springen kannst. Du kannst verrückt werden, weil deine Körperbewegung von einem unwillkürlichen Mechanismus übernommen worden ist — du hast keine Kontrolle mehr; du kannst nichts tun. Du weißt nicht, ob du nicht einfach irrsinnig wirst und niemals wieder mit dieser unwillkürlichen Bewegung aufhören kannst. Das ist der Punkt, wo entweder Irrsinn oder, wenn du die Technik des Springens kennst, Meditation einsetzt.

Aus diesem Grund galten Sufis immer als verrückt. Sie waren als wahnsinnig verschrien! Normalerweise sind sie es auch! Es gibt eine Sekte in Bengalen, die den Sufis sehr ähnlich ist: die *Baul*-Fakire. Sie ziehen von Dorf zu Dorf, tanzen und singen. Das Wort *Baul* selbst bedeutet *Bawla* (›verrückt‹). Sie sind verrückt.

Viele werden verrückt, aber wenn du die Technik kennst, dann kann Meditation daraus werden. Dieser kritische Punkt ist unvermeidbar. Deswegen haben die Mystiker seit je den Ausdruck ›auf des Messers Schneide‹ verwendet: entweder Wahnsinn oder Meditation. Jede Methode führt den Körper bis auf des Messers Schneide: von da aus ist beides möglich.

Was ist also die Technik, um in die Meditation zu springen? Ich habe zwei Methoden erwähnt: Fasten und Tanzen. Aber alle Meditationstechniken dienen nur dazu, dich zum kritischen Punkt des Absprungs zu bringen, aber der Sprung selber kann nur durch eine sehr einfache Methode geschehen, die eigentlich gar keine Methode ist.

Wenn du in dem Moment *bewußt sein* kannst, in dem das Fasten dich an den Rand des Todes gebracht hat, wenn du im Moment des Todes *bewußt sein* kannst, dann gibt es keinen Tod. Und nicht nur dieses Mal nicht, sondern nie mehr. Dann bist du unsterblich. Du bist gesprungen! Wenn der Moment gekommen ist, wo dir blitzartig klar wird, daß in der nächsten Sekunde alles vorbei sein kann, wenn du weißt, daß du jeden Augenblick sterben wirst, dann *sei wach* ... und springe! Bewußtheit ist die Methode. Und weil Wachsamkeit die Methode ist, sagen die Zen-Leute, daß es *keine* Methode gibt. Bewußtheit ist überhaupt keine Methode. Und Krishnamurti behauptet aus genau demselben Grund, daß es keine Methode gibt.

Natürlich ist Wachsamkeit in Wahrheit keine Methode. Aber ich nenne sie trotzdem eine Methode, weil du verloren bist, wenn du nicht genau in dem Moment bewußt sein kannst, in dem der Sprung möglich wird. Wenn deshalb jemand sagt: »Es genügt, einfach nur bewußt zu sein«, dann mag das für einen von zehntausend Leuten zutreffen, aber dieser eine ist schon von selbst am

Scheidepunkt angekommen, wo Wahnsinn oder Tod möglich ist. Und mit den anderen — der Mehrheit der Leute — über Bewußtheit nur zu sprechen, reicht nicht aus. Zuerst müssen sie dafür vorbereitet werden.

In gewöhnlichen Situationen wachsam zu sein, reicht nicht aus. Und du kannst nicht einmal in gewöhnlichen Situationen bewußt sein. Die Abstumpfung des Bewußtseins hat eine so lange Geschichte — Lethargie, Trägheit, Unbewußtheit dauern schon so lange an — daß es nicht das geringste nützt, Krishnamurti oder mir oder sonst irgend jemand einfach nur zuzuhören. Es wird dir sehr schwer fallen, alles das bewußt wahrzunehmen, was du so viele Male ohne Bewußtsein getan hast.

Du kommst an deinen Arbeitsplatz, ohne wirklich wahrzunehmen, daß du dich bewegt hast: du bist um die Ecke gegangen, bist den Flur entlang gegangen, hast die Türe geöffnet. Dein ganzes Leben lang hast du dasselbe getan. Jetzt ist es zu einem unwillkürlichen Mechanismus geworden. Es hat sich deinem Bewußtsein völlig entzogen. Und Krishnamurti sagt: »Sei aufmerksam, wenn du gehst.« Aber du bist schon immer gegangen, ohne dir dessen bewußt zu sein. Die Gewohnheit hat sich so tief eingefressen, sie ist dir in Fleisch und Blut übergegangen. Jetzt ist es sehr schwierig, da herauszukommen.

Nur in Notfällen wirst du plötzlich bewußt, in unvorhersehbaren Notsituationen: jemand hält dir einen Revolver vor die Brust. Du wirst bewußt, weil es eine Situation ist, die du nie geprobt hast. Aber in einer Situation, an die du gewöhnt bist, verlierst du jegliche Wachsamkeit.

Fasten dient dazu, ein so gewaltiges Extrem zu schaffen, wie du es noch nie erlebt hast. Wenn aber jemand schon oft gefastet hat, dann hilft ihm Fasten nicht viel, oder aber, er braucht längere Fastenperioden. Wer dagegen niemals getanzt hat, dem kann Tanz leicht weiterhelfen. Wenn du aber ein erfahrener Tänzer bist, dann ist der Derwisch-Tanz nicht das Richtige. Das kann dir nicht im geringsten nützen — du bist so erfahren, ein versierter Tänzer — und das bedeutet, daß der Tanz jetzt automatisch ausgeführt wird. Das ist es, was man gemeinhin unter Leistungsfähigkeit versteht.

Deswegen wurden 112 Meditationsmethoden entwickelt. Wenn dir die eine nicht entspricht, dann entspricht dir dafür eine andere. Und die hilfreichste von allen ist diejenige, die du noch gar nicht kennst. Wenn du in einer bestimmten Methode völlig ungeschult bist, dann bringt dich diese Methode schnell an den kritischen Punkt. Und in diesem Augenblick der Wahrheit — sei bewußt!

Deswegen halte dich an Meditation und nicht an Kundalini. Und wenn du bewußt bist, dann wird das viele Dinge in dir auslösen. Zum ersten Mal wirst du einer inneren Welt gewahr, die größer ist, sich weiter ausdehnt als das Universum. Unbekannte, völlig unbekannte Energien fangen in dir zu strömen an. Unerhörte Dinge, so unvorstellbar, daß du nicht einmal davon geträumt hast, treten in Erscheinung. Aber sie sind bei jedem verschieden, deswegen ist es gut, nicht darüber zu reden.

Jeder erfährt es auf seine Weise. Deswegen weist die Tradition darauf hin, daß ein Guru unerläßlich ist. Schriften reichen nicht aus. Nur ein Guru kann weiterhelfen. Und Gurus waren immer gegen Schriften, obwohl die Schriften von Gurus sprechen und sie preisen. Allein die Vorstellung eines Gurus steht in direktem Widerspruch zu den Schriften. Das indische Sprichwort ›Guru bin gnana nahee‹ (›Ohne Guru gibt es kein Wissen‹), will nicht wirklich sagen, daß es ohne Guru kein Wissen gibt, sondern eher: »Wenn du nur in Bücher schaust, kommst du nicht zur richtigen Erkenntnis.«

Du brauchst einen lebendigen Guru, kein totes Buch. Ein Buch kann dir nicht sagen, zu welchem individuellen Typ du gehörst — ein Buch verallgemeinert immer, es kann nicht spezifisch sein. Das ist unmöglich; nur ein lebender Meister kann erkennen, was wann und wie für dich notwendig ist, durch was du durch mußt, was deine Anlagen sind.

Das ist wirklich sehr paradox: Schriften sprechen über Gurus — »Guru bin gnana nahee« —, aber Gurus sind dafür bekannt, daß sie nichts von Schriften halten. Die Vorstellung, daß der Guru dir zu Wissen verhilft, bedeutet nicht, daß er Wissen an dich weitergibt. Es bedeutet vielmehr, daß nur ein lebender Meister etwas ausrichten kann. Warum? Weil er den einzelnen erkennt, auf Anhieb sieht, wie es um dich steht.

Kein Buch kann den einzelnen Menschen erkennen; Bücher sind an niemanden im besonderen adressiert; sie sind für jedermann geschrieben. Um zu entscheiden, welche Methode *du* brauchst, muß *deine* Individualität in Betracht gezogen werden, und zwar sehr genau, sehr wissenschaftlich.

Das Wissen, das ein Guru zu vermitteln hat, wurde immer im geheimen, privat, vom Guru an den Schüler weitergegeben.

Warum diese Verschwiegenheit? Geheimhaltung ist für die Übertragung von Wissen unerläßlich. Der Eingeweihte darf zu keinem davon sprechen. Der Verstand will reden. Wenn du etwas weißt, dann ist es sehr schwierig, es geheimzuhalten: das ist eines der schwierigsten Dinge überhaupt. Aber das war seit je die Arbeitsweise der Gurus, der großen Lehrer. Sie geben dir etwas mit der Bedingung, nicht darüber zu sprechen. Warum? Warum diese Geheimniskrämerei?

Die meisten Leute sagen, daß die Wahrheit sich nicht verstecken brauche; daß sie keine Verschwiegenheit brauche. Das ist Unsinn! Die Wahrheit muß geheimer sein als die Unwahrheit, weil sie sich für irgendeinen x-Beliebigen als verhängnisvoll erweisen kann; sie kann gefährlich sein. Sie ist nur für einen bestimmten Menschen gedacht — für keinen anderen. Er darf sie keinem anderen weitergeben, bevor er nicht selber an den Punkt gekommen ist, wo er seine eigene Individualität verloren hat. Das muß von vornherein klar sein.

Ein Guru ist jemand, der keine Individualität mehr hat. Nur so kann er tief in deine Individualität schauen. Wenn er selber noch ein Individuum ist, kann er dich zwar interpretieren, aber niemals das klare, völlig ungetrübte Auge haben, deine innere Natur zu erkennen. Zum Beispiel, wenn *ich* hier bin, wenn es *mich* als Individuum gibt, und ich sage etwas über dich, dann bin ich es, der über dich redet. Und was gesagt wird, sagt weniger über dich aus als über mich. Ich kann dir nicht helfen, weil ich dich gar nicht wirklich erkennen kann. Alles, was ich über dich weiß, kann ich ungefähr abschätzen, insoweit ich mich selbst kenne. Das *Ich* darf jedoch nicht mehr anwesend sein. Ich darf nur eine Abwesenheit sein. Nur dann kann ich tief in dich eindringen, ohne jegliche Interpretation. Nur dann kann ich dich erkennen, *wie du bist*, und nicht gemäß meinen eigenen Maßstäben. Und nur dann kann ich helfen.

Daher die Geheimhaltung.

Es ist also gut, nicht über Kundalini und Chakras zu reden. Das einzige, wofür man sich öffnen kann, was man lernen und verstehen kann, ist Meditation. Alles andere folgt dann.

Kundalini ist nicht selbst die Lebenskraft. *Kundalini* ist vielmehr eine spezielle Passage, ein Kanal, durch den Lebenskraft fließen kann. Aber die Lebenskraft kann auch andere Wege einschlagen; sie muß nicht den *Kundalini*-Weg benützen. Es ist möglich, Erleuchtung zu erlangen, ohne durch Kundalini zu gehen — aber Kundalini ist die einfachste und die kürzeste Bahn.

Wenn die Lebensenergie den Kundalini-Kanal durchläuft, dann ist das *Brahma-Randhra** der Endpunkt. Wenn die Lebenskraft jedoch einen anderen Weg nimmt — und unbegrenzt viele Wege sind möglich —, dann ist das *Brahma-Randhra* nicht die Endstation. Deshalb ist das Aufblühen des *Brahma-Randhra* nur eine Möglichkeit; sie wird nur verwirklicht, wenn die Lebenskraft durch *Kundalini* läuft.

Es gibt Yogas, die *Kundalini* nicht einmal erwähnen. Dann ist auch keine Rede vom *Brahma-Randhra*. Aber die einfachste Route ist Kundalini. Etwa 90 % derer, die auf dem Weg zur Erleuchtung sind, arbeiten mit *Kundalini*.

Kundalini und die Chakras liegen nicht im physischen Körper. Sie gehören zum ätherischen Körper, aber sie haben Parallelpunkte im physischen Körper. Es ist, wie wenn du Liebe empfindest und du deine Hand auf dein Herz legst. Es gibt dort nichts, was mit ›Liebe‹ zu tun hat, aber dein Herz, dein physisches Herz, ist ein korrespondierender Punkt. Wenn du deine Hand auf dein Herz legst, dann legst du deine Hand auf ein Chakra des ätherischen Körpers, das ungefähr parallel zu deinem physischen Herzen liegt.

Kundalini ist Teil des ätherischen Körpers; jeder Fortschritt, den du auf dem Kundalini-Weg machst, überlebt den Tod des physischen Körpers. Er geht mit dir; alles, was du auf diesem Wege erreichst, bleibt dir, weil es nicht Teil deines physischen Körpers ist. Wenn es Teil des physischen Körpers *wäre*, dann ginge es mit jedem Tod verloren, und du müßtest wieder völlig von neuem beginnen. Wenn jemand aber das dritte Chakra erreicht hat, dann nimmt er diesen Fortschritt mit sich ins nächste Leben. Der ätherische Körper speichert ihn.

Wenn ich sage, daß die Lebensenergie durch Kundalini steigt, dann verstehe ich unter Kundalini eine Bahn — den Weg der Energie, der die Chakras miteinander verbindet. Diese Chakras sind nicht im physischen Körper. Alle Aussagen über Kundalini beziehen sich daher auf den Ätherleib.

Wenn die Lebenskraft durch *Kundalini* läuft, beginnen die Chakras zu vibrieren und aufzublühen. Sobald Energie durch sie

---

* Der *Brahma-Randhra* ist der Mittelpunkt des *Sahasrar*, des letzten Chakras, das sich unter der Schädeldecke befindet.

strömt, werden sie lebendig. Es ist, wie wenn man durch Wasser Elektrizität erzeugt. Kraft und Druck des Wassers bringen den Dynamo zum Rotieren. Ohne den Wasserdruck kann der Dynamo nicht arbeiten, er steht still. Der Dynamo rotiert nur durch den Druck. In derselben Weise funktionieren die Chakras, und sie bleiben so lange leblos, bis sie von vitaler Energie durchflutet werden. Nur dann kommen sie in Bewegung.

Deswegen nennt man sie ›Chakras‹. ›Chakras‹ ist mit dem Begriff ›Zentrum‹ nicht genau übersetzt, weil ein Zentrum etwas Statisches bezeichnet, während ›Chakra‹ eine Bewegung bedeutet. Die richtige Übersetzung ist also ›Rad‹ und nicht ›Zentrum‹; oder ›dynamisches Zentrum‹ ... oder ›rotierendes Zentrum‹, jedenfalls muß sie Bewegung ausdrücken.

Chakras sind statisch, solange sie nicht von Lebensenergie durchflutet werden; erst dann werden sie zu Chakras, dann sind sie keine Zentren mehr, sondern rotierende Räder. Jedes Rad bringt die Energie durch Rotation in einen neuen Aggregatzustand. Diese Energie wird wiederum benutzt, um weitere Chakras zum Rotieren zu bringen. Die Lebenskraft wird also, indem sie durch die einzelnen Chakras fließt, immer vitaler und lebendiger.

Kundalini ist der Kanal, durch den die Lebensenergie fließt. Die Lebenskraft ist im Sex-Zentrum (im Muladhar) gespeichert. Sie kann als Sex-Energie genutzt werden und erzeugt dann eine bestimmte Art von Leben, biologisches Leben. Auch dabei verursacht die Energie Bewegung und erzeugt neue Energie; aber nur biologische. Wenn dieselbe Energie aufwärts steigt, öffnet sich der *Kundalini*-Kanal.

Das Sex-Zentrum (das Muladhar) ist das erste Chakra, das sich öffnet. Es kann sich entweder in die Richtung der biologischen oder der spirituellen Energie öffnen. Das *Muladhar* hat zwei Öffnungen, eine nach unten und eine nach oben. Das höchste Zentrum des Kundalini-Kanals ist das *Sahasrar*, dessen Mittelpunkt das *Brahma-Randhra* ist. Das Öffnen des *Brahma-Randhra* ist ein Weg zur Selbstverwirklichung.

Selbstverwirklichung ist auch auf anderen Wegen möglich, bei denen der Kundalini-Kanal nicht benützt wird. Aber sie sind alle mühsamer. Bei diesen anderen Methoden spielt Kundalini keine Rolle; die Energie fließt nicht durch diesen Kanal. Es gibt Hindu-Methoden: Raja Yoga, Mantra Yoga und all die vielen Tantra-Techniken. Es gibt christliche Methoden, buddhistische Methoden,

Zen- und taoistische Methoden. Sie alle schenken *Kundalini* keine Beachtung. Dieser Weg wird nicht benützt. Sie benutzen Energie-Kanäle, die nicht einmal zum ätherischen Körper gehören. Man kann die astrale Passage benutzen, denn der Astralleib, der dritte Körper, hat seinen eigenen Kanal*, und der mentale Körper, der vierte Körper, hat auch seine eigene Passage. Alle sieben Körper haben ihre eigenen Energiekanäle.

Es gibt viele Yoga-Richtungen, die nicht mit *Kundalini* arbeiten. Nur Hatha-Yoga geht den *Kundalini*-Weg; aber sie ist die wissenschaftlichste und leichteste Methode der graduellen Erleuchtung, leichter als die anderen Yogas. Du gehst Schritt für Schritt vor.

Selbst wenn Kundalini nicht benützt wird, wird sie manchmal plötzlich aktiviert. Dann geschehen Dinge, die zuviel für dich sind, die du dir nicht vorstellen kannst, dann bist du davon völlig erschüttert. Für die anderen Energiekanäle sind eigene Vorbereitungen notwendig. Tantrische oder okkulte Methoden zählen nicht zum *Kundalini*-Yoga.** *Kundalini*-Yoga ist nur eine von vielen Methoden. Aber es ist besser, bei einer einzigen Methode zu bleiben.

Die Methode der dynamischen Meditation, die ich verwende, arbeitet mit Kundalini. Es ist einfacher, mit *Kundalini* zu arbeiten, weil du beim zweiten Körper ansetzt. Je tiefer du ansetzt — bei dem dritten oder dem vierten Körper —, desto schwieriger wird es. Der zweite Körper ist deinem physischen Körper am nächsten und es gibt korrespondierende Punkte im physischen Körper und deswegen ist es leichter.

Wenn du mit dem dritten Körper arbeitest, sind die korrespondierenden Punkte im zweiten Körper. Wenn du mit dem vierten Körper arbeitest, dann sind die Parallelpunkte im dritten Körper. Dann hat die Energie nichts mit deinem physischen Körper zu tun; du spürst sie überhaupt nicht. Aber mit *Kundalini* kannst du jeden Schritt genau fühlen und weißt, woran du bist. Das gibt dir größere Zuversicht. Bei den anderen Methoden mußt du erst

---

* Siehe Kapitel 17.

** Mit *Kundalini* Yoga sind alle diejenigen Methoden gemeint, die direkt mit Kundalini arbeiten. Das darf nicht mit den spezifischen Lehren des Yogi Bhajan und der BHO-Organisation verwechselt werden, die »*Kundalini-Yoga*« genannt werden.

Techniken erlernen, die es dir ermöglichen, die korrespondierenden Punkte im zweiten oder dritten Körper zu fühlen, und das benötigt seine eigene Zeit und Kraft.

Andere Methoden verleugnen Kundalini, aber zu Unrecht. Sie streiten Kundalini nur deswegen ab, weil sie nichts mit diesen Methoden zu tun hat. *Kundalini* braucht seine eigene Methode. Wenn du mit einer Zen-Methode arbeitest, darfst du dich nicht um *Kundalini* kümmern.

Aber manchmal bekommst du Kundalini zu spüren, selbst wenn du mit einer anderen Methode arbeitest; denn die sieben Körper gehen ineinander über; sie sind miteinander verbunden. Wenn du mit dem Astralkörper (dem 3. Körper) arbeitest, kann dabei der zweite Körper aktiviert werden; er kann vom dritten Körper Impulse empfangen.

Umgekehrt ist es nicht möglich. Wenn du mit dem zweiten Körper arbeitest, greift die Energie nicht auf den dritten Körper über, weil der zweite Körper niedriger ist als der dritte. Wenn du aber mit dem dritten arbeitest, dann erzeugst du Energie, die zum zweiten fließen kann, ohne daß du etwas dazu tust. Energie fließt nach unten. Da dein zweiter Körper tiefer liegt als dein dritter, kann er manchmal von Energie, die im dritten Körper erzeugt wird, überschwemmt werden.

Man kann mit Kundalini auch in Kontakt kommen, wenn man eine andere Methode benutzt; aber Lehrer, deren Methode nicht auf Kundalini zugeschnitten ist, erlauben dir nicht, darauf zu achten, denn wenn du auf die Kundalini aufmerksam wirst, zieht sie immer mehr Energie an. Die ganze Methode, die eigentlich mit Kundalini nichts zu tun hatte, wird dadurch in Frage gestellt. Aber weil sie nichts über Kundalini wissen, können sie auch nicht damit arbeiten.

Lehrer, die mit anderen Methoden arbeiten, lehnen *Kundalini* samt und sonders ab. Sie sagen: »Das ist Unsinn, ist nur Fantasie, du projizierst nur. Kümmere dich nicht darum; schenke diesen Dingen keine Beachtung.« Und wenn du nicht mehr darauf achtest und nur am dritten Körper arbeitest, wird *Kundalini* nach und nach verschwinden. Die Energie wird dann nicht mehr zum zweiten Körper fließen und das ist auch gut so. Du mußt mit ganzem Einsatz mit der Methode arbeiten, die du gewählt hast. Verschwende keine Kraft mit irgendeiner anderen Methode, denk nicht einmal darüber nach, weil es dich nur verwirrt. Und der

Kundalini-Kanal ist so fein und so unbekannt, daß Verwirrung hier leicht Schaden anrichtet.

Meine Methode der Dynamischen Meditation arbeitet mit *Kundalini*. Selbst wenn du nur deinen Atem beobachtest, ist das eine Hilfe für *Kundalini*, weil der Atem und das *Prana*, die Lebensenergie, mit dem zweiten, dem ätherischen Körper, zusammenhängen. Das Prana hat mit dem physischen Körper nur so viel zu tun, als es von ihm eingesogen und wieder ausgestoßen wird, er ist nur ein Durchgang.

Prana gehört zum zweiten Körper. Die Lungen besorgen das Atmen, aber es kommt dem ätherischen Körper zugute. Dein physischer Körper (der erste Körper) arbeitet für den ätherischen (den zweiten Körper), der ätherische Körper arbeitet für den astralen (den dritten Körper) und dieser arbeitet für den mentalen Körper (den vierten Körper).

Dein physischer Körper ist die Türe zum zweiten Körper. Der zweite Körper ist so feinstofflich, daß er nicht in direktem Kontakt mit der materiellen Welt stehen kann, deshalb verwandelt dein physischer Körper zuerst alle grobe Materie in energetische Formen, damit diese als Nahrung für den zweiten Körper dienen können.

Alles, was die Sinne aufnehmen, wird in energetische Formen umgewandelt und wird zu Nahrung für den zweiten Körper. Dann wird es vom zweiten Körper in noch feinere Formen verarbeitet und kann dann dem dritten Körper als Nahrung dienen.

Du kannst zum Beispiel keine Erde essen; im Gemüse jedoch sind die Erdelemente umgewandelt enthalten. Dann kann man sie essen. Das Pflanzenreich verwandelt Erde in eine lebendige, feinstoffliche Form. Jetzt kannst du sie zu dir nehmen. Du kannst auch kein Gras essen, das muß die Kuh für dich besorgen. Und die Kuh verwandelt das Gras in Milch. Dann kannst du das Gras als Milch trinken.

Auf dieselbe Weise nimmt dein erster Körper Materie auf und verwandelt sie in Energie, die vom zweiten Körper absorbiert wird. Der Atem wird von deinen Lungen aufgenommen. Die Lungen sind Maschinen, die für den zweiten Körper arbeiten. Wenn der zweite Körper stirbt, bleiben die Lungen unangetastet, aber sie atmen nicht mehr. Der Atem steht still. Der zweite Körper ist der Herr des ersten Körpers und der dritte Körper ist der Herr des zweiten Körpers. Jeder niedere Körper ist der Diener des nächst höheren.

Bei der Arbeit mit der Kundalini ist es also gut, wenn du dir deines Atems bewußt bist. Das erzeugt Energie, und diese Energie sammelt sich an und hilft der Lebenskraft dabei, nach oben zu steigen. Meine ganze Methode ist auf Kundalini ausgerichtet. Wenn man diese Methode erst einmal begreift, kann man mit ihr alles notwendige tun; jetzt ist nichts weiter nötig.

Das letzte Chakra (das Sahasrar) kann durch jedwede Methode erreicht werden. *Sahasrar* und *brahma-randhra* sind die Namen für das siebte Chakra im *Kundalini*-Yoga. Wenn du nicht mit Kundalini, sondern mit dem dritten Körper arbeitest, dann wirst du diesen Punkt auch erreichen, aber nicht unter dem Namen Brahma-Randhra, und ohne die ersten sechs Chakras zu berühren. Du gehst durch einen anderen Energiekanal. Die Meilensteine sind zwar verschieden, aber das Ziel ist dasselbe. Alle sieben Körper sind mit dem siebten Chakra verbunden, deswegen kannst du aus jeder Richtung dorthin kommen.

Man darf nicht zwei Methoden gleichzeitig benutzen. Sonst bringt man seine Energie durcheinander, und sie fließt auf zwei Kanäle verteilt. Jede Methode muß die gesamte Energie in eine Dimension kanalisieren. Und genau das bewirkt die Dynamische Meditation; deswegen beginnt sie mit zehn Minuten tiefen und schnellen Atmens.

FRAGE:

»Ist die Bewegung von Kundalini mit der Bewegung einer Schlange vergleichbar?«

Nein, es ist anders. Wer noch nie eine Schlange gesehen hat, kann sich die Kundalini auch nicht als erwachende ›Schlangen-Kraft‹ vorstellen. Wenn das Symbol nicht durch deine eigene Erfahrung aufgeladen ist, dann fühlst du die Kundalini auf andere Weise. Das muß man sich klar vor Augen halten.

Im Westen kann man sich Kundalini nicht als Schlangenkraft vorstellen, weil die Schlange keine Realität im gewöhnlichen Leben darstellt. Sie hatte Bedeutung im alten Indien: die Schlange war dein Nachbar, dein alltäglicher Nachbar. Und sie bot den Anblick größter Kraft und schönster Bewegungen. Deswegen wählte man das Schlangensymbol, um das Phänomen der Kundalini darzustellen. Wo Schlangen nicht bekannt sind, kann die Schlange nicht als

Symbol dienen: man kann dann keinen Zusammenhang herstellen; man kann sie sich nicht einmal vorstellen.

Symbole existieren ... aber sie sind nur dann sinnvoll, wenn sie zu deinem geistigen Hintergrund passen.

FRAGE:

»Ist Kundalini *ein psychisches Phänomen?«*

Wenn du fragst, ob sie etwas Psychisches ist, drückt das deinen Zweifel an der Realität des Psychischen aus. Das Psychische hat seine eigene Realität! ›Psychisch‹ bedeutet nur einen anderen Bereich der Realität; den nicht-materiellen.

Es ist zu einer Denkgewohnheit geworden, Realität und Materialität als gleichbedeutend zu betrachten, aber sie sind es nicht. Die Realität ist viel umfassender als das Materielle. Das Materielle ist nur eine Dimension der Realität. Selbst ein Traum hat seine eigene Realität; er ist nicht-materiell, aber er ist nicht unwirklich; er ist psychisch, aber halte ihn deshalb nicht für unreal. Er ist nur eine andere Dimension der Wirklichkeit.

Selbst ein Gedanke hat seine eigene Realität, obwohl er nichts Materielles ist. Alles hat seine eigene Realität und es gibt verschiedene Bereiche, verschiedene Grade und verschiedene Dimensionen der Wirklichkeit. In unserer Anschauung jedoch ist das Materielle zur einzigen Realität geworden, wir stempeln eine Sache als unreal ab, indem wir sie als psychisch oder geistig bezeichnen.

Kundalini gehört zum Wirklichkeitsbereich des Psychischen. Aber das Symbol hat sie von außen erhalten; es gehört nicht zu ihrer Natur.

Sie ist ein psychisches Phänomen. Etwas steigt in dir auf: ein kraftvolles Aufwallen. Es steigt etwas von unten hoch und tritt vor dein inneres Auge: kraftvoll und eindringlich. Du fühlst es, aber immer, wenn du es beschreiben sollst, mußt du dein Symbol benutzen. Selbst wenn du es verstehst, benutzt du ein Symbol. Und du benutzt das Symbol nicht nur, wenn du anderen von dieser Erfahrung berichtest; du kannst es selber nicht ohne Symbol verstehen. Wenn wir »aufsteigen« sagen, dann ist das auch ein Symbol. Wenn wir »vier« sagen, ist es ein Symbol. ›Auf‹ und ›nieder‹ sind Symbole; in Wirklichkeit gibt es kein oben und kein unten.

In der Wirklichkeit gibt es nur *existentielle Empfindungen,* jedoch keine Symbole, durch die man diese Empfindungen verstehen und ausdrücken kann. Aber zur Verständigung ist Symbolik notwendig. Wenn du sagst: »Es sieht einer Schlange ähnlich«, dann *wird* es schlangenhaft, dann nimmt es die Form eines Symboles an; es beginnt, deiner Vorstellung zu entsprechen. Du gießt es in eine bestimmte Form; anders kannst du es nicht verstehen.

Wenn du feststellst, daß sich etwas in dir geöffnet und entfaltet hat, mußt du für diesen Prozeß in irgendeiner Weise Begriffe finden. Sobald Gedanken ins Spiel kommen, bringen sie ihre eigenen Kategorien mit. Deshalb kannst du sagen »ein Entfalten« oder »ein sich Öffnen«, oder du kannst es als »Eindringen« bezeichnen. Die Sache selbst kann durch eine Menge von Metaphern begreifbar gemacht werden. Die Metapher hängt von dir ab; es kommt auf deinen Geist, deine Auffassung an, und diese hängt ihrerseits von vielem ab — von deinen Lebenserfahrungen zum Beispiel.

In zwei bis dreihundert Jahren gibt es möglicherweise keine Schlangen mehr auf der Erde, weil der Mensch alles tötet, was ihm gefährlich werden kann. Dann wird ›Schlange‹ nur ein historisches Wort sein; ein Wort aus Büchern. Es hat dann keine Realität mehr. Sie ist sogar schon in den meisten Ländern der Erde keine Realität mehr. Dann hat auch das Symbol keine Kraft mehr; seine Schönheit ist verloren, weil es keine lebendige Entsprechung hat. Dann mußt du für *Kundalini* einen neuen Vergleich suchen.

Es mag zu einem ›Aufschießen der Elektrizität‹ werden. ›Elektrizität‹ ist zeitgenössischer, dem Verständnis angemessener als ›Schlange‹. Es kann zu einem ›startenden Jet‹ oder einem ›Raumschiff auf dem Weg zum Mond‹ werden. Die Geschwindigkeit ist damit genauer beschrieben — schnell, wie eine Rakete. Wenn du sie fühlen und es mit deiner ganzen Vorstellungskraft als Rakete sehen kannst, dann wird sie wie eine Rakete sein. Die Realität ist anders, aber die Metapher stammt von dir. Du hast sie gewählt, weil sie deinen Empfindungen am ehesten entspricht, weil sie für dich eine Bedeutung hat.

Yoga entwickelte sich in einer Agrarkultur und gebrauchte deshalb erdverbundene Symbole, wie ›Blume‹, ›Schlange‹ usw. Aber das sind nur Symbole. Buddha sprach nicht einmal über *Kundalini*; aber wenn er es getan hätte, hätte er sie nicht mit Schlangenkraft verglichen. Genausowenig wie Mahavir, der ebenfalls einer königlichen Familie entstammte: die Vergleichmaßstäbe der Landbevölkerung entsprachen nicht ihren eigenen. Sie benutzten andere Symbole.

Buddha und Mahavir kamen aus königlichen Palästen. Schlangen waren dort keine Realität, aber für die Bauern gehörten sie zum Alltag. Sie konnten die Begegnung mit Schlangen nicht vermeiden; und sie waren auch gefährlich. Man mußte auf der Hut sein. Aber für Buddha und Mahavir waren sie keine Realität.

Buddha sprach nicht von Schlangen: er sprach von Blumen; die kannte er besser als irgend jemand sonst. Er hatte viele Blumen gesehen, jedoch nur lebendige. Die Palastgärtner hatten von seinem Vater den Befehl erhalten, aufzupassen, daß er, Gautama, keine sterbende Blume zu Gesicht bekäme. Er durfte nur frische Blumen sehen, deshalb wurden die Gärten in der Nacht für ihn vorbereitet. Wenn er am Morgen kam, konnte man kein totes Blatt und keine welke Blume sehen, nur frisch aufblühende Blumen.

Deshalb war das Aufblühen für ihn eine eindrucksvolle Erfahrung, viel nachhaltiger als für uns. Als er dann zu seiner Verwirklichung kam, verglich er es mit dem Aufblühen eines riesigen Lotus. In Wirklichkeit war es etwas anderes, Buddha wählte dieses Bild nur als Vergleich.

Diese Metaphern sind nicht falsch. Sie sind nicht nur Dichtung. Sie entsprechen deiner Natur. Du gehörst zu ihnen; sie gehören zu dir. Die Ablehnung von Symbolen hat sich als sehr verhängnisvoll und gefährlich erwiesen. Ihr habt immer wieder alles abgelehnt, was keine materielle Realität hatte; aber die Rituale und Symbole rächen sich dafür. Sie kommen immer zurück. Sie brechen sich Bahn, sie drücken sich in eurer Kleidung aus, in euren Kult-Stätten, in eurer Literatur und euren Handlungen. Die Symbole nehmen Rache, sie kommen wieder. Du kannst sie nicht verleugnen, weil sie zu deiner Natur gehören.

Der menschliche Verstand kann nicht in ausschließlich abstrakten Begriffen denken. Er kann es nicht. Die Wirklichkeit kann man sich nicht in rein mathematischen Begriffen vorstellen: wir können sie uns nur durch Symbole begreiflich machen. Der Mensch ist existentiell mit seinen Symbolen verbunden. Tatsächlich kann nur der menschliche Geist Symbole erschaffen; Tiere sind dazu nicht in der Lage.

Ein Symbol ist ein lebendiges Bild. Für inneres Geschehen muß man äußere Sinnbilder verwenden. Wenn ein Gefühl in dir hochsteigt, kommt automatisch ein Symbol, und damit formt sich die

Kraft diesem bestimmten Symbol an. So kommt es, daß Kundalini anfängt, einer Schlange zu gleichen: sie wird zur Schlange. Man kann sie so fühlen und sehen. Und sie ist sogar lebendiger, als eine gewöhnliche Schlange. Du fühlst Kundalini als Schlange, weil du keine Abstraktion fühlen kannst. Das geht nicht. Wir haben das Göttliche in Bilder übertragen, weil wir es als Abstraktion nicht wahrnehmen können. Ein abstrakter Gott verliert seine Bedeutung. Er wird einfach mathematisch. Wir wissen, daß das Wort ›Gott‹ nicht Gott ist, aber wir müssen das Wort benützen. Das Wort ist ein Symbol. Wir wissen, daß das Wort ›Gott‹ ein Symbol, ein Begriff ist, und nicht das Göttliche selbst, aber wir müssen ein Wort dafür einsetzen. Und das ist das Paradox: wenn du weißt, daß etwas nicht wirklich besteht, aber auch keine Fiktion ist, sondern einfach nur Mittel zum Zweck ist, dann mußt du das Symbol transzendieren. Dann mußt du es hinter dir lassen und das kennenlernen, was jenseits davon ist; worauf das Symbol nur hingewiesen hat.

Aber der Geist kann sich kein Bild von diesem Jenseitigen machen, und dein Geist ist dein einziges Werkzeug. Durch ihn muß jede Wahrnehmung hindurch. So wird das Symbol fühlbar: es wird etwas Wirkliches. Und für jemand anders mag ein anderes Symbol genauso wirklich sein wie dein Symbol für dich wirklich ist. Dadurch gibt es dann Meinungsverschiedenheiten. Für jeden ist sein eigenes Symbol echt und wirklich, aber wir sind besessen von dem, was *für uns* konkret und wirklich ist. Wir lassen etwas nur gelten, wenn es für *uns* wirklich ist.

Wir können sagen: »Dieser Kassettenrekorder ist wirklich«, weil er für uns alle wirklich ist. Er hat eine objektive Realität. Aber Yoga bemüht sich um eine *subjektive Realität*. Subjektive Realität ist nicht so real wie objektive Realität, aber sie ist auf ihre eigene Weise wirklich.

Die Besessenheit mit dem Gegenständlichen, dem Objektiven muß aufhören. Subjektive Realität ist genauso wirklich wie objektive Realität, aber sobald du sie wahrnimmst, gibst du ihr deine eigene Note; du gibst ihr einen Namen deiner Wahl, eine Metapher nach deinem Geschmack. Und diese Art der Wahrnehmung kann nur individuell sein. Selbst wenn jemand dieselbe Sache erfährt, wird er sie anders beschreiben. Selbst zwei Schlangen unterscheiden sich dann, weil die Metapher von zwei verschiedenen Individuen stammt.

So sind also Metaphern, wie die, daß Kundalini einer Schlange ähnelt, nur symbolisch zu verstehen. Aber sie entspricht dennoch der Realität. Es ist dieselbe Bewegung, dieselbe subtile schlangenhafte Bewegung. Es ist eine Kraft, die dir wie flüssiges Gold erscheint. Und all dies läßt sich mit dem Symbol der Schlange benennen. Wenn dir dieses Symbol also zusagt — gut so.

Aber vielleicht kannst du damit nichts anfangen. Deswegen sage niemandem, daß das, was dir geschehen ist, auch bei ihm so ablaufen wird. Mach das niemals jemandem weis. Es kann so sein, muß aber nicht. Das Symbol trifft auf dich zu; für ihn mag es nicht so sein. Wenn das klar ist, dann braucht man sich nicht zu streiten.

Auseinandersetzungen gibt es wegen der unterschiedlichen Symbolik. Ein Mohammed kann sich die Symbolik eines Buddha nicht vorstellen. Das ist nicht möglich. Die Umstände und Hintergründe von beiden sind zu verschieden. Selbst das Wort ›Gott‹ kann zur Last werden, wenn du es nicht als Symbol verstehst, das deinem innersten Wesen entspricht.

Mohammed konnte sich zum Beispiel unter Gott nicht ›Mitgefühl‹ vorstellen. Mitgefühl war in seiner Umwelt unbekannt. Alles war so furchteinflößend, so gefährlich, daß man sich ein anderes Bild vom Göttlichen machen mußte. Man zog von einem Land ins andere und schlachtete alles ab; die Menschen in Mohammeds Welt konnten sich nur einen grausamen Gott vorstellen; ein sanftmütiger Gott, ein mitfühlender Gott wäre unwirklich für sie gewesen, weil diese Vorstellung nicht mit ihrer Realität übereingestimmt hätte.

Ein Hindu sieht seinen Gott durch seine Umwelt. Die Natur ist schön, die Erde fruchtbar. Dieser Menschenschlag ist tief in der Erde verwurzelt. Alles fließt und fließt in eine bestimmte Richtung, und die Bewegung ist sehr langsam, genau wie der Ganges. Nichts ist furchteinflößend und gefährlich. Deshalb muß der Hindu-Gott ein Krishna sein, der tanzt und auf seiner Flöte spielt. Auch dieses Bild kommt aus der Umwelt, der Mentalität und den Erfahrungen des Volkes.

Alles Subjektive wird früher oder später in Symbole verwandelt, aber egal, was für Namen und Symbole wir ihm geben, es ist nicht unreal; für uns ist es wirklich. Deshalb muß man zum eigenen Symbol stehen, ohne es jedoch anderen aufzuzwingen: »Selbst wenn alle anderen gegen dieses Symbol sind, für mich ist es gut. Es ist natürlich und spontan entstanden. Das Göttliche kommt auf diese Art zu mir. Ich weiß nicht, wie es sich anderen zeigt.«

Es gibt also tausend Möglichkeiten, diese inneren Dinge anzudeuten. Aber wenn ich sage, daß Symbole subjektiv sind, dann meine ich nicht, daß sie nur Namen sind. Dein Symbol ist nicht nur ein Name. Für dich ist es Realität. Es kommt auf *diese* Weise zu dir, es kann nicht auf andere Weise zu dir kommen. Alles wird klar, wenn wir Materialität nicht mit Realität verwechseln, oder Objektivität mit Realität. Wenn du sie aber so verwechselst, dann wirst du diese Dinge kaum verstehen können.

7
Erleuchtung
Ein Anfang ohne Ende

Meditation ist die Reise nach Innen. Und diese Reise findet kein Ende, sie ist endlos in dem Sinn, daß das Tor aufgeht und sich dann immer weiter öffnet ... bis das Tor zum Universum selbst wird. Meditation blüht und blüht, entfaltet sich immer mehr, bis das Blühen selbst zum Kosmos wird. Die Reise ist endlos: sie hat einen Anfang, aber sie hört niemals auf.

Es gibt keine Grade der Erleuchtung. Wenn sie einmal eintritt, ist sie für immer da. Sie ist wie ein Sprung in einen Ozean von Gefühlen. Du springst und wirst eins damit, genau wie ein Tropfen, der in den Ozean fällt, mit ihm eins wird. Aber das bedeutet nicht, daß du den ganzen Ozean kennengelernt hast.

Der Moment ist total: der Moment, wenn das Ego abfällt, der Moment, wenn das Ego erlischt, der Moment der Egolosigkeit — er ist total. Er ist vollkommen. Was dich betrifft, ist er vollendet. Aber vom Ozean gesehen, vom Göttlichen aus, ist er nur ein Anfang, der kein Ende haben wird.

Man darf eines nicht vergessen: Unwissenheit hat keinen Anfang, aber sie hat ein Ende. Du kannst nicht erkennen, wo deine Unwissenheit begonnen hat. Sie war schon immer da; du bist immer mitten drin. Du wirst nie ihren Anfang erfahren. Sie hat keinen.

Unwissenheit hat keinen Anfang, aber ein Ende. Erleuchtung hat einen Anfang, aber sie hört niemals auf. Und beides wird eins; es *ist* ein und dasselbe: der Anfang der Erleuchtung und das Ende der Unwissenheit sind ein einziger Punkt. Es ist ein gefährlicher Punkt, und er hat zwei Gesichter: das eine Gesicht schaut in anfangslose Unwissenheit, und das andere Gesicht schaut in den Anfang endloser Erleuchtung.

Deswegen kommst du zwar zur Erleuchtung, aber du kommst niemals *an*. Du erreichst sie, du versinkst darin, wirst eins damit, aber es bleibt immer noch unendlich viel Unbekanntes offen. Und das ist das Schöne daran. Das ist das Mysteriöse daran.

Wenn mit der Erleuchtung alles erkannt wäre, gäbe es kein Mysterium. Wenn alles entschleiert wäre, wäre die ganze Sache abstoßend. Ohne Mysterium wäre alles leblos. Deshalb ist Erleuchtung kein ›Wissen‹ im üblichen Sinn. Es ist kein ›Wissen‹, das dich grau und leblos macht. Es ist Wissen in dem Sinn, daß du dich öffnest, offen bist für immer größere Mysterien. ›Wissen‹ bedeutet dann, daß du das Mysterium erfahren hast, dir des Mysteriums bewußt bist. Das heißt aber nicht, daß du es enthüllt hättest, daß es eine mathematische Formel gäbe, und daß du alles wüßtest. Das Wissen der Erleuchtung heißt vielmehr, daß du einen Punkt erreicht hast, wo alles ein einziges Mysterium ist.

Du hast erkannt, daß es *nur* das Mysterium gibt; du hast das Ganze des Seins als Mysterium erkannt. Alles ist so geheimnisvoll geworden, daß keine Hoffnung besteht, den Schleier zu lüften. Jetzt hast du alle Hoffnung aufgegeben. Aber nicht aus Verzweiflung, nicht aus Hoffnungslosigkeit. Du erkennst einfach das Wesen des Mysteriums.

Das Mysterium an sich ist unbezwingbar; allein der Versuch, es zu bezwingen, ist absurd. Das Mysterium ist so unendlich groß, daß es sinnlos ist, durch Intellekt etwas erklären zu wollen. Du bist an die Grenzen deines Geistes gelangt. Jetzt gibt es überhaupt kein Denken mehr. Und Erkennen beginnt.

Aber dieses Erkennen unterscheidet sich grundlegend von wissenschaftlicher Erkenntnis. Die Wissenschaft versucht, das Mysterium zu entmystifizieren. Religiöses Wissen bedeutet das genaue Gegenteil. Es reißt der Realität nicht den Schleier weg. Im Gegenteil, alles was vorher bekannt war, wird wieder geheimnisvoll; selbst gewöhnliche Dinge, von denen du zuversichtlich glaubtest, sie zu kennen — daran nicht den geringsten Zweifel hattest —, werden wieder geheimnisvoll. Jetzt gehen selbst diese Sicherheiten verloren. Alles wird gewissermaßen bodenlos — bodenlos und unergründlich.

Mystische Erkenntnis muß man sich so vorstellen: sie ist die Teilnahme an dem allumfassenden Mysterium des Daseins; sie ist ein ›Ja‹ zum Mysterium des Lebens. Intellekt — intellektuelle Theorie — gibt es jetzt nicht mehr. Du schaust dem Mysterium direkt ins Auge. Es ist eine existentielle Begegnung — nicht vom Geist her, sondern aus *dir* heraus, aus deiner Gesamtheit. Jetzt fühlst du es von überall her: durch deinen Körper, deine Augen, deine Hände, durch dein Herz. Du gehst mit allem, was du bist, im Ganzen, im Mysterium auf.

Das ist nur ein Anfang. Und ein Ende wird es nie geben; ein Ende wäre es, wenn das Geheimnis entschleiert würde.

Das ist der Anfang der Erleuchtung. Sie hat kein Ende, nur diesen Beginn. Das Ende von Unwissenheit kann man sich vorstellen, aber Erkenntnis, als ein Zustand geistiger Erleuchtung, kennt kein Ende. Jetzt bist du in einen bodenlosen Abgrund gesprungen.

Du kannst es dir von vielen Warten aus vorstellen. Wenn man dieses Stadium des Geistes durch *Kundalini* erreicht, dann ist es wie ein endloses Blühen. Die tausend Blütenblätter des *Sahasrar** bedeuten nicht genau tausend: ›tausend‹ bedeutet einfach die größte Zahl. Sie deutet symbolisch an, daß Kundalini unendlich viele Blüten hervorbringt. Es öffnen sich unentwegt neue Blüten. Du wirst erleben, wie die erste Blüte aufgeht, aber eine letzte wird es nie geben; die Quelle dieses Blühens wird niemals versiegen.

Man kann durch *Kundalini* dahin kommen, oder man kann andere Wege benutzen. *Kundalini* ist nicht die einzige Möglichkeit.

Wer auf anderem Wege zur Erleuchtung gelangt, kommt zum selben Punkt, aber der Name, das Symbol ist anders. Er sieht es aus einem anderen Blickwinkel; das eigentliche Geschehen ist unbeschreiblich; keine Beschreibung entspricht ihm genau.

Jede Beschreibung ist nur eine Allegorie, eine Metapher. Du kannst sagen: »Es ist wie das Aufblühen einer Blume« — obwohl es dabei überhaupt keine Blüte gibt. Aber das Gefühl ist genauso, als wärest du eine Blume, die sich auf einmal entfaltet. Ein Gefühl steigt in dir auf, so, als öffnetest du dich. Ein anderer wiederum mag es anders ausdrücken. Er mag sagen: »Es ist, wie wenn eine Tür aufgeht — eine Tür, die ins Unbegrenzte führt und die sich immer weiter öffnet.« Man kann also alle möglichen Vergleiche ziehen.

Die Tantriker verwenden sexuelle Symbole. Sie sind Meister darin! Sie sagen: »Es ist ein Verschmelzen, eine endlose Vereinigung.« Wenn Tantra sagt: »Es ist genau wie *Maithuna* (Beischlaf)«, dann bedeutet das: ein Verschmelzen des Individuellen mit dem Unendlichen, dem Ewigen.

---

* Das letzte Chakra, symbolisiert durch einen tausendblättrigen Lotus.

Man kann es auch auf diese Weise versinnbildlichen, aber kein Bild kann mehr als ein Sinnbild sein.

Es ist symbolisch; mehr kann es nicht sein. Wenn ich jedoch ›symbolisch‹ sage, dann meine ich nicht, daß ein Symbol keine Bedeutung habe.

Ein Symbol hat individuelle Bedeutung; denn du hast es dir auf diese Weise vorgestellt. Du kannst dir kein anderes Bild davon machen. Jemand, der niemals ein Herz für Blumen hatte, keine Blumen in ihrer Blütenpracht kennt, an Blumen vorbeigegangen ist, ohne sie eines Blickes zu würdigen, jemand, der dem Blütenreich niemals in seinem Leben Beachtung geschenkt hat, kann es nicht als ein Aufblühen empfinden. Wenn du es jedoch als ein Blühen empfindest, dann wird das Symbol sinnvoll, weil es deiner Veranlagung entspricht. Es deckt sich irgendwie mit deiner Art, die Dinge zu sehen, dich auszudrücken.

FRAGE:

»Was fühlt man, wenn sich das Sahasrar öffnet?«

Wenn sich das Sahasrar geöffnet hat, gibt es kein Gefühl mehr, sondern nur noch inneres Schweigen und Leere. Nur am Anfang spürst du es sehr deutlich — wenn du es zum erstenmal fühlst, ist es am stärksten —, aber, je vertrauter du damit wirst, desto undeutlicher wird es. Je mehr du damit eins wirst, desto mehr verliert es an Deutlichkeit. Dann kommt ein Moment — das ist unvermeidlich —, in dem du nichts mehr davon spürst.

Man fühlt immer das Neue. Du spürst das, was fremdartig ist; das, was du kennst, spürst du nicht. Du spürst das Fremdartige daran. Wenn es eins mit dir wird, wenn du damit gänzlich vertraut bist, dann spürst du es nicht mehr, aber das bedeutet nicht, daß es nicht mehr da ist. Es ist da, sogar noch stärker als zuvor. Es wird immer intensiver; aber gleichzeitig immer weniger gefühlt. Und irgendwann kommt ein Moment, in dem es kein Fühlen mehr gibt. Du empfindest dich nicht mehr als getrennt davon, du siehst es nicht mehr als ›das Andere‹, und deshalb gibt es auch kein Fühlen mehr.

Wenn das *Sahasrar* sich zum erstenmal öffnet, dann ist es dir fremd, du kennst dich nicht damit aus, es ist dir unvertraut. Es ist etwas, das dich durchdringt, oder etwas, in das du eindringst. Du hast Abstand dazu. Dieser Abstand jedoch schrumpft nach und nach zusammen, und du verwächst mit dem Geschehen. Jetzt siehst du es nicht mehr als etwas, das dir geschieht. Du *wirst* das Geschehen. Es dehnt sich immer weiter aus, und du wirst eins damit.

Dann spürst du es nicht mehr. Du bemerkst es zwar, fühlst es aber nicht stärker als deinen Atem. Du spürst deinen Atem nur, wenn etwas damit nicht stimmt, sonst nicht. Du spürst nicht einmal deinen Körper, es sei denn, er ist von einer Krankheit befallen, es sei denn, du hast Schmerzen. Wenn du vollkommen gesund bist, dann spürst du ihn nicht, du hast ihn einfach. Dabei ist dein Körper lebendiger, wenn du gesund bist — nur spürst du ihn nicht. Du brauchst ihn nicht zu spüren, du bist eins mit ihm.

FRAGE:

»Was wird aus religiösen Visionen und anderen Phänomenen, die in tiefer Meditation auftreten, wenn sich das Sahasrar *öffnet?«*

Diese Dinge fallen alle weg. Alle Bilder und Visionen — alles fällt ab, weil diese Dinge nur am Anfang auftreten. Es sind gute Zeichen, aber sie haben ihre Zeit.

Bevor sich das Sahasrar öffnet, hast du viele Visionen. Sie sind nichts Unwirkliches, Visionen sind etwas Reales. Sobald sich das *Sahasrar* jedoch öffnet, gibt es keine Visionen mehr. Sie treten nicht mehr in Erscheinung, weil dieses ›Aufblühen‹ die höchste Erfahrung des Geistes ist. Es ist die letzte Erfahrung des Geistes; danach gibt es ihn nicht mehr.

Alles, was vorher geschieht, geschieht im Geist; aber in dem Moment, in dem du den Geist hinter dir läßt, gibt es nichts mehr. Wenn der Sinnesapparat nicht mehr als Mittler zwischen dir und der Wirklichkeit steht, gibt es weder *Mudras* (äußerer Ausdruck psychischer Verwandlung), noch Visionen, weder Blüten, noch Schlangen. Es gibt überhaupt nichts mehr, weil es jenseits des Geistes keine Metaphern mehr gibt. Die Realität jenseits des Geistes ist so unverfälscht, so rein, daß es keine ›Andersheit‹ mehr gibt; die Realität jenseits des Geistes ist so allumfassend, daß sie nicht mehr in Erfahrenden und Erfahrung aufgeteilt werden kann.

Im Geist ist alles zweigeteilt. Du erfährst etwas — wie du es nennst, spielt keine Rolle —, aber die Teilung zwischen dem, der erfährt, und der Erfahrung, zwischen dem Wissenden und dem Gewußten, bleibt weiterhin bestehen. Alles bleibt zweigeteilt.

Aber diese Visionen sind gute Zeichen, weil sie nur in den letzten

Stadien auftreten. Sie tauchen nur auf, wenn der Verstand leiser wird, wenn er kurz vor seinem Verlöschen steht. Bestimmte *Mudras* und Visionen sind nur symbolisch, symbolisch in dem Sinn, daß sie die bevorstehende Auflösung des Geistes ankündigen. Wenn sich der Geist auflöst, dann bleibt nichts übrig. Oder: alles bleibt übrig, aber die Trennung zwischen dem, der erfährt, und dem Erfahrenen ist aufgehoben. *Mudras*, Visionen — besonders Visionen — sind Erfahrungen. Sie sind kennzeichnend für bestimmte Stadien. Ähnlich, wie wenn du sagst: »Ich habe geträumt«, und wir als selbstverständlich voraussetzen können, daß du geschlafen hast. Und wenn du sagst: »Ich hatte einen Tagtraum«, dann heißt das auch, daß du in eine Art Schlaf gefallen bist, weil Träumen nur möglich ist, wenn der bewußte Teil des Geistes in Schlaf gefallen ist. Träumen ist also ein Zeichen für Schlaf. Und genauso deuten *Mudras* und Visionen auf ein bestimmtes Stadium hin.

Du magst Visionen von bestimmten Gestalten haben. Du kannst sie identifizieren. Und auch diese Bilder unterscheiden sich, sie sind bei jedem anders. Die Gestalt Shivas taucht in einem christlichen Geist nicht auf. Das ist unmöglich: die Voraussetzungen sind nicht gegeben. Vielmehr wird Jesus erscheinen. Das wird die letzte Vision für einen christlichen Geist sein. Und das bedeutet viel!

Die letzte Vision, die auftaucht, ist eine zentrale religiöse Figur. Diese Zentralfigur wird die letzte Vision sein. Ein Christ — und unter einem Christen verstehe ich jemanden, der die christliche Sprache und ihre Symbolik verinnerlicht hat, dessen Christentum ihm schon in seiner Kindheit ins Blut übergegangen ist — wird als letzte Gestalt den gekreuzigten Jesus sehen. Es gibt immer noch den, der dies erfährt, der dies wahrnimmt, und ganz zuletzt erscheint ihm der Heiland. Es ist eine authentische Erfahrung; das kann niemand abstreiten. Im letzten Moment, bevor der Geist stirbt, erscheint Jesus.

Einem Jain jedoch, oder einem Buddhisten, erscheint nicht Jesus — er hat eine andere Vision. Dem Buddhisten erscheint Buddha. In dem Moment, in dem sich das *Sahasrar* öffnet, taucht auf einmal Buddha auf.

Deswegen stellt man sich Buddha auf einem Lotus sitzend vor. Buddha saß nicht wirklich auf einem Lotus, aber er wird so dargestellt; diese Darstellungen sind nicht wirkliche Ebenbilder des Gautama Buddha, sondern sie stellen die letzte Vision dar, die im

Geist auftaucht. Wenn der Geist ins Ewige eingeht, erscheint der Buddha auf diese Weise: er sitzt auf einem Lotus.

Auch Vishnu wird deshalb auf einer Blume sitzend dargestellt. Diese Blume ist symbolisch für das *Sahasrar*; Vishnu kommt dem Hindu als letzte Gestalt in den Sinn. Buddha, Vishnu, Jesus sind Urbilder — sie sind das, was Jung als »Archetypen« bezeichnet.

Der Verstand kann sich nichts Abstraktes vorstellen, und so läuft sein letzter Versuch, die Realität zu verstehen, auf die Projektion des Symbols hinaus, das für ihn am meisten Bedeutung hatte. Dieses Gipfelerlebnis ist die letzte Erfahrung des Geistes. Der Höhepunkt ist immer das Ende; er bedeutet den Anfang vom Ende. Der Höhepunkt ist der Tod, und das Aufblühen des *Sahasrar*, die allerhöchste Erfahrung des Geistes, seine höchste Möglichkeit, das Letzte, was für ihn faßbar ist. Die größte Gestalt — das heiligste Symbol: das tiefste Urbild, der Archetyp — steigt vor dem inneren Auge auf. Und das Urbild hat Wirklichkeit! Wenn ich ›Vision‹ sage, zweifelt man leicht an ihrem Realitätswert. Viele werden sagen, es könne nichts Wirkliches sein, weil das Wort ›Vision‹ etwas Illusionäres bezeichne; aber auch eine Vision ist real, auf einer höheren Realitätsebene; sie ist realer als das, was gewöhnlich als Realität gilt.

Selbst wenn dich die ganze Welt für verrückt erklärt: du wirst dich dadurch nicht beirren lassen. Du sagst: »Es ist realer für mich als die ganze Welt. Ein Stein ist nicht so wirklich wie die Gestalt, die ich gesehen habe. Sie ist wirklich da, vollkommen real.« Aber diese Realität ist subjektiv; sie ist von deinem Geist gefärbt. Die Erfahrung ist wirklich, aber die Symbolik steuerst du bei, deshalb setzt der Christ ein bestimmtes Bild ein, der Buddhist ein anderes, und der Hindu wieder ein anderes.

FRAGE:

»Findet der Übergang ins Unendliche im selben Moment statt, in dem sich das Sahasrar öffnet?«

Nein, der Übergang folgt danach. ›Erleuchtung‹ hat genau genommen zwei Phasen. In der ersten Phase hat der Geist, kurz vor seiner endgültigen Auflösung, die Erleuchtungsvision. Aber er steht vor einer Barriere. Der Geist erkennt sein Ende, und damit auch das Ende seines Leidens. Der Geist erkennt das Ende der Teilung, erkennt das Ende des andauernden Konflikts. All das endet, und der

Geist erkennt es als Erleuchtung. Aber es ist immer noch der Geist, der sich davon ein Bild macht. Das ist also ›Erleuchtung‹, wie sie immer noch vom Geist gesehen wird.

Erst wenn sich der Geist vollends aufgelöst hat, kommt die wirkliche Erleuchtung. Jetzt hast du die Grenze überschritten, aber du kannst nicht darüber reden, du kannst nichts darüber aussagen. Deshalb sagt Lao Tsu: »Das, was man darüber sagen kann, entspricht nicht der Wahrheit. Was gesagt werden kann, ist nicht wahr, und die Wahrheit kann nicht gesagt werden. Das ist alles, was man darüber sagen kann, und nur soviel ist wahr.«

Und dies ist die letzte Aussage des Geistes. Die letzte Aussage hat Bedeutung, große Bedeutung, aber sie ist noch nicht das eigentliche Überschreiten. Noch ist der abgrenzende Geist tätig, noch ist es *seine* Vorstellung.

Er gleicht einer Flamme, einer Flamme in einer Lampe, die kurz vor dem Verlöschen ist. Dunkelheit senkt sich herab: die Dunkelheit kommt von allen Seiten näher. Und die Flamme stirbt, findet keinen Brennstoff mehr. Sie sagt: »Jetzt kommt die Dunkelheit«, und erlischt. Dann tritt vollkommene Dunkelheit ein. Aber die letzte Wahrnehmung der sterbenden Flamme war der Flamme noch bewußt: die Dunkelheit war noch nicht vollkommen, weil es die Flamme noch gab, weil noch ein lichter Fleck da war. ›Dunkelheit‹ war eine Vorstellung des Lichtes.

Das Licht kann sich kein wirkliches Bild von der Dunkelheit machen. Es kann nur seine eigene Begrenzung wahrnehmen, und jenseits davon ist Dunkelheit. Die Dunkelheit kam immer näher, und das Licht war kurz vor dem Verlöschen. Es konnte seine letzte Aussage abgeben: »Ich sterbe jetzt«, und dann trat Dunkelheit ein — die Dunkelheit kam immer näher, immer näher heran. Dann machte das Licht seine letzte Aussage und erlosch, es wurde vollkommen dunkel — deshalb war die Feststellung zwar richtig, aber noch nicht die Wahrheit selbst.

Es gibt einen Unterschied zwischen ›richtig‹ und ›wahr‹. Wahrheit ist keine Feststellung. Die Flamme ist fort und es wird dunkel. Das ist Wahrheit. Jetzt kann es keine Feststellung mehr geben. Es herrscht Dunkelheit. Die Feststellung war richtig, war nicht falsch: die Dunkelheit kam von allen Seiten näher, das ist richtig. Diese Wahrnehmung jedoch gehörte dem Licht an. Und eine Feststellung über Dunkelheit, die vom Licht gemacht wird, kann allenfalls richtig sein — nicht aber die Wahrheit.

Die Wahrheit ist nur dann enthüllt, wenn sie nicht vom Geist gefiltert, gefärbt wird: wenn es keinen Geist gibt, *ist* Wahrheit. Solange der Geist noch da ist, kannst du mehr oder weniger richtige Aussagen machen, aber du *bist* nicht Wahrheit. Die allerletzte Feststellung des Geistes wird die Wahrheit am wenigsten verfälschen, aber das ist alles, was man sagen kann.

Es gibt also zwischen der Erleuchtung, wie sie vom Geist wahrgenommen wird, und der Erleuchtung als solcher einen wesentlichen Unterschied, obwohl er zeitlich kaum wahrnehmbar ist: die Flamme stirbt und gleichzeitig tritt Dunkelheit ein. Es gibt keinen Zeitabstand zwischen den zwei Zuständen, aber der Unterschied zwischen ihnen ist gewaltig.

Wenn sich der Geist auflöst, hat er am Ende Visionen — Visionen dessen, was kommt. Aber diese Visionen erscheinen als Metaphern, Bilder und Archetypen. Der Geist kann es sich nicht anders vorstellen. Der Geist kennt sich nur in Symbolen aus. Es gibt Symbole der Religion, der Kunst, mathematische und wissenschaftliche Symbole, aber sie sind alle nur Symbole. Das entspricht der Prägung des Geistes, seiner Struktur.

Einem Christen wird Jesus erscheinen; in einem sterbenden Mathematiker, in einem nicht religiös geschulten Geist, mag jedoch im letzten Moment nichts anderes als eine mathematische Formel aufsteigen. Es mag eine Null oder ein Unendlichkeitszeichen sein, aber sicher nicht Jesus oder Buddha. Und ein sterbender Picasso sieht im letzten Moment vielleicht nur ein abstraktes Verfließen von Farben. Das mag für ihn das Göttliche sein. Er kann sich das Göttliche nicht anders vorstellen.

Das Ende des Geistes ist somit das Ende der Symbole, und am Schluß wird der Geist das bedeutsamste Symbol hervorholen, das er kennt. Und dann gibt es keine Symbole mehr, weil es keinen Geist mehr gibt.

Das ist ein Grund, warum weder Buddha noch Mahavir über Symbole gesprochen haben. Sie sagten, es sei nutzlos, darüber zu sprechen, weil alle Symbole *vor* der Erleuchtung kommen. Buddha weigerte sich, über Symbole zu sprechen; er sagte, daß es elf Fragen gäbe, die man ihm nicht stellen solle. Es wurde bekannt gemacht, niemand solle diese elf Fragen stellen, weil sie nicht wahrheitsgemäß beantwortet werden könnten: eine Metapher sei dazu notwendig.

Buddha sagte oft: »Ich möchte lieber keine Metapher verwenden. Wenn du aber fragst, und ich gebe keine Antwort, fühlst du dich unwohl. Es wäre nicht freundlich, du fühltest dich abgewiesen. Deshalb stelle diese Fragen lieber nicht. Wenn ich die Antwort gäbe, wäre das zwar entgegenkommend, aber unwahr. Erspare mir also dieses Dilemma. Für die Wahrheit kann ich kein Symbol einsetzen.«

Es gibt also Menschen, die überhaupt keine Metapher, keine Vision gelten lassen. Sie lehnen alles ab, weil Wahrheit, solange sie durch den Geist wahrgenommen wird, nicht Erleuchtung selbst sein kann. Und es *sind* zwei verschiedene Dinge. Geistige Konzepte lösen sich mit dem Geist auf, und erst dann tritt Erleuchtung ein.

Deshalb ist ein Erleuchteter ohne Geist — ein des Geistes endgültig lediger Mensch: er lebt, aber ohne irgendwelche Vorstellungen und Begriffe; er handelt, aber ohne zu denken; er liebt, aber ohne jeden Begriff von Liebe; er atmet, aber ohne alle Meditation. Er lebt von Moment zu Moment und ist eins mit dem All, ohne daß der Verstand dazwischenfunkt. Intellekt entzweit, doch für ihn gibt es jetzt keine Teilung mehr.

8
Einweihung bei einem Meister
Die höchste Technik

Der Mensch lebt wie im Schlaf. Er *schläft*. Und was man normalerweise als Wachsein bezeichnet, ist auch Schlaf. Einweihung bedeutet, in engstem Kontakt mit einem Erwachten zu stehen.* Erst wenn man in innigem Kontakt mit einem Erwachten steht, ist es möglich, aus dem Schlaf herauszukommen. Denn unsere Einbildungskraft kann uns sogar vorgaukeln, wir seien erwacht. Man kann träumen, daß man schon aufgewacht sei.

Wenn ich sage, daß der Mensch schläft, muß das richtig verstanden werden. Wir träumen andauernd, vierundzwanzig Stunden am Tag. In der Nacht sind wir von der Außenwelt abgeschlossen, wir tauchen in die innere Traumwelt ein. Tagsüber sind unsere Sinne zwar für die Außenwelt geöffnet, aber der Traum geht innen weiter. Schließe deine Augen für einen Moment, und sofort kommst du wieder in einen Traum hinein. Es ist eine innere Kontinuität. Du bist dir der äußeren Welt bewußt, aber dieses Bewußtsein ist mit deinen Träumen vermischt. Es überlagert nur den träumenden Sinn, der innen weiterspinnt. Deshalb sehen wir nicht, was wirklich ist, selbst wenn wir angeblich wach sind. Wir zwingen der Realität unsere Träume auf. Wir sehen niemals, was *ist*. Was wir sehen, sind immer nur unsere Projektionen.

---

* Obwohl es Hunderte von Meditationstechniken gibt, und obwohl Bhagwan Shree selber laufend neue Techniken entwickelt, scheint die hauptsächliche »Funktion« der Techniken zu sein, einen Menschen so weit zu öffnen, daß die Einweihung beim Meister möglich wird. Dann kann vieles geschehen. Das Leben wird selbst zur Technik; die Welt selber wird zu einer esoterischen Schule.

Im Westen kann man »Initiation«, den Gedanken der Selbstüberantwortung, der Hingabe an einen Meister, nur schwer akzeptieren oder verstehen. In diesem Diskurs erklärt Bhagwan Shree, warum Einweihung der Inbegriff aller Techniken ist.

Wenn ich dich anschaue, und es ist ein Traum in mir, wirst du zum Bildschirm meiner Projektionen. Ich projiziere meinen Traum auf dich, und mein ganzes Bild von dir wird von meinem Traum, meiner Projektion getönt sein. Wenn ich dich liebe, erscheinst du mir in einem ganz bestimmten Licht; wenn ich dich nicht liebe, kommst du mir vollkommen anders vor. Du bist nicht mehr derselbe, weil ich dich nur als Bildschirm benutzt und meinen träumenden Geist auf dich projiziert habe.

Wenn ich dich liebe, ist dieser Traum anders als meine übrigen Träume und deshalb erscheinst du mir in einem anderen Licht. Wenn ich dich nicht liebe, ist die Leinwand zwar dieselbe — aber die Projektion ist eine andere. Jetzt benutze ich dich als Leinwand für einen anderen Traum von mir. Der Traum kann sich wieder ändern; ich kann dich wieder lieben. Dann sehe ich dich wieder in einem andern Licht. Wir sehen niemals, was ist, wir sehen immer nur, was unser eigener Traum auf das projiziert, was ist.

Ich bin nicht derselbe für jeden von euch. Jeder projiziert etwas anderes auf mich. Ich bin nur für mich selbst ein und derselbe. Und wenn ich selber träumen würde, dann wäre ich sogar für mich selber jeden Moment ein anderer, weil sich meine Interpretation jeden Augenblick ändern würde.

Wenn ich jedoch erwacht bin, dann bin ich immer derselbe. Buddha sagte, daß man einen Erleuchteten daran erkennen kann, daß er immer derselbe ist — genau wie das Wasser des Meeres: es schmeckt überall salzig, egal wo man es kostet.

Du hast um dich herum eine Filmschicht aus Projektionen, Ideen, Vorstellungen, Theorien und Interpretationen. Du bist ein Projektor, der dauernd Dinge, die es nicht gibt, auf die Leinwand wirft, Ausgeburten deiner eigenen Fantasie, und die ganze Welt wird zur Leinwand. So kommst du niemals darauf, daß du im Tiefschlaf bist.

Es gab einen Sufi-Heiligen, Hijira. Ein Engel erschien ihm im Traum und riet ihm, soviel Wasser wie möglich aus dem Brunnen zu schöpfen und aufzubewahren, weil am nächsten Morgen alles Wasser der Welt vom Teufel vergiftet und alle, die davon tränken, verrückt werden würden.

Der Fakir schöpfte deshalb die ganze Nacht über soviel Wasser, wie er nur konnte. Und es kam wirklich so! Am nächsten Morgen wurde jeder wahnsinnig. Es fiel aber niemandem auf, daß die ganze Stadt verrückt geworden war. Nur der Fakir war nicht verrückt, aber die ganze Stadt sprach plötzlich davon, daß er verrückt geworden sei. Er wußte, was geschehen war, aber niemand schenkte ihm Glauben, und so trank er sein Wasser und blieb für sich. Aber man ließ ihn nicht in Frieden. Die ganze Stadt lebte in einer völlig anderen Welt. Keiner hörte auf ihn, und schließlich sprach man davon, ihn ins Gefängnis zu stecken — weil er wahnsinnig sei!

Eines Morgens kamen sie, um ihn festzunehmen. Entweder müsse er als Kranker behandelt oder ins Gefängnis gesteckt werden, aber frei herumlaufen dürfe er nicht länger. Er sei vollkommen verrückt geworden! Niemand könne ihn mehr verstehen; er spräche eine andere Sprache.

Der Fakir konnte es nicht fassen. Er versuchte, die anderen an ihre Vergangenheit zu erinnern, aber sie hatten alles vergessen. Sie wußten überhaupt nichts mehr, nichts, was vor der Brunnenvergiftung geschehen war. Sie verstanden nicht, was er sagte, er sprach eine fremde Sprache. Sie umstellten sein Haus; da sagte der Fakir: »Gebt mir einen Moment Zeit. Ich werde mich selber kurieren.« Er rannte zum öffentlichen Brunnen, trank das Wasser und wurde auch verrückt. Jetzt waren alle zufrieden: der Fakir war jetzt endlich zurechnungsfähig und nicht mehr verrückt. Zwar war er jetzt erst wirklich wahnsinnig, aber damit war er wieder Mitglied der »normalen« Welt.

Wenn alle schlafen, merkst du nicht, daß du selber schläfst. Wenn alle verrückt sind, und du bist es auch, dann kommt dir das niemals zu Bewußtsein.

Mit Einweihung ist gemeint, daß du dich einem Erwachten überantwortet hast. Du sagst: »Ich verstehe nicht, kann nicht verstehen, ich bin ein Teil der Welt, die in Wahn und Schlaf befangen ist. Ich träume die ganze Zeit.« Soweit kann man sogar im Schlaf kommen — das zu fühlen; denn der Schlaf ist nicht immer tief. Er schwankt zwischen tiefen und flachen Phasen. Genau wie gewöhnlicher Schlaf dauernd von einer Phase in die andere übergeht, sich auf vielen verschiedenen Ebenen bewegt, so ist auch der metaphysische Schlaf, von dem ich spreche, in dauernder Bewegung. Manchmal bist du genau an der Grenze, ganz nah am Buddha-Bewußtsein. Dann kannst du verstehen, wovon ein Buddha spricht. Du wirst ihn nicht ganz und gar verstehen, aber doch immerhin die Wahrheit ahnen.

Deshalb spürt einer, der in die Grenzbereiche des metaphysischen Schlafes gelangt ist, den Drang, eingeweiht zu werden. Er kann etwas hören, etwas verstehen, etwas sehen. Alles ist wie in einem Nebel, aber immerhin, er fühlt etwas. In dieser Verfassung kann er zu einem Erwachten kommen und sich ihm überantworten — das ist alles, was im Schlaf möglich ist. Dieses Sich-Ergeben bedeutet, daß man ahnungsweise verstanden hat, daß die Wirklichkeit etwas ganz anderes ist, als das, was im Schlaf stattfindet. Irgendwo fühlt man es; man kann es nicht genau erkennen, aber das Gefühl ist da.

Wann immer ein Buddha vorübergeht, können diejenigen, die an der Grenze zum Aufwachen sind, erkennen, daß dieser Mensch unvergleichbar, einzigartig ist. Er verhält sich anders, er spricht anders, er lebt anders, er geht anders. Es ist etwas mit ihm geschehen. Diejenigen, die an der Grenzlinie stehen, können es fühlen. Aber sie schlafen und dieses Grenzzonen-Bewußtsein hält nicht lange an. Sie können jeden Moment wieder in tieferen Schlaf fallen ...

Bevor sie also wieder tiefer ins Unbewußtsein fallen, können sie sich dem Erwachten überantworten. Soviel ist seitens des Eingeweihten möglich — die Einsicht: »Ich kann nichts selber tun. Ich bin hilflos. Und ich weiß, daß ich wieder in Tiefschlaf zurückfallen kann, wenn ich mich nicht in diesem Moment hingebe. Wenn ich es nicht jetzt tue, wächst meine Abwehr wieder.« Es gibt also Momente, die man nicht verpassen darf, und jemand, der den richtigen Augenblick verstreichen läßt, läuft Gefahr, diese Chance für Jahrhunderte, für viele Leben zu verlieren, weil man es nicht in der Hand hat, wenn man in die Grenzzone gelangt. Dazu gehören viele Voraussetzungen, die jenseits deiner Kontrolle liegen.

Auf der Seite des Eingeweihten bedeutet Einweihung ein totales Geschehen-Lassen: völliges Vertrauen, vollkommene Auslieferung. Sie kann niemals teilweise sein. Wenn du nicht alle Abwehr aufgibst, ist es keine Auslieferung; du täuschst dich selbst. Du darfst keine Vorbehalte haben, weil du sonst etwas zurückhältst, und dieses Zurückhalten kann dich wieder in tiefen Schlaf ziehen. Dieser nicht aufgegebene Teil wird sich als verhängnisvoll erweisen — jeden Moment kannst du wieder in tiefen Schlaf zurückfallen.

Hingabe muß immer total sein. Deshalb war und ist Vertrauen für die Einweihung unerläßlich. Vertrauen ist die Voraussetzung, die unerläßliche Bedingung. Und in dem Moment, in dem du restlos aufgibst, fangen die Dinge an, sich zu verändern. Jetzt kannst du nicht mehr in dein Traumleben zurück. Wenn du dich auslieferst, dich überantwortest, dann werden all deine Projektionen zerschmettert; der Projektor, dein Intellekt, ist mit dem Ego verknüpft; ohne Ego kann er nicht leben. Ego ist sein Hauptzentrum, seine Grundlage. Wenn du dich ergibst, hast du die Grundlage selbst aufgegeben. Du hast dich vollkommen ergeben.

Einweihung bedeutet einfach, daß jemand, der schläft, darum bittet, geweckt zu werden. Er überantwortet sich einem, der wach ist. Es ist sehr einfach; die Sache ist nicht sehr komplex. Wenn du zu einem Buddha, Jesus oder Mohammed kommst und dich ihm ergibst, dann ist es nur dein Schlaf, den du aufgibst, deine Traumwelt. Du kannst nichts anderes aufgeben, weil du nichts anderes *bist*. Du gibst deinen Schlaf, dein Träumen auf, machst Schluß mit dem ganzen Unsinn der Vergangenheit.

Es ist also für den Eingeweihten ein Schlußstrich, ein Aufgeben der Vergangenheit; und für den, der dich initiiert, ist es eine Verantwortung für die Zukunft. Er nimmt Verantwortung auf sich, und nur er *kann* Verantwortung tragen. Du kannst niemals verantwortlich sein: wie kann ein Schläfer verantwortlich sein? Verantwortung kommt mit Erwachen. Das ist wirklich ein fundamentales Lebensgesetz: einer, der schläft, ist nicht einmal für sich selbst verantwortlich, und einer, der erwacht ist, ist sogar für andere verantwortlich.

Wenn du zu ihm kommst und dich ihm zur Verfügung stellst, dann trägt er besondere Verantwortung für dich. Deshalb konnte Krishna zu Arjuna sagen: »Laß von allem ab. Komm zu mir, gib dein Kämpfen auf«; und Jesus konnte sagen: »Ich bin die Wahrheit, ich bin das Tor, der Durchgang. Komm zu mir; geh durch mich hindurch. Ich werde dein Zeuge sein am Tag des Gerichts. Ich werde für dich antworten.«

Das sind alles Analogien. Jeder Tag ist der Tag des Gerichts, und jeder Moment ist der Moment des Gerichts. Es wird kein Jüngstes Gericht geben. Jesus gebrauchte diese Begriffe nur, weil sie von seinen Jüngern verstanden werden konnten. Er sagte: »Ich werde verantwortlich für dich sein, für dich antworten, wenn das Göttliche fragt. Ich werde als Zeuge zur Stelle sein; ich werde dein Zeuge sein.«

Das ist eine große Verantwortung. Keiner, der schläft, kann so etwas auf sich nehmen, weil es ja in deinem Schlaf schon schwierig genug ist, für dich selbst verantwortlich zu sein. Du kannst nur

Dynamische Meditation Phase 3: Huu-Mantra

dann für andere verantwortlich sein, wenn du nicht länger für dich selbst verantwortlich zu sein brauchst, wenn du von allen Lasten befreit bist, wenn es dich nicht mehr gibt. Deshalb kann dich nur einer, den es ›nicht mehr gibt‹, einweihen, sonst niemand. Kein normaler Mensch kann irgendeinen anderen einweihen; aber es geschieht oft genug, es geschieht jeden Tag, daß die, die selber schlafen, andere Schläfer ›einweihen‹ — Blinde führen Blinde —, sie fallen beide in den Graben.

Keiner, der schläft, kann andere initiieren, aber das Ego möchte gern andere ›initiieren‹. Diese egoistische Haltung hat sich als verhängnisvoll erwiesen. Das Mysterium der Einweihung in all seiner Schönheit wurde von denen entstellt, die kein Recht zur Einweihung hatten. Nur einer, der kein Ego hat, keinen Schlaf, keinen Traum mehr in sich trägt, hat das Recht zu initiieren. Sonst ist Einweihung das größte Verbrechen.

In früheren Zeiten war es keine leichte Sache, initiiert zu werden. Es war das Schwierigste überhaupt. Man mußte Jahre darauf warten. Sogar ein ganzes Leben konnte mit Warten vergehen. Dieses Warten war eine Prüfung; es war eine Disziplin.

Die Sufis, zum Beispiel, weihten den Murid, den Schüler, erst ein, nachdem er eine bestimmte Zeit gewartet hatte. Man mußte warten — ohne zu fragen —, bis der Moment kam, in dem der Meister selbst sagte, daß es an der Zeit sei. Der Meister war vielleicht ein Schuhmacher, und der Murid mußte ihm jahrelang beim Schustern helfen, ohne auch nur fragen zu dürfen, was Schustern mit Einweihung zu tun habe. Der Meister erwähnte mit keiner Silbe etwas von Gebet oder Meditation, sondern sprach nur vom Schuhemachen. Fünf Jahre zu warten ... das *ist* eine Meditation! Und es ist keine gewöhnliche Meditation. Dabei gehst du durch einen Reinigungsprozeß.

Dieses einfache Warten, dieses Warten ohne Fragen, diente dazu, den Boden für eine vollkommene Hingabe vorzubereiten. Nur nach einer langen Wartezeit kam es dann zur Einweihung, aber dann konnte der Schüler sein Ego leicht aufgeben, und der Meister konnte Verantwortung für ihn übernehmen.

Jetzt hat sich die ganze Lage verändert. Niemand ist bereit, zu warten. Wir sind so zeitbewußt geworden, daß wir keinen einzigen Moment warten können. Und wegen dieses Zeitbewußtseins ist Initiation unmöglich geworden. Du kannst nicht eingeweiht werden. Du rennst an Buddha vorbei und fragst ihn: »Willst du mich einweihen?« Im Rennen! Selbst während du diese vier, fünf Worte von dir gibst, hörst du nicht zu rennen auf.

Diese ganze Hast des modernen Geistes stammt aus der Furcht vor dem Tod. Zum ersten Mal hat der Mensch so viel Angst vor dem Tod, denn zum ersten Mal hat er alles Bewußtsein des Todlosen verloren. Wir sind uns nur des Körpers bewußt, der sterben wird; wir haben den Kontakt mit dem inneren Bewußtsein, das keinen Tod kennt, verloren.

In vergangenen Zeiten gab es Leute, die sich des Todlosen bewußt waren; dank der Macht ihres Bewußtseins schufen sie eine Atmosphäre, in der es keine Eile gab. In ihr war Einweihung leicht. In ihr fiel das Warten leicht. Ein Schüler konnte sich leicht hingeben. Und dem Meister fiel es leicht, Verantwortung für den Schüler zu übernehmen. Diese Dinge sind jetzt alle schwierig geworden; dennoch, es gibt keine Alternative: Initiation ist notwendig.

Wenn du es eilig hast, weihe ich dich ein, während du rennst, weil es sonst überhaupt nicht zur Einweihung kommt. Ich kann nicht zur Voraussetzung machen, daß du erst wartest. Ich muß dich zuerst einweihen und dich dann mit viel Geschick zum Warten bringen. Mit vielen Tricks werde ich dich dazu überreden. Wenn ich dir schon am Anfang sage: »Warte erst fünf Jahre, und dann weihe ich dich ein«, dann kannst du nicht warten, aber wenn ich dich in diesem Moment einweihe, dann kann ich schon Mittel und Wege finden, dir Geduld beizubringen.

Deshalb laßt es so ein, wie es ist; es spielt keine Rolle. Der Prozeß ist derselbe. Weil du nicht warten kannst, ändere ich mein Vorgehen. Ich lasse dich dann eben anschließend warten. Ich stelle jede Menge Hilfsmittel und Techniken zur Verfügung, nur damit du wartest. Weil du ohne Beschäftigung nicht warten kannst, schneidere ich Techniken für dich zurecht, gebe ich dir ein paar Spielsachen. Du kannst mit diesen Techniken spielen. Daraus wird dann Warten. Dann bist du eines Tages für die zweite Einweihung bereit, die in den alten Tagen die erste gewesen wäre. Die erste Einweihung geschieht förmlich, die zweite stillschweigend. Sie wird einfach passieren. Du wirst mich nicht darum bitten, und ich werde sie dir nicht geben. Es wird einfach geschehen; in deinem innersten Wesen wird es geschehen. Und du wirst es erkennen, wenn es geschieht.

Der Schüler ergibt sich, der Meister übernimmt die Verantwortung: das ist die Brücke. Und immer, wenn du am Punkt des Aufgebens anlangst, erscheint der Meister. Es gab in der Welt noch nie zu wenig Meister; aber es gab immer zu wenig Jünger. Kein Meister kann etwas anfangen, bevor du dich nicht restlos öffnest. Laß dir deshalb den Augenblick nicht entgehen, in dem du dich ausliefern kannst. Selbst wenn du niemanden findest, dem du dich ergeben kannst, dann ergib dich dem Dasein. Laß dir keinen dieser seltenen Momente entgehen, in denen zu zwischen Schlaf und Wachen schwebst. Gib dich einfach hin!

Es ist gut, wenn du jemand findest, dem du dich hingeben kannst; wenn nicht, dann gib dich dem Universum hin. Und der Meister wird sich zeigen; er wird kommen. Er kommt immer, wenn jemand aufgibt. Du wirst leer, du wirst zugänglich, und die spirituelle Kraft strömt dir zu und erfüllt dich.

Denke immer daran: wenn du bereit bist, dich aufzugeben, dann verlier nicht den Augenblick. Er mag nie wiederkommen, oder erst nach Jahrhunderten, nach vielen Leben, die unnötigerweise verschwendet werden würden. Egal, wann dieser Moment kommt, ergib dich einfach.

Gib dich dem Göttlichen hin, allem — selbst einem Baum; denn es geht nicht darum, wem du dich ergibst: einzig um Hingabe geht es. Ergib dich einem Baum, und der Baum wird zum Lehrer für dich. Ergib dich einem Stein, und der Stein wird zum Gott. Es kommt auf Hingabe an. Und immer, wenn das geschieht, erscheint einer, der die Verantwortung für dich übernimmt. Das ist es, was Einweihung bedeutet.

9
Sannyas
Die Vergangenheit sterben lassen

Für mich bedeutet *Sannyas* nichts sehr Ernstes. Das Leben ist selbst nichts sehr Ernstes, und jemand, der ernst ist, ist immer leblos. Leben ist einfach Energie, ein Überfluß an Energie, ohne jeden Zweck; deshalb bedeutet *Sannyas* für mich, einfach zu leben, ohne sich um Zweck und Ziel zu kümmern. Lebe das Leben wie ein Spiel, betrachte es nicht als Arbeit. Wenn du dieses ganze Leben einfach als ein Spiel auffassen kannst, bist du ein *Sannyasin*; dann hast du etwas hinter dir gelassen. Das Alte aufzugeben bedeutet nicht, die Welt zu verlassen, sondern seine Einstellung zu ihr zu ändern.*

Aus diesem Grunde kann ich jeden in *Sannyas* initiieren. Für mich ist Initiation selbst ein Spiel. Und ich frage nicht, ob du in irgendeiner Weise dazu geeignet bist — weil Qualifikationen nur dann verlangt werden, wenn es um etwas Ernstes geht. Jeder ist schon durch seine bloße Existenz zum Spielen qualifiziert, und selbst wenn er sich nicht zum *Sannyasin* eignet, macht es keinen Unterschied — weil die ganze Sache einfach nur ein Spiel ist!

Deshalb frage ich nicht nach Eignungszeugnissen. Mein *Sannyas* ist auch mit keinerlei Verpflichtungen verbunden. In dem Moment, in dem du ein Sannyasin wirst, bist du ein völlig freier Mensch. Es

---

* Bhagwan weiht seine Schüler in das traditionelle *Sannyas* ein. Sie heißen dann Sannyasins. Aber sein *Sannyas*, ungleich dem traditionellen, ist keine Weltabkehr; es geht nicht darum, aus der Gesellschaft auszusteigen, sondern vielmehr, seine innere Bindung an sie aufzugeben. Wenn jemand *Sannyas* nimmt, erhält er einen neuen Namen, neue Kleider und eine *Mala* (eine Holzperlenkette mit einem Anhänger, der Bhagwans Bild enthält), um ihn daran zu erinnern, daß er nicht mehr der Alte ist. Er hat ein neues Leben angefangen, ist wiedergeboren. Bhagwan gibt jedem, der zum Sprung bereit ist, den nötigen Stoß. Er sagt: »Das Wunder ist nicht, daß jemand zur Erleuchtung gelangt, sondern, daß er sich überhaupt auf den Weg macht.«

bedeutet, daß du einen Entschluß gefaßt hast, und das ist der letzte Entschluß: ohne Entscheidungen zu leben, in Freiheit zu leben.

Mit der Einweihung in *Sannyas* wirst du auf unbefahrene Meere geschickt, in eine unvorherbestimmbare Zukunft. Jetzt bist du nicht mehr an die Vergangenheit gefesselt. Du bist frei zu leben! *Sannyasin* ist für mich einer, der sich dazu entschließt, bis zum Äußersten, bis zum Höchstmöglichen zu leben. Du lebst von Moment zu Moment. Du handelst von Moment zu Moment. Jeder Moment ist in sich abgeschlossen. Du entscheidest nicht, wie du dich verhalten wirst. Der Moment kommt auf dich zu, und du handelst. Du legst dich nicht im voraus fest, planst nichts vorweg.

Sannyas bedeutet, von Moment zu Moment zu leben, ohne Verpflichtungen gegenüber der Vergangenheit. Wenn ich dir eine *Mala* und neue Kleider gebe, dann nur, damit du dir vergegenwärtigst, dich daran erinnerst, daß du jetzt keine Entscheidungen mehr zu treffen brauchst: du bist nicht länger der Alte. Wenn sich dieses Bewußtsein so vertieft, daß du nicht eigens daran erinnert werden mußt, dann wirf das Gewand, wirf die *Mala* weg. Aber erst, wenn dieses Bewußtsein so tief ist, daß du jetzt selbst im Schlaf weißt, daß du ein *Sannyasin* bist. Der neue Name, das neue Gewand, die *Mala* — sie sind also nur Hilfsmittel für dich; sie helfen dir auf dem Weg zur Freiheit, zu vollem Sein, totalem Tun.

Sannyas bedeutet, daß du wirklich verstanden hast, daß du ein Samenkorn bist, eine Möglichkeit. Jetzt hast du dich für Wachstum entschieden ... und das ist die letzte Entscheidung. Sich für Wachstum zu entscheiden, bedeutet, vieles aufzugeben — die Sicherheit des Samenkornes aufzugeben, die ›Ganzheit‹ des Samenkorns aufzugeben. Aber diese Sicherheit kommt einem teuer zu stehen. Das Samenkorn ist tot, sein Aufkeimen ist nur eine Möglichkeit. Solange es noch nicht zum Baum geworden, nicht gewachsen ist, bleibt es tot — nur eine Wachstumsmöglichkeit. Nach meiner Beobachtung sind die Menschen, wenn sie sich nicht entschließen zu wachsen, den Sprung ins Unbekannte zu wagen, nur wie Samenkörner: leblos und verschlossen.

Sannyasin sein heißt, dich für Wachstum entscheiden, dich für das Unbekannte entscheiden, dich für ein Leben ohne Entscheidungen zu entscheiden. Es ist ein Sprung ins Unbekannte. Es ist keine Religion und an keine Religion gebunden. Es ist reine Religiosität.

FRAGE:

»Auf den ersten Blick scheint Sannyas *den Handlungsspielraum einzuschränken. Warum muß man orangefarbene Kleidung tragen, seine äußere Erscheinung verändern, zumal* Sannyas *doch eher etwas Inneres als etwas Äußeres bedeutet?«*

Sannyas ist nicht negativ. Das Wort selbst beinhaltet etwas Negatives, aber es ist nicht rein negativ. Es bedeutet, etwas zu verlassen, aber nur, weil du etwas anderes gewonnen hast.

Du läßt etwas hinter dir. Es ist an sich noch nichts Bedeutungsvolles, wenn du etwas verläßt; damit schaffst du nur den Raum, in dem das Neue geschehen kann. Das Negative dient nur dazu, Platz zu schaffen ... und wenn du wachsen willst, brauchst du Raum.

So wie wir sind, gibt es in unserem Inneren keinen Freiraum. Wir sind bis zum Rand mit unnötigen Dingen und Gedanken angefüllt. *Sannyas* bedeutet in seinem negativen Aspekt nur, Platz zu schaffen — das Triviale, Unbrauchbare, Bedeutungslose auszusieben, damit du im Inneren wachsen kannst.

Wachstum ist Verfall, aber es ist zugleich positiv. Und wirklich, *Sannyas* ist positiv! Das Negative daran ist nur der Vorgang des Ausmistens: damit wird eine Lichtung in dein Gestrüpp geschlagen, Platz für Wachstum geschaffen. Das Negative ist nur an der Außenseite — etwas Äußeres —, und Wachstum ist im Inneren. Das Positive findet im Zentrum statt, das Negative an der Peripherie.

Es gibt nichts, was einfach nur negativ oder positiv ist. Das ist unmöglich, weil beide Pole zusammengehören. Dazwischen ist die Existenz; das sind die zwei Ufer, zwischen denen das Dasein fließt. Kein Fluß kommt mit einem einzigen Ufer aus, und das Dasein ebensowenig. Wenn der Schwerpunkt nur auf einer Seite, einem Ufer, einem Pol liegt, dann wird alles schief. Aber wenn du das Ganze akzeptierst, dann bewertest du nichts zu stark, behältst Gleichgewicht. Du akzeptierst einfach die beiden Pole und entfaltest dich in dem Raum, der dazwischen liegt. Du benutzt beide als ein Gegensatzpaar — und du bewegst dich dazwischen. Man stellt sich unter *Sannyas* etwas Negatives vor. Es hat einen negativen Beigeschmack bekommen, weil du mit dem Negativen beginnen mußt, von der Peripherie ausgehen mußt. Das muß einem klar sein; weil *Sannyas* etwas Inneres ist. Etwas soll im Inneren wachsen; warum sollst du dann von außen her beginnen? Wenn du im Inneren wachsen sollst, warum nicht von innen her anfangen?

So wie du bist, bist du in der Peripherie, an der Außenseite, deshalb kannst du nicht von innen ausgehen. Du kannst nur von dem Punkt ausgehen, an dem du bist, nicht von dort, wo du noch gar nicht bist.

Gesundheit, zum Beispiel, ist etwas Inneres, sie wächst. Aber du bist vergiftet und krank, deshalb müssen wir bei deiner Krankheit und nicht bei deiner Gesundheit anfangen. Wir müssen die Krankheit beseitigen. Indem wir die Krankheit beseitigen, schaffen wir den Raum, in dem Gesundheit wachsen kann; der Anfang jedoch ist negativ.

Die medizinische Wissenschaft kennt keine Definition von Gesundheit. Es kann auch keine geben. Man kann höchstens eine Definition von Krankheit abgeben, und eine Wissenschaft entwickeln, die die Krankheit beseitigen kann. Gesundheit bleibt undefinierbar, und Krankheit kommt dir als etwas Negatives vor, weil du mit der Krankheit anfangen mußt. Du kannst nicht mit Gesundheit anfangen. Wenn du schon gesund bist, brauchst du überhaupt nicht zu beginnen.

Wenn du also schon den inneren Freiraum hast, brauchst du *Sannyas* nicht. Die Aufgabe besteht darin, *Samsar* (die Welt), die Krankheit, zu beseitigen. Wenn ich *Samsar* sage, meine ich nicht, daß die Welt selber verseucht ist, sondern ich meine die Welt, die du um dich herum geschaffen hast. Jeder lebt in einer selbstgeschaffenen Welt.

Ich behaupte nicht, daß die äußere Welt nicht existiert. Man kann sie nicht verleugnen; sie ist da. Aber dich umgibt eine Fantasiewelt, eine Traumwelt, und du bist zu diesem Traum geworden. Die Peripherie ist zu deinem Zentrum geworden, und du hast das wirkliche Zentrum völlig vergessen; deshalb muß man damit beginnen, dieser Traumwelt zu entsagen; denn mit dieser Absage fängt es an.

Das ist ein negativer Vorgang, und *Sannyas* scheint daher etwas Negatives zu sein. Wir assoziieren etwas Negatives damit, weil es bedeutet, uns von dieser Traumwelt zu trennen. Sannyas ist eigentlich ein Heilmittel: eine Medizin, um die Krankheit aus dem Weg zu räumen. Wenn man die Krankheit ablehnt, entsteht die Möglichkeit inneren Wachstums. Sannyas dient also dazu, eine Situation herzustellen, in der du lernst, wie du aus deiner Krankheit aussteigen kannst ...

Du mußt klar verstehen, daß ich mit »die Welt« nicht die Welt meine, die existiert, sondern vielmehr die Schein-Welt, die jeder einzelne Mensch um sich herum aufbaut. Wegen dieser Traumwelt können wir die wirkliche Welt nicht erkennen. Dieses ständige Träumen wird zum Hindernis. Es wird zu einem doppelten Hindernis: du kannst nicht hinein in die innere Existenz; du kannst nicht hinaus in die äußere Existenz. Du bist in deiner Traumwelt steckengeblieben und kannst weder in der einen noch in der anderen Richtung vorankommen.

Ein Wunder geschieht, sobald diese Traum-Barriere zerstört wird. Es gibt keine Krankheit mehr. Du beginnst, in beiden Welten gleichzeitig zu existieren, nur daß sie jetzt nicht länger zwei sind, weil nur die Traum-Barriere der Grund ihrer Teilung war. Du fängst an, innen und außen zu leben. Deshalb also fängt man auf negativem Wege an.

Was ändert sich in deinem Lebensstil, nachdem du *Sannyas* genommen hast? Es gibt zwei Möglichkeiten: die eine ist, dein Verhalten *bewußt* zu verändern, und die andere, dein Bewußtsein bewußt zu verändern. Verhalten ist nichts anderes als Bewußtsein, das zum Ausdruck kommt; wenn du jedoch vom Verhalten her beginnst, heißt das nicht, daß sich deswegen dein Bewußtsein verändert. Du kannst dem alten Bewußtsein irgendein neues Verhalten aufpfropfen, dann ändert sich zwar dein Verhalten äußerlich, aber in Wirklichkeit ändert sich nichts.

Dein Bewußtsein kann zum Beispiel weiterhin von Gewalt geprägt sein, aber du kannst dich friedlich wie ein Lamm geben. Du kannst Gewaltlosigkeit vortäuschen, ohne daß dein Bewußtsein von Gewalt und Aggression frei ist. Jetzt fängst du an, dein Bewußtsein zu unterdrücken, weil du ein Verhalten vortäuschen mußt, das deinem Bewußtsein nicht entspricht. Das Bewußtsein muß unterdrückt werden, und wenn du dein Bewußtsein unterdrückst, erzeugst du das Unbewußte in dir.

Wenn du beginnst, dich in einer Weise zu benehmen, zu der dein Bewußtsein nicht bereit ist, dann verleugnest du einen Teil deines Bewußtseins, schiebst ihn weg — dieser Teil wird unbewußt, und er wird stärker als dein Bewußtes, weil du ständig dein Verhalten verstellen mußt. Du wirst falsch und versteckst dich hinter einer Charaktermaske. Dieser künstliche Charakter besteht, solange Unbewußtes in dir ist. Wenn du also versuchst, dein Verhalten direkt zu verändern, wirst du nicht bewußter, sondern immer unbewußter.

Wer sich ganz und gar am Verhalten orientiert, ist einfach nur ein Automat. Nur das bißchen Bewußtsein, das nötig ist, um automatisch zu arbeiten, bleibt übrig. Der ganze übrige Geist versinkt ins Dunkel, wird unbewußt. Und diese Unbewußtheit ist die Krankheit deines Bewußtseins.

Man kann damit beginnen, sein Verhalten zu ändern, so wie es mehr oder weniger »ethische« Menschen normalerweise tun. Die sogenannten Religionen beginnen damit, dein Verhalten zu ändern. Aber ich setze nicht bei deinem Verhalten an; ich beginne damit, dein Bewußtsein zu ändern. Denn Bewußtsein ist das wirkliche Verhalten, der wirkliche Lebensstil überhaupt; dieses äußerliche Verhalten ist bedeutungslos. Fange also damit an, dein Bewußtsein zu verändern.

Deshalb kommt es mir auf Meditation an und nicht aufs Verhalten. Meditation verändert dein Bewußtsein. Zuerst zerstört sie die Sperre zwischen deinem Bewußten und dem Unbewußten. Du wirst fließender; du bewegst dich nicht mehr so stockend; du wirst eins mit deinem Bewußtsein. Deshalb muß Meditation zuerst die innere Barriere zerstören. Und die Zerstörung der Barriere bedeutet die Erweiterung deines Bewußtseins.

Du mußt bewußter werden. Der erste Schritt besteht deshalb darin, in allem, was du tust, bewußter zu werden. Damit geht es nicht um den Inhalt deines Tuns, sondern um das Bewußtsein, das hinter deinem Tun steht. Sei bewußter in deinen Handlungen!

Wenn du, zum Beispiel, gewalttätig bist, werden die sogenannten Moralisten und religiösen Leute sagen: »Sei nicht gewalttätig, kultiviere Gewaltlosigkeit.« Ich sage dir jedoch: Sei gewalttätig, aber bewußt! Ändere dein Verhalten nicht. Sei dir deiner Aggression bewußt, und du wirst merken, daß du nicht gewalttätig und zugleich bewußt sein kannst, denn je bewußter du wirst, desto weniger bist du zu Gewaltsamkeit fähig.

Gewalt läuft nach einer bestimmten Mechanik ab. Sie kann nur in dir Fuß fassen, wenn du nicht wachsam bist. Deine bloße Aufmerksamkeit verändert die ganze Sache: du kannst bei wachem Bewußtsein keine Gewalt anwenden. Unbewußtheit ist die notwendige Voraussetzung für Gewalt, Gier, Wut oder alle anderen Verhaltensweisen, die man gern ändern möchte.

Je mechanischer du handelst, desto weniger nimmst du wahr, was du tust, und desto eher bist du zu verwerflichen Taten fähig. Wenn ich von ›verwerflichen‹ Taten spreche, dann meine ich damit nicht den Inhalt, sondern den Umstand, daß sie unnötigerweise Unbewußtsein erzeugen: das ist meine Definition des Bösen. Ich sage nicht, daß Gewalt schlecht ist, weil du dadurch vielleicht jemand tötest. Ich nenne Gewalttätigkeit schlecht, weil du dazu unbewußt sein mußt. Diese Unbewußtheit ist das Böse, weil sie den Hintergrund, die Wurzel, die Grundlage aller Unwissenheit bildet — aller Träume, aller Illusionen, all des Unsinns, den wir anrichten können. Das Böse ist nichts anderes als ein unbewußter Geist.

Deshalb geht es mir darum, daß ein *Sannyasin* — einer, der *Sannyas* genommen hat — weiter das tut, was er bisher getan hat, egal, was das sein mag. Verändere nicht dein Verhalten, verändere dein Bewußtsein. Was auch immer du tust, handle mit Bewußtsein. Sei wütend, Wut ist kein Grund zur Sorge. Sei jedoch *bewußt* wütend. Dieses Bewußtsein verwandelt die Wut, und dein ganzes Verhalten ändert sich. Du kannst nicht derselbe bleiben. Und jetzt ist es nicht nur eine Verhaltensänderung. Es kommt auch zu einer Änderung deines Wesens, nicht nur deiner Handlungen.

Du brauchst keine falsche Persönlichkeit, keine Maske zu kultivieren. Du kannst dich völlig wohl in deiner Haut fühlen. Aber dieses ›Wohlfühlen in der eigenen Haut‹ kann nur eintreten, wenn du völlig bewußt geworden bist. Alle deine Spannungen kommen daher, daß du hinter Masken lebst: du bist gewalttätig, mußt aber Gewaltlosigkeit vortäuschen; du bist voll von Ärger und mußt liebenswürdig erscheinen; du bist sexuell unbefriedigt und darfst es nicht ausleben. Das erzeugt Spannungen, führt zu inneren Verkrampfungen. Das ist die Qual — die ganze Qual. Du mußt etwas sein, was du nicht bist, und deshalb bist du ständig voller Angst und Befürchtungen. Das Vortäuschen, die Verstellung zehrt an deiner gesamten Lebensenergie und verzettelt sich in Spannungen und Konflikten. Konflikte spielen sich in Wirklichkeit nie mit einem anderen ab. Du bist immer nur mit dir selbst in Konflikt.

Es kommt also auf *innere Zwanglosigkeit* an. Und du kannst nur ohne innere Zwänge sein, wenn dein Verhalten bewußt ist. Sei deshalb bewußt: meditiere und sei bewußt in deinem Verhalten. Dann werden sich die Dinge verändern, ohne daß du es merkst. Du wirst ein neuer Mensch, weil sich dein Bewußtsein verändert hat.

Du fragst, warum ich Wert auf die Veränderung von Kleidung und Namen lege — diese äußerlichen Dinge. Es sind so äußerliche — die alleräußerlichsten Dinge.

Der Mensch, wie ich ihn sehe — was er ist, wie er ist —, besteht aus nichts als Kleidung. Für den Menschen, so wie er ist, zählen Kleider sehr stark. Gib einer Person eine Militäruniform, und sein ganzes Gesicht ändert sich, seine Einstellung zu allem. Etwas Neues kommt in ihm auf. Schau dir einen Polizisten an, wenn er in Zivilkleidung ist, und wenn er in Uniform ist. Er ist überhaupt nicht derselbe Mann. Warum? Äußerlichkeiten erzeugen einen inneren Wandel, weil ihr nichts anderes als die Außenseite seid. So wie du jetzt bist, kann man noch nicht von einem ›Innen‹ sprechen. Gurdjieff drückte es treffend aus: daß du, so wie du jetzt bist, keine Seele hast. Er hatte recht und unrecht. Du *hast* eine Seele, aber du weißt nichts davon.

Ihr seid eure Außenseite, und deshalb sind Kleider so wichtig. Ein Mensch gilt als schön oder unansehnlich, je nach seiner Kleidung. Aufgrund seiner Kleidung wird er respektiert oder *nicht* respektiert. Ein Richter muß eine bestimmte Robe tragen — und niemand fragt, warum. Mit dieser Robe ist er ein Richter des Obersten Gerichtshofes; ohne diese Robe ist er eine Null.

So ist der Mensch. Wenn ich mir einen Menschen anschaue, dann besteht er mehr aus Kleidung als aus Geist. Und das entspricht nur den Gegebenheiten, weil wir ja wirklich nicht mehr als Körper sind; wir identifizieren uns mit dem Körper. Diese Identifikation mit dem Körper wird zu einer Identifikation mit der Kleidung. Wenn ich einem Mann sage, er solle Frauenkleider tragen und die Straße hinunterlaufen, glaubt ihr, daß dies für ihn nur ein Wechsel von Kleidern ist? Nein! Er wird von vornherein gar nicht bereit sein, es zu tun. Kein Mann wird dazu bereit sein. Warum dieser Widerwillen, dieser Widerstand? Es ist doch nur ein Wechsel von Kleidern, und Kleider sind weder männlich noch weiblich. Wie könnten Kleider denn männlich oder weiblich sein?

Aber tatsächlich sind Kleider nicht einfach Kleider. Sie sind psychologisch aufgeladen und damit als männlich oder weiblich gekennzeichnet. Was für eine Art von Geist haben wir eigentlich, daß selbst *Kleidung* ein Geschlecht hat?

Wenn du ein Frauenkleid trägst, fühlst du dich feminin. Deine Gesten, dein Gang, alles verändert sich; deine Augen verändern sich, selbst deine Wahrnehmung von dem, was auf der Straße geschieht, verändert sich. Du wirst Dinge wahrnehmen, die dir niemals zuvor aufgefallen waren, obwohl du dieselbe Straße vielleicht dein ganzes Leben lang entlanggegangen bist. Deine gesamte äußerliche Erscheinung ist verändert, jetzt sehen dich die anderen mit neuen Augen ... und du wirst darauf anders als sonst reagieren. Du wirst nicht mehr derselbe sein.

Wenn ich also sage, daß Kleidung eure Außenseite ist, dann ist das untertrieben: sie ist tief nach innen eingedrungen. Deshalb bestehe ich auf einer Veränderung der Kleidung. Eine Bereitschaft, die Kleidung zu verändern, ist eine Bereitschaft, dein altes Image fallenzulassen, das mit den Kleidern assoziiert war. Wenn du dazu bereit bist, bist du auch bereit, deine sogenannte Identität zu ändern.

Wenn sich jemand gegen die orangefarbene Kleidung wehrt, dann weiß ich, warum. Er fragt immer: »Warum wird der Kleidung soviel Gewicht beigemessen?« Aber ich lege kein großes Gewicht darauf. *Er* hält sie für wichtig. Er hört nicht auf zu fragen: »Warum spielt Kleidung so eine große Rolle? Sie ist doch nur etwas Äußeres. Was macht es denn für einen Unterschied, ob ich weiterhin meine alten Sachen trage oder nicht?«

Ich lege auf Kleidung überhaupt keinen Wert; aber er tut es. Und er ist sich nicht einmal bewußt, daß er Widerstand leistet. Dann frage ich ihn: »Warum wehrst du dich dagegen?« Wenn jemand zu mir kommt, der gar nicht in dieser Weise verbohrt ist, dann sage ich ihm möglicherweise auch gar nicht, er solle sein Äußeres verändern. Er ist der Identifikation mit den Kleidern nicht zum Opfer gefallen.

Möglicherweise trage ich dir also auf, eine bestimmte Art von Gewand und eine bestimmte Farbe zu benutzen. In dem Moment, in dem du deine Kleidung veränderst, veränderst *du* dich. Manchmal bist du die eine Farbe, machmal die andere. Wenn ich dir nur auftrage, die Form deiner Kleidung zu verändern, ohne dafür eine bestimmte Farbe festzulegen, bedeutet das nicht unbedingt Veränderung, da du deine Kleidung sowieso andauernd geändert hast. Und so kann man nur dann von einer Umstellung sprechen, wenn Farbe und Stil der neuen Kleidung festgelegt und gleichbleibend sind. Das bedeutet dann wirklich eine Änderung. Wenn ich dir eine unveränderliche Kleidung gebe, kann wirklich etwas Neues in dir geschehen.

Warum wechseln wir denn eigentlich die Kleidung? Es hat tiefere

Gründe, nicht nur äußere. Warum langweilt es uns, bei einem Stil, einer Farbe, einer Art von Kleidung zu bleiben? Warum? Wir jagen immer dem Neuen, dem anderen nach. Wir fragen zwar dauernd, wie wir dieser ewigen Jagd ein Ende bereiten können, aber gleichzeitig füttern wir uns immer mit Neuem. Wir fragen, wie wir unseren immerzu zappeligen Geist, den alten Traumtänzer, zur Ruhe bringen können — wie ihn anhalten? Wie zum Schweigen bringen? — und trotzdem speisen wir ihn ständig in subtiler Weise. Wir ändern die Kleidung, ändern Dinge — ändern dauernd alles mögliche. Was gleich bleibt, langweilt uns. Je mehr der Geist jedoch mit Veränderungen gefüttert wird, desto mehr wird er angekurbelt.

Wenn das Gewand unveränderlich bleibt, mußt du dich zum erstenmal täglich, jeden Moment, mit der Identität auseinandersetzen, die du verändern möchtest. Und wenn du dich mit einem unveränderlichen Gewand abfinden kannst, dann wirst du dich auch mit einer unveränderlichen Welt abfinden. Dies ist nur ein Anfang. Je früher du dich mit etwas Unveränderlichem abfinden kannst, desto eher wird der jagende, suchende Geist zum Stillstand kommen.

Das Gewicht liegt also darauf, immer mehr sich mit dem Unveränderlichen anzufreunden. Nur dann kannst du zum Ewigen gelangen. Wie sollst du mit einem Geist, der dauernd nach neuen Abwechslungen fragt, zum Ewigen gelangen? Du mußt beim Unveränderlichen anfangen.

Wenn du immer dieselbe Kleidung trägst, wirst du irgendwann dir alle Kleidung aus dem Kopf schlagen. Wenn du dasselbe Gewand und dieselbe Farbe verwendest, wirst du Kleidung bald keine Aufmerksamkeit mehr schenken. Wenn du durch die Straße gehst, übersiehst du die Bekleidungsgeschäfte. Dein Bewußtsein läßt diese Dinge einfach fallen. Und wenn du im Geiste wieder nach Kleidern und Modegeschäften schielst, dann werde dir dessen bewußt. Was steckt dahinter?

Wir meinen, dieser dauernde Wechsel der Kleidung sei etwas Schönes. In einem gleichbleibenden Gewand jedoch kannst du eine anmutvolle Schönheit erlangen, die mit wechselnder Kleidung unerreichbar ist. Mit wechselnder Kleidung verbirgst du Häßlichkeit, nichts anderes; mit gleichbleibender Kleidung jedoch kommst du zum Vorschein, so wie du bist.

Wenn du deine Kleidung veränderst, werden andere auf deine

Kleidung aufmerksam. Deshalb stellt jeder immer Fragen über deine neuen Kleider. Aber wenn du dauernd dasselbe Gewand trägst, fragt niemand mehr wegen deiner Kleidung. Das Fragen hört auf. Dann schaut man auf *dich,* nicht auf deine Kleidung.

Das ist eine Tatsache, die jede Frau kennt. Wenn sie Schmuck und schöne Kleidung trägt, nimmt man den Schmuck und die Kleidung wahr und vergißt die Frau. Das ist Versteckspiel. Kleidung bringt nicht zum Vorschein, sondern sie verbirgt. Und je wertvoller sie sich schmückt, desto besser kann sie sich verstecken, weil andere der Ausstaffierung mehr Aufmerksamkeit schenken.

Mit einem Diamanten am Finger ist mein Finger verborgen. Der Diamant hat große Anziehungskraft, und sein Glanz wird irgendwie mit meinem Finger assoziiert, obwohl er nicht das geringste mit dem Finger zu tun hat. Ein unberingter oder nackter Finger erscheint so, wie er ist. Wenn er schön ist, dann ist er schön. Wenn er häßlich ist, dann ist er häßlich. Jemand, der seine Häßlichkeit nicht verbirgt, hat seine eigene Schönheit. Wer überhaupt nichts verbirgt, hat eine gewisse Anmut ... und die kommt nur, wenn du völlig unverhüllt bist. Wenn du dich in deiner eigenen Haut wohlfühlst, stellt sich eine gewisse Anmut ein, in der selbst ein häßliches Gesicht schön wird. Aber wenn es sich versteckt, wird selbst ein schönes Gesicht häßlich.

Für mich bedeutet Schönheit, so zu sein, wie du wirklich bist: So zu sein, *wie du bist,* und dabei völlig entspannt zu sein. Wenn du unansehnlich bist, dann bist du unansehnlich und hast dich damit abgefunden. Dann breitet sich eine unmerkliche Schönheit in deinem Gesicht aus. Wenn du es leicht nimmst und entspannt bist, entsteht ein harmonisches, feines Zusammenspiel deiner Energien, ein Fließen. Es kommt nicht vom Diamanten; jetzt kommt es von deinem inneren Wesen.

Jemand, der nicht in Einklang mit sich selbst ist, kann auch mit niemand anderem in Harmonie sein. Und jemand, der sich nicht selbst liebt, der sich versteckt, kann von niemand anderem geliebt werden. Er täuscht andere, und andere täuschen ihn. Dann treffen wir uns niemals wirklich. Es treffen nur Gesichter aufeinander — Masken. Wir sind beide mit geschminkten Gesichtern gekommen. Ich verstecke mich und du versteckst dich. Zwei Gesichter treffen in diesem Raum aufeinander, aber nirgendwo kommt es zu einer direkten Begegnung.

Aber warum wechselt ihr eure Gesichter? Ihr müßt ständig Gesichter aufsetzen, auf das achtgeben, das ihr nach außenhin zeigt, weil sonst euer wirkliches Gesicht zum Vorschein kommen könnte. Aus diesem Grunde wird aus einer Geliebten ein völlig anderer Mensch, sobald sie zur Ehefrau geworden ist. Sie ist jetzt nicht mehr so bezaubernd, weil sie kein neues Gesicht aufsetzen kann. Sie ist so viel mit dir zusammen, daß sich die Wirklichkeit zeigen muß. Am Morgen siehst du sie einfach so, wie sie ist, und jetzt ist ihre Schönheit dahin! Am Strand warst du einfach fasziniert, aber am Morgen, beim Aufwachen im Bett, nach einer langen Nacht, wird sie einfach so sein, wie sie ist. Jetzt siehst du ihr graues, verschlafenes Gesicht. Aber es ist jetzt nicht häßlich, weil es an sich häßlich wäre. Es erscheint jetzt häßlich, weil die schöne Maske fort ist. Du siehst alles; sie sieht alles.

Wenn ich also sage, daß ein *Sannyasin* gleichbleibende Kleidung tragen sollte, dann bedeutet das, sich vom Wechsel der Kleidung und der Identität zu befreien — du sollst das bleiben, was du bist, und dich so geben, wie du bist. Dich einfach akzeptieren. Sobald du dich akzeptierst, werden dich auch andere akzeptieren, aber darum geht es nicht. Ob sie dich akzeptieren oder nicht, spielt keine Rolle. Wenn du darüber nachdenkst, ob die Leute dich akzeptieren, dann legst du dir noch ein falsches Gesicht mehr zu. Es gibt nichts darüber nachzudenken: es geschieht von selbst.

Ich ändere also den Namen und die Kleidung nur, um demjenigen zu helfen, der sich an der Peripherie festgefahren hat.*

---

* Mehr über »Initiation« im allgemeinen und Sannyas im besonderen, siehe das Buch Bhagwan Shree Rajneeshs, »Ich bin das Tor«, Rajneesh-Verlag, München.

10
Totale Begierde: Der Weg zur Wunschlosigkeit

Der Tod hat größere Bedeutung als das Leben. Das Leben ist nur das Triviale, das Oberflächliche. Der Tod ist tiefer. Durch den Tod wächst du ins wirkliche Leben hinein ... und durch das Leben kannst du nur den Tod erreichen und nichts anderes.

Was wir Leben nennen, ist nur eine Reise in den Tod. Wenn du verstehen kannst, daß dein ganzes Leben nur eine Reise ist, dann richtest du deine Aufmerksamkeit mehr auf den Tod als auf das Leben. Je mehr du am Tode interessiert bist, desto weiter kannst du in die Tiefen des Lebens eindringen. Sonst bleibst du auf der Oberfläche stecken.

Aber wir schenken dem Tod überhaupt keine Beachtung. Wir drücken uns vielmehr um diese Tatsache, versuchen andauernd, ihm zu entkommen. Der Tod ist da, und wir sterben jeden Moment. Der Tod ist nichts Weitentferntes; er ist hier und jetzt. Wir sterben bereits. Aber während wir sterben, machen wir uns ständig Sorgen um das Leben. Diese Ängstlichkeit, diese übertriebene Besorgnis um das Leben ist nur eine Flucht, eine Furcht. Tief im Inneren ist der Tod — und er wächst.

Ändere die Blickrichtung! Schau dir die andere Seite einmal genau an. Wenn du dich mit dem Tod beschäftigst, offenbart sich dir dein Leben zum ersten Mal, weil du in dem Moment, in dem du deinem Tod leichten Herzens ins Auge schauen kannst, unsterblich wirst. Sobald du weißt, was der Tod wirklich ist, hast du auch das ewige Leben erkannt.

Der Tod ist das Ausgangstor des oberflächlich gelebten Lebens, des sogenannten Lebens, des Trivialen. Es *gibt* einen Ausgang. Wenn du hindurch gehst, kommst du zu einem anderen Leben ... wahrhaftiger, tiefer und todlos. Deshalb muß man vom sogenannten Leben, das wirklich nichts anderes als Sterben ist, durch das Tor des Todes gehen. Nur dann erreicht man ein Leben, das wirklich existentiell und aktiv ist — und todlos.

Aber man muß sehr bewußt durch diese Tür gehen. Wir sind schon unzählige Male gestorben. Und jedesmal, wenn jemand stirbt, wird er unbewußt. Ihr fürchtet euch so sehr vor dem Tod, daß ihr in dem Moment, wo er kommt, unbewußt werdet. Ihr durchschreitet die Türe ohne Bewußtsein. Dann werdet ihr wiedergeboren, und der ganze Unsinn fängt von vorne an. Und wieder geht ihr dem Tod aus dem Weg.

Jemand, der sein Augenmerk mehr auf den Tod als auf das Leben richtet, schickt sich an, die Türe bewußt zu durchschreiten. Das ist es, was man unter Meditation versteht: bewußt durch das Tor des Todes gehen. Bewußt sterben *ist* Meditation. Aber du kannst nicht auf den Tod warten, brauchst es auch nicht, weil der Tod immer da ist. Er ist ein Tor im Inneren. Er tritt nicht erst in der Zukunft ein, er ist keine äußere Endstation, die du irgendwann erreichst — er ist in dir, als ein Tor.

Sobald du die Tatsache des Todes akzeptiert hast und anfängst, ihn zu fühlen, ihn zu leben, dir seiner bewußt zu sein, fällst du durch das innere Tor. Die Türe öffnet sich, und zum ersten Mal ahnst du ein ewiges Leben. Nur durch Sterben ist dies möglich, es gibt keinen anderen Weg. Deshalb ist alle Meditation nur ein freiwilliger Tod, ein inneres Fallen, ein inneres Ertrinken, ein inneres Versinken; du wendest dich von der Oberfläche weg, der Tiefe zu.

Natürlich sind die Tiefen dunkel. Sobald du die Oberfläche verläßt, hast du das Gefühl, du stirbst, weil du dich mit der Oberfläche des Lebens identifiziert hast. Die Wellen sind nicht Oberfläche für dich, denn du kennst gar nichts Tieferes. Du hast dich damit identifiziert; du *bist* die Oberfläche. Wenn du sie verläßt, verläßt du dich selber, deine Identität: Verstand, Vergangenheit, Erinnerung. Alles, was du warst, mußt du verlassen. Deshalb kommt dir Meditation wie ein Tod vor. Du stirbst ... und nur, wenn du bereit bist, diesen freiwilligen Tod zu sterben, weit über deine alten Grenzen hinauszugehen — das Selbst zu verlassen, die Oberfläche hinter dir zu lassen — kommst du zur Realität, die unvergänglich ist.

Deshalb wird für einen, der bereit ist zu sterben, die Bereitschaft selbst zur Verwandlung; diese Bereitschaft selbst ist Religiosität. Wenn wir sagen, daß jemand weltlich ist, bedeutet das, daß er sich mehr mit dem Leben als mit dem Tod befaßt. Oder vielmehr, daß er sich ausschließlich mit dem Leben befaßt und überhaupt nicht mit dem Tod. Für jemanden, der eine weltliche Einstellung hat, kommt der Tod erst am Schluß. Und wenn er kommt, verliert dieser Mensch sein Bewußtsein.

Ein religiöser Mensch stirbt jeden Augenblick. Der Tod kommt nicht am Ende; er ist der Ablauf des Lebens selbst. Ein religiöser Mensch schenkt dem Tod mehr Beachtung als dem Leben, denn er fühlt, daß alles, was man als Leben kennt, irgendwann wieder weggenommen wird. Du verlierst es in jedem Moment. Das Leben ist wie Sand in einem Stundenglas. Jeden Moment geht Sand verloren, und du kannst nichts daran ändern. Es ist ein natürlicher Prozeß. Man kann nichts tun; er ist unwiderruflich.

Die Zeit kann nicht zurückgehalten oder zurückgespult werden; sie ist eindimensional: es gibt kein Zurück. Und im Grunde sind Zeit und Tod *identisch*. Du stirbst, weil dir die Zeit entrinnt. Eines Tages ist aller Sand verronnen, und du bist leer — nur ein leeres Selbst, dessen Zeit abgelaufen ist. Und dann stirbst du ...

Beschäftige dich mehr mit dem Tod — und mit der Zeit. Er ist genau hier und jetzt, gleich um die Ecke ... immer gegenwärtig. Wenn du erst einmal danach Ausschau hälst, nimmst du ihn wahr. Er ist da; du hast die Tatsache nur übersehen. Besser gesagt, du bist davor weggelaufen.

Betrete also das Reich des Todes; spring hinein! Das ist das Schwere, das Harte der Meditation: man muß in den Tod springen. Das Verlangen, am Leben festzuhalten, ist so tief verwurzelt, daß die Bereitschaft zum Sterben irgendwie unnatürlich wirkt. Freilich — Sterben an sich ist völlig natürlich ... die Bereitschaft zu sterben kommt uns jedoch als unnatürlich vor.

So funktioniert das Paradox, die Dialektik des Daseins: Bist du bereit zu sterben, dann ist es genau diese Bereitschaft, die dich unsterblich macht — wenn du dich dagegen wehrst, dann stirbst du genau aus diesem Mangel an Bereitschaft, aus diesem übermäßigen Festhalten am Leben, aus dieser Lebensgier; du stirbst auf Raten, welkst dahin.

Jede Haltung, die wir einnehmen, führt uns immer zum Gegenteil. Das ist die grundlegende Dialektik des Daseins. Was man erwartet, tritt niemals ein; man kommt nie zum Ziel seiner Sehnsüchte; das Verlangen wird niemals erfüllt. Je mehr du nach etwas verlangst, desto mehr verlierst du es. Auf welchem Gebiet, es spielt keine Rolle, das Gesetz bleibt dasselbe: Wenn du zu sehr auf eine Sache aus bist, dann verlierst du sie genau deshalb.

Wenn jemand um Liebe bettelt, dann wird er sie nicht bekommen, denn genau dieses Betteln macht ihn unliebenswürdig, es entstellt ihn. Das Betteln und Bitten fordert an sich schon die Ablehnung heraus. Niemand kann dich lieben, wenn du um Liebe bettelst. Niemand! Du kannst nur geliebt werden, wenn du nicht darum bittest. Erst wenn du nicht mehr danach fragst, bist du gelöst und entspannt. Und nur dann kann dich jemand lieben.

Es ist, wie wenn du eine Faust machst und dadurch die Luft verlierst, die in der offenen Hand war. Die offene Hand ist voller Luft, machst du jedoch eine Faust, dann verlierst du die Luft genau durch dieses Verschließen. Du bildest dir vielleicht ein, daß du jetzt die Luft besitzt, weil du die Hand schließt, aber du verlierst sie im selben Moment, in dem du sie besitzen willst. Wenn die Hand offen bleibt, dann bist du der Gewinner. Ist die Faust verschlossen, dann bist du der Verlierer: Du hast alles verloren, hast überhaupt keine Luft in der Hand.

Je fester du die Hand schließt, desto weniger Luft kann sie enthalten. Aber so will es der Verstand, das ist seine absurde Logik. Fühlst du, daß keine Luft in deiner Faust ist, dann schließt du sie noch mehr. Deine Logik sagt dir: »Schließe sie besser; du hast alle Luft verloren, weil du sie nicht genug verschlossen hast. Es ist *dein* Fehler. Schließe sie mehr, schließe sie mehr«, — und indem du sie schließt, verlierst du sie. Aber genauso läuft es ab.

Je mehr ich jemanden liebe, desto mehr will ich ihn besitzen. Ich fange an, ihn abzukapseln. Je mehr ich ihn einschließe, desto mehr geht der Liebe die Luft aus. Je mehr ich ihn in seiner Freiheit beschränke, desto mehr geht die Liebe verloren. Nur mit einer offenen Hand kann die Liebe weiteratmen; nur mit einer offenen Hand, nur mit offenem Herz kann die Liebe aufblühen. Und das ist mit allem so ...

Wenn du zu sehr am Leben hängst, verschließt du dich. Du wirst schon zu Lebzeiten zu einem Toten. Wer nach Leben giert, ist tot, ist nur ein leerer Körper. Je mehr er fühlt, daß er nur ein Körper ist, desto mehr sehnt er sich nach Leben, aber er kennt die Dialektik nicht. Die Sehnsucht selbst ist das Gift. Wer sich überhaupt nicht nach Leben sehnt — ein Mensch wie Buddha, ohne jede Gier nach Leben — lebt aus vollen Zügen. Sein Leben kommt in aller Fülle zur Entfaltung.

An Buddhas Todestag sagte Ananda zu ihm: »Jetzt stirbst du. Wir werden dich sehr vermissen, für ewige Zeiten, für viele Leben.« Buddha sagte: »Aber ich bin schon lange gestorben. Seit vierzig

Jahren weiß ich nicht mehr, daß ich lebe. Am Tag, an dem ich zur Erkenntnis, zur Erleuchtung kam, bin ich gestorben.«

Aber er war so lebendig! Und er war wirklich erst so lebendig geworden, nachdem er ›gestorben‹ war. Am Tag seiner inneren Erleuchtung, starb er nach außen hin; damit fing er jedoch erst richtig zu leben an, vollkommen spontan und entspannt. Alle Furcht und Angst vor dem Tod hatte sich aufgelöst.

Todesangst ist die einzige Angst. Egal, was für eine Form sie annimmt, aber das ist die grundlegende Angst. Erst wenn du bereit bist — erst wenn du gestorben bist —, gibt es keine Angst mehr. Und nur in einem Wesen, das von Furcht geläutert ist, kann das Leben in seiner Fülle zur Entfaltung kommen.

Und selbst dann kommt der Tod. Ein Buddha muß sterben. Sein Tod jedoch trifft nur uns, nicht ihn, weil er schon durch das Tor des Todes gegangen ist und damit im Zeitlosen, Ewigen ist.

Kümmere dich also überhaupt nicht um das Leben, nicht einmal um dein eigenes. Und wenn du nicht am Leben hängst, dann kannst du nicht einmal nach dem Tod verlangen, weil Verlangen mit Leben identisch ist. Wenn du dich nach dem Tod sehnst, ist auch das eine Sehnsucht nach dem Leben, weil es *unmöglich* ist, den Tod wirklich zu ersehnen. Wie könntest du dich danach sehnen? Sehnsucht, Verlangen an sich bedeutet Leben.

Wenn ich also sage: »Hänge nicht zu sehr am Leben«, dann meine ich nicht: »Denke ständig ans Sterben.« Wenn ich sage: »Hänge nicht am Leben«, dann wirst du dir einer Tatsache bewußt ... und das ist der Tod. Aber begehren kannst du ihn nicht.

Wenn ich das mit einer ›offenen Faust‹ vergleiche, dann stell es dir so vor: du mußt deine Faust schließen, aber du brauchst sie nicht zu öffnen. Das Öffnen bedarf keiner Mühe. Du schließt sie einfach nicht, und sie ist offen. Das Öffnen ist keine Anstrengung, du brauchst nichts dazu zu tun. Tatsächlich, wenn du dich anstrengst, sie zu öffnen, dann kommt nur ein umgekehrtes Schließen dabei heraus. Es mag wie ein Öffnen erscheinen, aber es ist einfach nur ein umgekehrtes Schließen.

Wirkliches Öffnen bedeutet nur ›Nicht-Schließen‹ — nichts anderes, als sich nicht zu verschließen. Es ist eine negative Erscheinung. Wenn du deine Faust nicht verschließt, dann ist sie offen. Dann ist sie sogar noch offen, wenn sie geschlossen ist. Das innere Verschließen ist weggefallen, und so ist sie offen und bleibt auch offen, selbst wenn du sie jetzt schließt; denn du bist von keinem inneren Verlangen dazu getrieben.

Genauso ist es, wenn man ohne Begierde lebt: dann begehrt man auch nicht das Gegenteil. Nicht-Begehren darf nicht das Gegenteil von Begehren sein. Sonst ist es nur ein neuer Wunsch. Nicht-Begehren bedeutet vielmehr einfach nur die Abwesenheit von Begierde.

Du mußt den Unterschied spüren. Sprachlich gesehen schaut es aus, als ob Nicht-Begehren das Gegenteil von Begehren sei. Das ist jedoch nicht so, es ist einfach nur die Abwesenheit von Begierde, nicht das Gegenteil davon. Das Gegenteil wäre, Begierdelosigkeit zu begehren, was jedoch in denselben Kreislauf zurückführt.

Aber genau das geschieht. Wer vom Leben enttäuscht ist, sehnt sich nach dem Tod. Das heißt, er sehnt sich nach etwas Neuem; er will nicht den Tod; er sucht nur etwas, das anders ist als sein Leben. Deshalb kann selbst jemand, der sehr am Leben hängt, Selbstmord begehen; dieser Selbstmord jedoch hat nichts mit Wunschlosigkeit zu tun. Vielmehr ist er Ausdruck eines Wunsches. Das ist einer der entscheidendsten Punkte bei der Wahrheitssuche: daß du, wenn du dich zum Gegenpol hinwendest, wieder im alten Rad, wieder im Teufelskreis bist. Und so kommst du niemals heraus. Aber so läuft es ...

Ein Mensch entsagt dem Leben, geht in die Wildnis oder auf die Suche nach dem Göttlichen, nach Befreiung oder nach was auch immer. Aber jetzt tritt eine neue Begierde auf. Er hat nur das Zielobjekt verändert, nicht das Verlangen. Das Ziel ist jetzt nicht Reichtum, sondern Gott, nicht diese, sondern jene Welt. Aber es bleibt ein Ziel bestehen. Das Verlangen, der Durst ist derselbe ... und alle Anspannung und alles Leiden bleibt dasselbe. Der ganze Prozeß wiederholt sich einfach in einer neuen Richtung. Du kannst deine Wunschobjekte viele Leben lang immer von Neuem wechseln, aber du bleibst derselbe dabei, weil du weiterhin Begierden hast.

Wenn ich deshalb ›Nicht-Begehren‹ sage, meine ich die Abwesenheit von Wünschen — nicht die Bedeutungslosigkeit des Wunschobjektes, sondern die Sinnlosigkeit von Wunsch und Begehren an sich. Es dreht sich nicht um die Erkenntnis, daß diese Welt keinen Sinn habe, weil du sonst nur nach einer anderen Welt verlangst. Es geht nicht darum, daß das Leben keinen Zweck hätte, und daß du deshalb jetzt den Tod, Auflösung, Erlöschen oder Nirvana anstreben müßtest. Nein, ich meine die Sinnlosigkeit des Begehrens selbst! Die Begierde verfliegt einfach: kein neues Wunschobjekt setzt sich an die Stelle des alten. Es kommt keine Begierde mehr auf. Und diese Abwesenheit, genau diese Abwesenheit, wird zum ewigen Leben.

Aber das geschieht von selbst; nicht weil du es verlangt hättest. Es ergibt sich spontan daraus, daß du nichts begehrst; es ist nicht das Resultat eines konsequenten Tuns. Es geschieht ... aber, *daß* es geschieht, kannst du nicht zu deinem Wunschobjekt machen, sonst verfehlst du den springenden Punkt.

Wenn die Hand offen ist, ist die ganze Luft verfügbar und du bist ihr Meister. Wenn du aber deine Faust öffnen willst, um dir die Luft verfügbar zu machen, dann wird dir das nicht gelingen, denn sobald du etwas beabsichtigst, verschließt du dich im Innern. Die Luft zur Verfügung zu haben, ist in Wirklichkeit kein Resultat deiner Anstrengung, sondern vielmehr ein natürlicher Zustand, wenn du dich nicht anstrengst.

Wenn ich versuche, dich nicht zu besitzen, damit sich Liebe entfalten kann, dann wird dieser ›Versuch, nicht zu besitzen‹ zu einer Anstrengung. Durch diese Anstrengung machst du wiederum Besitz geltend: selbst im Nicht-Besitz ist dann Besitz. Ich passe andauernd auf, dich *nicht* zu besitzen. Damit sage ich im Grunde jedoch nur: »Liebe mich mehr, weil ich nicht versuche, dich zu besitzen.« Und dann wundere ich mich, warum die Liebe ausbleibt.

Es war jemand hier, der sich in jeder möglichen Weise um Meditation bemüht hatte, und das schon seit über zehn Jahren; aber er hatte keinen Erfolg. Ich sagte zu ihm: »Du hast dich genug angestrengt — gewissenhaft, nach bestem Wissen. Gib jetzt alle Anstrengung auf. Setz dich einfach hin und tu gar nichts.« Daraufhin fragte er mich: »Kann ich Meditation durch diese Methode erreichen, durch ›Nicht-Tun‹?« Ich sagte ihm: »Wenn du ständig nach einem Resultat fragst, dann erzeugt das eine versteckte chronische Verspannung. Du wirst nicht einfach nur sitzen. Du kannst nicht einfach nur sitzen, solange noch das geringste Verlangen in dir ist. Das Verlangen wird eine unmerkliche Unruhe in dir auslösen ... das wird dich dauernd stören. Du magst wie ein Stein oder ein Buddha dasitzen, aber innendrin wird sich der Stein weiterhin bewegen, beunruhigt sein. Begierde ist Bewegung, ist Unruhe.«

Du kannst nicht »einfach sitzen«, solange du noch ein Verlangen hast. Selbst wenn es so ausschaut — wenn jeder sagt, daß du einfach nur sitzt —, kannst du nicht einfach nur sitzen. Du kannst nur dann *einfach dasein, einfach sitzen,* wenn keine Begierde in dir ist. ›Einfach sitzen‹ ist dann kein neues Verlangen, sondern nur eine Abwesenheit. Alles Begehren hat sich als nichtig herausgestellt.

Du bist nicht vom Leben wegen seiner Inhalte enttäuscht. Sogenannte religiöse Leute behaupten immer, daß an den Frauen und an der Welt, an Sex und an Macht nichts dran sei. Aber das sind alles noch Inhalte. Sie geben damit nur zu verstehen, daß sie von *diesen* Inhalten nichts halten. Es geht ihnen nicht um die Fruchtlosigkeit von Begierde an sich.

Du kannst Wunschobjekte austauschen und dir neue verschaffen. Du kannst selbst aus dem ewigen Leben ein Wunschobjekt machen. Und der Kreislauf beginnt von neuem: du begehrst wieder. — Ihr habt alles und jedes begehrt, ihr habt schon viel zu viel begehrt!

Wenn du fühlen kannst, daß die Begierde an sich schon vergeblich und bedeutungslos ist, dann ersetzt du alte Wunschobjekte nicht mit neuen. Dann hörst du überhaupt auf, nach etwas zu verlangen. Nimm Begierde bewußt wahr, und sie verschwindet. Dann entsteht eine Abwesenheit, und in dieser Abwesenheit setzt die Stille ein, die durch keinen Wunsch gestört wird.

Solange Begierde da ist, kann keine Stille in dir sein. Begierde ist der eigentliche Lärm in dir. Selbst wenn du keine Gedanken hast — wenn du deinen Verstand so unter Kontrolle hast, daß du aufhören kannst zu denken —, wird ein untergründiges Verlangen weiterarbeiten, weil du das Denken eigentlich nur anhältst, um etwas zu erreichen. Das wird einen unterschwelligen Lärm auslösen. Irgendwo im Inneren wird es jemanden geben, der nachschaut und fragt, ob das Ziel der Begierde erreicht ist oder nicht: »Die Gedanken stehen still. Wo ist die göttliche Verwirklichung, wo ist Gott, wo ist Erleuchtung?« Wenn du das erkennst, dann ist dir auch klar, daß Wünschen an sich das eigentliche Hindernis darstellt.

Die ganze List des Verstandes besteht darin, daß er dir immer vormacht, es läge am *Objekt,* wenn du nicht befriedigt wirst. Dann wechselst du nur das Objekt, und damit wird dein Bewußtsein weiterhin von Begierden gesteuert. Es ist immer dasselbe: wenn dieses Haus unbrauchbar wird, dann wird ein anderes Haus attraktiv; wenn dieser Mann unattraktiv und abstoßend wird, dann zieht dich ein anderer Mann an. Das geht so weiter ... Und sobald dir klar wird, daß dich das eine Wunschobjekt nicht mehr befriedigt, suchst du im Geist nach einem neuen Objekt.

Damit geht die Leerstelle verloren. Wenn etwas nichtig, nutzlos und unattraktiv wird, dann *bleibe in diesem leeren Raum*. Unterscheide bewußt, ob das Objekt nichtig ist oder die Begierde an sich. Und wenn du fühlen kannst, daß jedes Verlangen in denselben Teufelskreis zurückführt, dann fällt plötzlich etwas von dir ab. Plötzlich bist du verwandelt, bist du auf einer neuen Bewußtseinsebene. Dort herrscht ein Nichts, eine Abwesenheit, etwas Negatives. Kein neuer Kreislauf setzt ein.

In diesem Moment bist du aus dem Rad des Samsar, der Welt, herausgetreten. Aber ihr könnt es nicht zu einem Wunschobjekt machen, aus dem Rad herauszutreten. Seht ihr den Unterschied? Wunschlosigkeit *kann* kein Wunschobjekt sein.

FRAGE:

»War nicht Buddhas Suche nach Verwirklichung auch ein Verlangen?«

Ja, es war ein Verlangen; Buddha hatte dieses Verlangen. Als er sagte: »Ich verlasse diesen Platz erst, wenn ich erleuchtet bin«, war es eine Begierde. Und mit dieser Begierde kam ein Teufelskreis ins Rollen, selbst für ihn, Gautama Buddha.

Buddha kam wegen dieses Verlangens lange Zeit nicht zur Erleuchtung. Er suchte und suchte sechs Jahre lang. Er tat alles Menschenmögliche. Er versuchte *alles*, aber er kam keinen einzigen Schritt voran. Er blieb derselbe, wurde nur immer enttäuschter. Er hatte die Welt verlassen, alles für die Sache der Selbstverwirklichung aufgegeben, und nichts kam dabei heraus. Sechs Jahre lang hatte er keine Mühe gescheut — umsonst. Dann nahm er eines Tages in der Nähe von Bodh Gaya ein Bad im Niranjana, einem nahegelegenen Fluß. Er war so erschöpft vom vielen Fasten, daß er nicht aus dem Fluß steigen konnte. Er blieb einfach dort, sich an einer Baumwurzel festhaltend.

Er war so schwach, daß er nicht einmal aus dem Fluß kam! Da stieg die Einsicht in ihm auf, daß er, wenn er zu schwach war, selbst einen kleinen Fluß zu überqueren, niemals den großen Ozean des Daseins überqueren könne. So wurde an diesem bestimmten Tag selbst der Wunsch, die Verwirklichung zu erreichen, nichtig. Er sagte sich: »Genug damit!« Er zog sich ans Ufer und setzte sich unter einen Baum, den Bodhi Baum. In dieser besagten Nacht ließ er jede Sehnsucht, irgendein Ziel zu erreichen, fallen. Er gab auf. Er hatte weltliche Ziele gehabt und herausgefunden, daß sie nur Schall und Rauch, daß sie Träume waren. Und nicht nur Träume — Alpträume. Sechs Jahre lang hatte er dauernd nach Erleuchtung gesucht, und auch das stellte sich nun als Traum heraus. Und nicht nur das: es erwies sich als der schlimmste Alptraum von allen.

Er war restlos enttäuscht. Es gab nun überhaupt nichts mehr zu wünschen. Er hatte die Welt durch und durch erforscht — in allen ihren Winkeln —, und es gab keinen Weg zu ihr zurück.

Er hatte dort nichts mehr zu suchen ... Er hatte die Methoden der sogenannten Religionen durchprobiert, aller wesentlicher Religionen Indiens, er kannte alle ihre Techniken aus eigener Erfahrung, und nichts war dabei herausgekommen. Es gab nichts weiter zu versuchen, kein Ansporn blieb übrig, und so fiel er einfach zu Boden, unter dem Bodhi-Baum; dort blieb er die ganze Nacht — ohne irgendein Verlangen. Es gab nichts mehr zu begehren; alles Verlangen an sich war sinnlos geworden.

Als er am Morgen aufwachte, verblaßte gerade der letzte Stern. Er sah diesen Stern, und zum ersten Mal in seinem Leben waren seine Augen frei von Schleiern, denn er hatte nicht den geringsten Wunsch. Der letzte Stern ging unter ... und als er unterging, löste sich gleichzeitig etwas in ihm auf: das Selbst — denn das Selbst kann ohne Verlangen nicht sein. Und er war erleuchtet!

Die Erleuchtung trat in einem Moment ein, in dem alles Verlangen geschwunden war. Und sie war nur durch die sechs Jahre des Begehrens aufgehalten worden. Es ist wirklich so — Erleuchtung geschieht nur, wenn du aus dem Kreislauf heraus bist. Deshalb mußte selbst ein Buddha, nur weil er sich nach Erleuchtung sehnte, sechs Jahre lang unnötig herumwandern. Dieser Moment der Verwandlung — dieser Sprung aus dem Kreislauf, aus dem Rad des Lebens — ist nur möglich, wenn alles Verlangen von dir abgefallen ist. Buddha sagte: »Ich erreichte es, als es keinen Geist mehr gab, der es erreichen wollte; ich fand es erst, als ich nicht mehr suchte. Es geschah erst, als ich alle Anstrengung aufgab.«

Das ist wiederum schwer verständlich, weil wir verstandesmäßig nicht begreifen können, wie etwas ohne Absicht und Anstrengung funktionieren kann. Verstand bedeutet Anstrengung. Der Geist kann mit allem fertig werden, alles bewältigen, was ›machbar‹ ist, aber er kann sich nichts vorstellen, was einfach ›geschieht‹ und nicht getan werden kann. Die Kraft des Geistes liegt im Machen: er ist ein Werkzeug zum Handeln; seine Fähigkeit liegt darin, etwas zu erreichen, ein Verlangen zu erfüllen.

Ebenso, wie es unmöglich ist, mit den Augen zu hören oder mit den Händen zu sehen, so kann sich auch der Geist nicht vorstellen, nicht fühlen, wie etwas geschieht, wenn du überhaupt nichts tust. Im Gedächtnis ist keine Erinnerung an etwas Derartiges gespeichert. Der Geist kennt nur Dinge, in denen er Erfolg hat und in denen er versagt. Aber er kennt nichts, was *ohne* Tun geschieht. Was also tun?

Fange mit einem Verlangen an. Dieses Verlangen wird dich nicht tatsächlich weiterbringen, aber es wird dich dazu bringen, seine Sinnlosigkeit zu erkennen. Man muß mit Wünschen beginnen, da es unmöglich ist, von ›Wunschlosigkeit‹ auszugehen. Wenn du mit ›Wunschlosigkeit‹ beginnen könntest, dann käme die Erleuchtung in diesem Moment. Dann bräuchtest du jetzt keinerlei Technik, keine Methode. Wenn du mit ›Wunschlosigkeit‹ beginnen könntest, käme es noch *in diesem Moment* zum Durchbruch! Aber das ist nicht möglich.

Du kannst also nicht mit ›Wunschlosigkeit‹ anfangen. Der Verstand macht aus ›Wunschlosigkeit‹ automatisch einen Wunsch, du denkst: »Okay, ich werde versuchen, nicht zu begehren. Es sieht wirklich faszinierend aus. Ich versuche, etwas zu unternehmen, damit diese ›Wunschlosigkeit‹ eintritt.« Der Verstand muß eben irgendein Ziel haben; am Anfang braucht er das, aber dabei darf es nicht bleiben.

Am Anfang muß man das, was nicht begehrt werden kann, erst einmal begehren. Dabei hilft es dir, wenn du weißt, daß du nach etwas verlangst, was nicht verlangt werden kann; du bist dir dessen also bewußt. Jetzt kannst du jeden Moment springen. Aber wenn du jetzt springst, dann nicht aus Begierde.

Früher wolltest du gewöhnliche Wünsche befriedigen. Verlange jetzt nach Gott. Das ist der Anfang. Es ist zwar ein falscher Anfang, aber du mußt so beginnen, weil das der eingebauten Funktionsweise des Denkens entspricht. Das ist der einzige Weg, es zu ändern.

Du kannst zum Beispiel mit dem Kopf nicht durch die Wand, um nach draußen zu kommen. Du mußt durch die Tür gehen. Und wenn ich sage: »... durch die Tür«, bedeutet ›Tür‹ nur die Stelle, an der keine Wand ist. Wenn ich sage, daß du, um hinauszukommen, durch die »Nicht-Wand‹ gehen mußt, dann deshalb, weil du nicht durch die Wand gehen kannst. Die Wand kann nicht die Tür sein; wenn du versuchst, mit dem Kopf durch die Wand zu gehen, dann wirst du nur enttäuscht ...

Aber du hast noch nie eine Tür gesehen. Du warst noch nie draußen, wie sollst du also wissen, daß es überhaupt eine Tür gibt. Du hast noch nie diesen Raum verlassen, diesen Raum des Geistes, seiner Wünsche und Ambitionen. Du bist seit je in diesem Raum, kennst daher nur diese Wände, hast die Tür nicht bemerkt. Selbst, wenn es eine Tür gibt, dann hast du sie immer für einen Teil der Wand gehalten. Du erkennst sie erst als Tür, wenn du sie öffnest.

Also sage ich euch: »Ihr könnt nicht mit dem Kopf durch die Wand gehen. Mit der Wand läßt sich nichts anfangen, sie führt nicht nach draußen. Ihr müßt die Tür benutzen.« Aber ihr wißt nicht, wo der Ausgang ist. Ihr kennt nur die Wand. Selbst die Tür kommt euch wie ein Teil der Wand vor. Wie geht es also weiter?

Ich sage: »Beginnt irgendwo, aber fangt an.« Es wird eine Enttäuschung werden. Ihr werdet im ganzen Raum herumgehen, es mit jeder Ecke, jedem Winkel versuchen — überall, und enttäuscht feststellen, daß die Wand sich nicht öffnet. Es *muß* eine Tür geben, vielleicht stößt du zufällig drauf?!

Das ist der einzige Weg: fange mit der Wand an, und du stößt irgendwann auf die Tür. Wirklich, immer, wenn du von der Wand enttäuscht bist, kommst du der Tür näher. Deine Suche vertieft sich dadurch.

Geist *ist* Begierde. Er kann nichts ohne Begierde tun. Du kannst durch Begierde nicht über seine Grenzen hinausgehen, weil er selbst die Begierde *ist*. Deshalb verlangt er selbst nach dem, was man nur findet, wenn es kein Verlangen mehr gibt. Fangt jedoch mit der Wand an. Erkennt, was Verlangen ist, und ihr stoßt auf die Tür. Selbst Buddha mußte mit einem Verlangen beginnen, aber niemand hatte ihm gesagt, daß die Tür nur aufgeht, wenn man wunschlos ist.

Aus meiner Warte ist der Kampf mit der Begierde das eigentliche Übel. Den Kampf aufzugeben bedeutet Freiheit. Das ist der einzige wirkliche Tod: einfach aufzugeben. Wenn du dich einfach hinlegen und sterben kannst, ohne ums Leben zu kämpfen, ohne die leiseste Andeutung von Kampf, dann kann dieser Tod zur Verwirklichung werden. Wenn du dich einfach hinlegst und akzeptierst — ohne innere Bewegung, ohne Verlangen, ohne auf Hilfe zu

Dynamische Meditation Phase 4: Verharren in einer Stellung

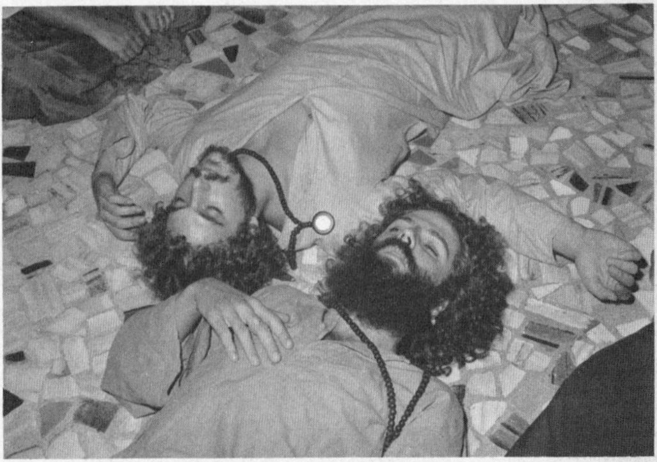

Die letzte Phase fast aller Meditationstechniken Bhagwan Shree Rajneeshs: Liegen in Stille

rechnen, ohne nach einem Ausweg zu suchen —, wenn du dich einfach niederlegen und alles hinnehmen kannst, dann wird es zum großen Durchbruch.

Aber es ist nicht so einfach. Selbst wenn du dich niederlegst, hält der innere Kampf an. Du magst erschöpft sein: das ist eine andere Sache. Das ist nicht Hinnahme, ist nicht Bereitschaft. Du kämpfst irgendwo im Geist weiter. Aber sich wirklich niederzulegen und kampflos zu sterben, macht Tod zur Ekstase. Tod wird zu Samadhi; der Tod wird zur Verwirklichung. Und dann sagst du: »Ja, natürlich!«

Du magst kein Verlangen danach haben, diesen Raum zu verlassen. Ein solches Verlangen kann nur auf zwei Wegen entstehen.

Der erste ist, daß du irgendwie einen Lichtblick hattest, durch ein Loch in der Wand oder ein Fenster nach außen geschaut hast — irgendwie hat sich die Tür auf mysteriöse Weise für einen Moment geöffnet, und du hattest einen kurzen Lichtblick. Du hast eine Kostprobe vom Draußen erhalten. Jetzt kommt das Verlangen: du bist im Dunkeln und plötzlich blitzt ein Licht auf. Für einen einzigen Moment wird alles klar, aber dann wird es wieder dunkel. Alles ist verloren, aber jetzt bist du nicht mehr derselbe. Es ist ein Teil deiner Erfahrung geworden.

In manchen Momenten der Stille, der Liebe oder des Leidens, im Moment eines plötzlichen Ereignisses — z. B. eines Unfalles — öffnet sich auf einmal die Tür, und du bekommst einen Geschmack vom Jenseitigen.

Diese Dinge können nicht herbeigeführt werden, sie stoßen dir zu. Sie *können nicht* herbeigeführt werden! In der Liebe etwa öffnet sich das Tor für einen Moment. Aber das passiert wirklich nur spontan.

In tiefer Liebe verschwindet deine Begierde wie von selbst. Dieser Augenblick ist so reich, er erfüllt dich; es gibt kein Verlangen nach etwas Zukünftigem. In einem Moment der Liebe setzt der Verstand aus. Dieser Moment ist Ewigkeit. Es gibt für mich in diesem Augenblick keine Zukunft, um die ich besorgt sein könnte. Und es gibt keine Vergangenheit. Sie kümmert mich nicht. Der gesamte Gedankenprozeß kommt in diesem existentiellen Moment zum Stillstand. Alles hat angehalten. Und plötzlich, in diesem Moment der Begierdelosigkeit, öffnet sich eine Tür.

Liebe lüftet den Schleier des Göttlichen am ehesten. Wenn du wirklich geliebt hast, und sei es nur für einen Moment, kannst du nicht lange ›in diesem Raum‹ bleiben. Dann hast du von etwas gekostet, das nicht ›von dieser Welt‹ ist.

Aber sofort beginnt die Denkmaschinerie wieder mit ihren Täuschungsmanövern. Sie sagt: »Das habe ich diesem Menschen zu verdanken. Ich muß ihn für immer besitzen, sonst werde ich keine solchen Momente mehr erleben.« Und je mehr du deinen Besitz sichern willst, desto mehr wirst du um die Zukunft besorgt. Dann wird sich dieser Moment selbst mit demselben Menschen nicht wiederholen, da sich der Geist vor lauter Erwartung wieder verspannt hat. Jener Moment geschah, als es keine Erwartungen gab. Und dann beschuldigt man einander — »Du liebst mich nicht mehr so wie früher« — weil der Moment nicht mehr kommt.

Dieser Moment, dieser Lichtblick, liegt in keines Menschen Hand, und der Liebende ist machtlos; alles, was er auch anstellen mag, wird die Liebe eher zerstören. Er kann nichts *tun*, denn es war von vornherein nicht sein Tun. Es war einfach ein spontanes Phänomen. Es geschah; die Tür ging auf!

Es kann auf vielen Wegen dazu kommen. Jemand, den du liebst, ist gestorben, und sein Tod hat wie eine Bombe in deinem Gemüt eingeschlagen. Vergangenheit und Zukunft sind auseinandergesprengt — du stehst seinem Tod wie einem gähnenden, endlosen Abgrund gegenüber. Die gesamte Vergangenheit ist verschwunden, und in deinem tiefen Leid ist auch alle Zukunft fort. Alles hält an. Das ist ein Augenblick, wo du eine Kostprobe vom Kosmischen, von ›draußen‹ bekommen kannst. Aber dann fängt dein Denken wieder mit seinen Täuschungsmanövern an. Es läßt dich weinen und irgend etwas tun. Es redet dir ein: »Ich leide, weil dieser Mensch gestorben ist.« Es richtet die Aufmerksamkeit auf den anderen. Wenn du aber im Moment des Todes *einfach im Moment* bleiben kannst, dann kann dir ein Licht aufgehen, dann kannst du blitzartig einen Blick in die andere Realität werfen.

Bei einem Unfall kann es auch passieren. Bei einem Autounfall steht die Welt plötzlich still. Die Zeit hält an. Du kannst nicht begehren, weil es keinen Zeit/Raum dafür gibt. Du stürzt im Auto einen Abgrund hinunter, und während du fällst, ist die Vergangenheit ausgelöscht, und die Zukunft auch. Der Moment ist zu *Allem* geworden. In diesem Moment kann es geschehen.

Es gibt also zwei Wege, die das Verlangen hervorrufen, über die Grenzen dieses Raumes hinauszugehen. Der erste: du hast auf irgendeine Weise einen Geschmack davon bekommen, spontan, ohne dein Dazutun. Es kommt oder es kommt nicht. Aber wenn du erst einmal davon gekostet hast, dann verlangt es dich wieder danach. Das Verlangen ist zwar ein Hindernis — aber trotzdem, so fängt es an. Zuerst mußt du dir die Wunschlosigkeit wünschen.

Oder aber es geschieht auf anderem Wege: du hattest *überhaupt keinen* Vorgeschmack vom Jenseitigen! Nicht die geringste Erfahrung davon; vielmehr ist *dieser* Raum eine einzige Leidensgeschichte für dich. Du kannst es nicht mehr aushalten. Du weißt überhaupt nicht, was jenseits davon ist, aber egal, was es ist, du bist bereit, es zu wählen, obwohl es unbekannt ist — denn du hältst es in diesem Raum einfach nicht mehr aus, er ist die Hölle. Du weißt nicht, was jenseits davon ist — ob es etwas gibt oder nicht, ob es überhaupt jenseits dieses Raumes etwas gibt oder nicht — aber in diesem Raum kannst du nicht länger bleiben. Du sehnst dich nach dem Unbekannten, dem Jenseits. So beginnt auch dieser Weg mit Sehnsucht, der Sehnsucht, von hier zu entkommen. Aber du *mußt* mit Sehnsucht beginnen, dich nach dem, was nicht begehrt werden kann, was durch Begehren nicht erreicht werden kann, sehnen.

Erinnere dich dieser Tatsache immer wieder: mach weiter, was du tust, und sei dir dabei dauernd im klaren, daß es durch *Tun allein* nicht erreicht werden kann. Und es gibt genug Methoden, die dir dabei helfen können. Eine ist, dich zu erinnern, daß du es nicht erarbeiten kannst; Gott kann es dir nur *geben*. Das ist einfach ein Weg, dir bewußt zu machen, daß deine Mühe bedeutungslos ist — es kann nur durch Gnade geschehen. Diese Metapher besagt lediglich, daß du nichts tun kannst.

Aber das bedeutet nicht, daß du nichts tun sollst. Tu alles nur mögliche: ... aber erinnere dich, daß es nicht einfach durch dein Tun passiert. Das Unbekannte kommt als Gnade zu dir. Deine Anstrengung wird dich für die Gnade empfänglicher machen, das ist alles. Aber es ist kein direktes Ergebnis deiner Anstrengung, wenn sie geschieht.

Religiöse Menschen haben dieses Phänomen immer wieder mit Gnade bezeichnet. Ein Mensch wie Buddha wird es wissenschaftlicher ausdrücken. Buddha hätte das Wort ›Gnade‹ nicht gebraucht, er hätte gesagt, es würde dich nur dazu verleiten, dich nach Gnade zu sehnen, Gnade zu begehren. Man kann selbst aus Gnade ein Wunschobjekt machen, zum Tempel gehen, wehklagen, weinen und um göttliche Gnade flehen. Deshalb sagte Buddha:

»Das wird nichts nützen. Es gibt keine Gnade. Es geschieht nur, wenn du in einem Zustand der Wunschlosigkeit bist.«

Es kommt also auf den Menschen an! Es kann dir helfen, wenn du verstehst, daß man nicht um Gnade flehen, nicht darum bitten kann, sie nicht durch Forderung oder Überredung bekommen kann — denn, wenn du das Göttliche überreden könntest, wäre es ein Ergebnis deines eigenen Tuns. Wenn du verstehen kannst, daß Gnade nur im Warten kommt, und daß du nichts zu tun brauchst, dann tu alles mögliche, ohne zu vergessen, daß du durch dein Tun nichts gewinnst — es wird nur in einem Moment des Nicht-Tuns geschehen.

Dann kann selbst der Begriff der ›göttlichen Gnade‹ hilfreich sein. Aber wenn du anfängst, darum zu bitten und zu beten, kommt sie überhaupt nicht. Dann ist es besser, sich zu erinnern, daß wir in einem Teufelskreis sind, der von irgendwoher gebrochen werden muß.

Fang beim Verlangen an, fang beim Tun an. Behalte immer im Sinn, daß es nicht getan werden kann, und mach weiter ...

Ein Beispiel: du kannst nicht schlafen. Was tun? Der Schlaf will nicht kommen. Du kannst wirklich nichts tun, weil du durch Tun erst recht den Schlaf vertreibst. Um zu schlafen, muß dein Geist ruhig sein, was nur geschieht, wenn du nichts tust. Wenn du jedoch jemandem, der an Schlaflosigkeit leidet, sagst, er solle gar nichts tun, damit sich der Schlaf einstellen könne, dann wird er angespannt im Bett liegen und darauf warten. Er wird sich bemühen, nichts zu tun. Wenn du sagst: »Entspanne dich, erst dann kannst du schlafen«, dann versucht er, sich zu entspannen, aber damit hat er etwas im Sinn, eine Absicht, die die Entspannung verhindert. Was soll er also tun?

Ich sattle das Pferd anders auf; ich empfehle ihm, alles zu tun, was in seiner Möglichkeit steht: »Springe, renne, tu was! Gib dein Bestes, streng dich an! Es kommt nicht durch Anstrengung, aber trotzdem, mach weiter!«

Die Anstrengung wird bald von allein sinnlos. Er rennt, löst Rätsel, wiederholt Mantras, macht alles mögliche, und ich bestärke ihn darin — »Tu es mit vollem Einsatz.« Ich weiß sehr wohl, daß der Schlaf nicht durch sein Tun herbeigeführt werden kann, aber dann ist er erschöpft und fühlt, daß es einfach Unsinn ist: in dem Moment, wo sich alles, was er probiert hat, als sinnlos herausgestellt hat, wird er plötzlich in Schlaf versinken. Dieser Schlaf ist nicht durch sein Tun eingetreten. Aber es hat geholfen, einzusehen, daß Tun vergeblich war. Sehne dich also weiterhin nach der anderen Welt, unternimm etwas, um dorthin zu kommen, und erinnere dich dabei, daß es nicht durch deine Anstrengung kommt. Aber hör nicht mit diesen Bemühungen auf, weil sie dir in gewisser Weise dennoch helfen. Wenn sich alle Mühe als vergeblich herausstellt, wirst du vom Verlangen an sich so enttäuscht sein, daß du dich plötzlich hinsetzt und einfach nur *sitzt* — nichts tust. Und dann kommt der Durchbruch! Du springst ... explodierst!

Ich gehe diese Sache also auf sehr widersprüchliche Weise an: ich weiß, daß keine Technik möglich ist, und trotzdem gebe ich Techniken. Obwohl ich weiß, daß du nichts tun kannst, bestehe ich darauf: »Tu etwas!« Versteht ihr mich?

II. TEIL

Fragen und Antworten

11
Was ist die Seele?

FRAGE:

»Was ist es, was du Atman *— Seele, Selbst — nennst? Ist diese ›Seele‹ das überpersönliche ›Bewußtsein‹ selbst, oder ist sie etwas Individuelles?«*

Wirklich: egal, wie wir es nennen, wir verfehlen es. Kein Bild, das man sich davon macht, deckt sich mit der Wirklichkeit — keines. Was auch immer wir uns unter dem Selbst, der Seele, dem *Atman* vorstellen, es entspricht nicht der Wirklichkeit. Das ist unmöglich! Alle, die die Seele definiert haben, haben das mit einer Einschränkung getan: daß sie damit etwas Absurdes versuchen. Sie sagen, was nicht gesagt werden kann. Sie definieren, was nicht definiert werden kann; sie stellen eine Theorie über das Unkennbare auf.

Bisher hat es im Wesentlichen drei Einstellungen dazu gegeben. Erstens, die der Mystiker, die vollkommenes Schweigen bewahrt haben. Sie geben keine Definition, sie sagen, jede Definition sei vergeblich.

Dann gibt es eine andere Gruppe von Mystikern — die größte Gruppe — die sagt: »Selbst eine vergebliche Bemühung kann helfen. Manchmal führen selbst unwahre Theorien zur Wahrheit, manchmal wird selbst aus einem ›falsch‹ ein ›richtig‹, manchmal kann dich ein falscher Schritt zum richtigen Ende bringen. Er kann im Moment falsch aussehen — oder sich sogar überhaupt als falsch erweisen —, aber trotzdem, selbst falsche Methoden können nützen.«

Diese zweite Gruppe glaubt, daß man auch durch Schweigen immer noch zu verstehen gibt, daß ›nichts‹ gesagt werden *kann*. Und da ist etwas dran. Sie sind es, die die Definitionen geben.

Dann gibt es noch einen dritten Typ von Mystikern, die weder geschwiegen noch Definitionen gegeben haben. Sie haben einfach die ganze Sache für Unsinn erklärt, damit sich erst gar niemand darin verstrickt.

Zu diesem dritten Typ gehört Buddha. Wenn du ihn fragst, ob es eine Seele gibt, ob es Gott gibt, ob es ein Leben nach dem Tod gibt, dann wird er die Frage für unsinnig erklären. Selbst, als er am Rande des Todes war, und ihn jemand fragte: »Wirst du nach dem Tod weiterleben?« sagte er: »Nein! Ich werde nicht weiterleben. Ich werde aus dem Dasein verschwinden, genau wie eine Flamme, die erlischt. Man kann nicht fragen, wo die Flamme nach dem Erlöschen ist. Sie verlischt einfach.« ›Nirvana‹ bedeutet ›das Verlöschen einer Flamme‹, also nicht nur *Moksha*, nicht nur Befreiung. Buddha sagt: »Nur dieses Nirvana ist wirklich Befreiung: völlig zu verschwinden. Jedes Sein bedeutet, irgendwo, irgendwie immer noch in Sklaverei zu sein.« Das ist die dritte Einstellung dazu.

Diese drei Einstellungen liegen miteinander in Streit. Diejenigen, die reden, haben das Gefühl, daß diejenigen, die schweigen, nicht genug Mitgefühl haben, daß sie irgend etwas mitteilen sollten für die, die Schweigen nicht verstehen können. Andererseits haben alle, die Definitionen gegeben haben, durch die Vielfalt und die Verschiedenheit ihrer Erklärungen Streit gestiftet.

Alle Definitionen sind Krücken. Die Definitionen sind beliebig. Mahavir definiert so und Shankara so, und alle Definitionen sind gleichermaßen falsch oder wahr. Es spielt keine Rolle. Die Definition hängt von dem ab, der sie gibt. Es gibt zahllose Definitionen ... und zahllose Religionen sind aus diesen Definitionen hervorgegangen, zahllose philosophische Systeme. Sie haben den menschlichen Geist mittlerweile so verwirrt, daß man sich wirklich fragen muß, ob diejenigen, die geschwiegen haben, nicht doch mehr Mitgefühl hatten. Aus Definitionen sind Konflikte geworden. Keine Definition kann eine andere gelten lassen — sonst hebt sie sich selbst auf.

Mahavir hat gesagt, daß jede Definition ein Körnchen Wahrheit enthält, aber eben nur ein Körnchen. Damit enthält jede Definition auch etwas Falsches. Aber Mahavir konnte keine große Gefolgschaft finden; denn wenn man nicht klar definiert, werden Wirrköpfe nur noch verwirrter. Wenn man sagt: »Jeder Weg ist richtig«, dann sagt man damit: »Es gibt keinen Weg«; wer aber nach einem Weg sucht, fühlt sich damit vor den Kopf gestoßen. Ich helfe dir nicht, wenn ich sage: »Jeder Weg ist gut: egal, wohin du gehst, du gehst zum Göttlichen ... Geh, wohin du willst, tu, was du willst, alles hat ein Körnchen Wahrheit.« Es ist wahr, aber keine Hilfe.

Wenn du auf eine bestimmte Weise definierst und die Definition verabsolutierst, werden alle anderen Definitionen falsch. Weil für Shankara die Dinge exakt definiert sein müssen, mag er sagen: »Buddha hat nicht recht, Buddha irrt« — aber wenn Buddha als falsch hingestellt wird, dann schafft das Verwirrung. Wie kann ein Buddha irren? Wie kann ein Christus irren? Hat denn nur Shankara die Wahrheit? So kommt es zu Konflikten ...

Aber selbst die dritte Einstellung — die buddhistische Einstellung der Negation — hat nicht weitergeholfen. Sie hat nicht geholfen, weil durch Negation alles Suchen in Frage gestellt wird ... und ohne Suche braucht man auch nicht zu verneinen. Sehr wenige Leute können verstehen, was völliges Erlöschen ist. Die Gier nach Leben ist tief verwurzelt; selbst unsere Suche nach Gott entspringt unserer Lebensgier: wir suchen in Wirklichkeit nur nach *mehr* Leben. Selbst wenn wir ›Moksha‹ suchen, suchen wir nicht totale Auflösung. Wir wollen darin irgendwie weiterbestehen.

Buddha wurde vierzig Jahre lang immer wieder gefragt: »Wenn wir völlig verschwinden sollen, warum dann diese ganze Mühe?« Es scheint sinnlos! Einfach verschwinden? Einfach nur nicht da sein? Warum diese ganze Mühe? Und dennoch fühlten die Leute um Buddha, daß er nicht verschwunden war. Wirklich, er war zu etwas Größerem geworden. Man konnte es fühlen! Buddha war zu etwas Größerem geworden und dennoch lehrte er nur in Negationen.

Wie willst du etwas definieren, das nicht definiert werden kann? Aber du wirst entweder schweigen oder es definieren müssen.

Ich gehöre zu keiner dieser drei Gruppen. Ich habe keine in sich konsequente Lehre. Jeder dieser drei Typen kann konsequent sein, aber ich halte mich mit dem Konzept einer Seele erst gar nicht auf. Mir kommt es allein auf den Fragesteller an. Wie kann *ihm* geholfen werden? Wenn ich sehe, daß ihm positiver Glaube helfen kann, dann sage ich ihm, daß die Seele mit Sicherheit existiert; wenn ich fühle, daß ihm durch Schweigen geholfen werden kann, dann bewahre ich Schweigen; wenn ich fühle, daß Definitionen von Hilfe sind, dann gebe ich die Definition. Für mich ist alles nur ein Hilfsmittel. Man muß es nicht erst nehmen: es ist einfach nur ein Hilfsmittel.

Eine Definition kann unwahr sein. Und wenn ich sie erst für

euch mit Sinn aufladen muß, dann kann sie nicht tatsächlich wahr sein. Du hast nie erfahren, was Seele ist; du hast diese Explosion nicht kennengelernt, die wir Brahman, das Göttliche, nennen. Du kennst die Bedeutung nicht; du kennst nur die Worte. Worte, deren Sinn du nicht erfahren hast, sind einfach nur sinnlose Laute. Du kannst den Laut ›Gott‹ erzeugen, aber solange du Gott nicht erfahren hast, ist es nur ein Laut.

›Herz‹ ist ein bedeutungsvolles Wort. ›Kuh‹ hat eine Bedeutung, weil du selber erfahren hast, was diese Laute bedeuten. Aber ›Gott‹ ist nur ein Wort für dich; ›Seele‹ ist nur ein Wort. Und helfen kann ich dir jetzt nur mit einer falschen Definition, weil du keine Erfahrung des Göttlichen hast, keine Erfahrung dessen, was Seele ist. Und wenn ich es nicht durch etwas definieren kann, was du kennst, wird die Definition nutzlos sein.

Für jemanden, der niemals eine Blume gesehen hat, aber weiß, wie ein Diamant aussieht, muß ich Blumen durch Diamanten definieren. Es gibt keinen anderen Weg. Eine Blume hat mit Diamanten nichts zu tun, aber trotzdem kann man etwas damit andeuten. Ich kann sagen: »Blumen sind lebendige Diamanten: *lebendige* Diamanten!« Die ganze Sache ist falsch — Diamanten sind irrelevant —, aber wenn ich sage: »Blumen sind lebendige, wachsende Diamanten«, erzeuge ich ein Verlangen in dir, sie kennenzulernen. Die Definition ist nur dazu da, dir zu helfen, zur Erfahrung voranzugehen. Alle Definitionen sind so gemeint.

Wenn du keine Diamanten kennst, wenn du überhaupt nichts Positives erlebt hast, mit dem ich es vergleichen kann, dann muß ich negativ definieren. Ich sage: »Das Elend, in dem du steckst, ist nicht Teil der Seele. Das *dukkha* (Leid), das du bist, ist nicht Teil der Seele ...« Ich definiere es negativ in bezug auf etwas, das dich entstellt ... in bezug auf etwas, das dich belastet, das einfach die Hölle für dich geworden ist. Ich muß es negativ definieren, indem ich sage: »Das ist es nicht; es ist genau das Gegenteil.«

Es hängt also bei mir vom einzelnen ab. Ich habe keine absolute Antwort. Ich habe nur Hilfsmittel — nur psychologische Antworten. Und die Antwort hängt nicht von mir, sondern von dir ab.

Deshalb kann ich kein Guru sein — nie und nimmer! Buddha kann zum Guru werden, aber niemals ich. Wo ihr so unterschiedlich seid — jedes Individuum so verschieden ist, wie kann ich da alle über einen Kamm scheren? Ich kann es nicht. Und ich kann keine Sekte in die Welt setzen, weil dafür Eindeutigkeit und gleichbleibende Lehre nötig sind; wer eine Sekte gründen will, muß sich auf eine Sache festlegen wie ein Narr und alle Widersprüche leugnen, obwohl es sie gibt. Sonst kann man keine Anhänger anlocken. Deshalb bin ich weniger ein Guru als ein Psychiater — *plus* noch etwas mehr. Für mich geht es um *dich*. Wenn du das verstanden hast, kann mehr gesagt werden ...

Mit ›Bewußtsein‹ meine ich eine Bewegung, eine Hinwendung zu rückhaltloser Lebendigkeit, totaler Anteilnahme am Leben. Du bist niemals völlig lebendig. Manchmal bist du es mehr — das weißt du — manchmal weniger. Wenn du mehr Leben spürst, fühlst du Freude. ›Freude‹ ist nichts als ein anderes Wort für deine größere Lebendigkeit. Wenn du jemanden liebst, dann wirst du lebendiger mit ihm, und das gibt dir das Gefühl von Freude. Dann pojizierst du die Gründe für deine Freude auf den anderen ...

Wenn du in der Natur bist, wirst du lebendiger, auf einem Berg bist du lebendiger; wenn du jedoch nur mit Maschinen lebst, schläfst du ein, weil sie dir keine frischen Impulse geben. Im Wald lebst du auf, weil du selbst einmal ein Baum warst. Im Grunde sind wir einfach wandelnde Bäume — mit Wurzeln in der Luft, nicht in der Erde. Und wenn du an der Meeresküste stehst, fühlst du dich lebendiger, weil das erste Leben im Ozean entstand. Unsere Körper haben tatsächlich noch dasselbe Wasser-Salz-Gemisch wie der Ozean.

Als Mann fühlst du dich lebendiger, wenn du eine Frau — deinen Gegenpol — triffst. Sie regt dich mehr an als ein Mann. Mit einem Mann fühlst du dich eingeschlossener, weil dich nichts nach draußen zieht, du brauchst die gegenpolige Energie, um hervorgelockt zu werden. Die Flamme flackert auf, du kannst lebendiger sein, und dann fühlst du jedesmal Freude.

Wenn wir das Wort ›Seele‹ gebrauchen, meinen wir ›größtmögliche Lebendigkeit‹: ein vollkommenes Aufleben deines ganzen Wesens, nicht durch andere bedingt, sondern aus dir selbst heraus; deine Lebendigkeit ist nicht von außen verursacht. Ohne am Meer zu sein, fühlst du dich ozeanisch. Ohne den Himmel zu sehen, wirst du zum All. Ohne dem Geliebten nahe zu sein, wirst du zu Liebe, zu nichts als Liebe.

Was ich meine, ist, daß du lebendig wirst, ohne daß es dafür einen Auslöser gibt. Du bist auf nichts und niemanden angewiesen: du bist *befreit!* Und mit dieser Befreiung, dieser inneren Befreiung, kann deine Gelassenheit, deine Heiterkeit nicht verlorengehen. Sie ist vollkommene Lebendigkeit: Sie ist allumfassendes Bewußtsein. Sie kann nicht verlorengehen!

Wenn du vor Leben sprühst, geschehen viele Dinge, die man nicht verstehen kann, *bevor sie nicht geschehen sind.* Aber versuchsweise kann ich dir diese Definition der Seele geben: sie ist der Zustand, in dem du restlos bewußt bist ... vollkommen lebendig ... völlig glückselig ... und das ohne Ursache, ohne Bedingungen, du bist von nichts abhängig ...

Wenn ohne Anlaß Liebe oder Freude in dir aufsteigen, dann bist du eine Seele, kein Körper. Warum nur dann?

Mit Körper meine ich den Teil deiner Seele, der immer in Beziehung zur Außenwelt steht. Du fühlst dich traurig, wenn es einen Grund dazu gibt, oder du fühlst Freude, wenn du Grund dazu hast, aber nie fühlst du dich außerhalb einer Beziehung auf etwas anderes lebendig. Dieses Gefühl — diesen Zustand, wenn es nichts gibt, sondern du nur *bist* — voller Leben und Bewußtsein — nenne ich die Seele.

Aber diese Definition ist nur ein Versuch, nur eine Andeutung; sie ist keine Erklärung, sondern nur ein Fingerzeig: nur ein Finger, der zum Mond zeigt. Verwechsle den Finger nicht mit dem Mond; er zeigt nur auf ihn. Vergiß den Finger und schau zum Mond. Aber alle Definitionen sind so ...

Du fragst, ob die Seele individuell sei. Das ist eine sinnlose Frage; sie ist nur aus deiner beschränkten Sicht sinnvoll. Sie ist wie die Frage eines Blinden.

Ein Blinder geht an seinem Stock. Ohne ihn kann er sich nicht bewegen: er sucht und stochert damit im Dunkeln herum. Wenn wir ihm gut zureden, seine Augen operieren zu lassen, damit sie gesund werden, damit er sehen kann, dann kann er hartnäckig weiterfragen: »Wenn ich meine Augen habe, kann ich dann immer noch mit meinem Stock herumtappen?« Wenn wir sagen: »Du brauchst deinen Stock dann nicht mehr«, kann er es nicht glauben.

Er wird sagen: »Ohne meinen Stock kann ich nicht existieren, nicht leben. Was du da sagst, kommt nicht in Frage. Ich kann es mir nicht vorstellen. Ohne meinen Stock *gibt es mich nicht*: Sag mir erst, was mit meinem Stock geschehen wird!«

Wirklich, diese ›Individualität‹ ist wie der Stock eines Blinden. Du tappst mit deinem Ego im Dunkeln herum, weil du keine Seele hast. Dieses Ego, dieses ›Ich‹, ist nur ein Herumtappen, weil du keine Augen hast. Im Moment, wo du zu vollem Leben erwachst, geht das Ego einfach verloren. Es gehörte zu deiner Blindheit, zu deiner Leblosigkeit oder lauwarmen Lebendigkeit, zu deinem Unbewußtsein, deiner Unwissenheit. Es fällt einfach ab.

Du bist dann weder individuell noch nicht-individuell. Beides wird irrelevant. Individualität ist nicht die Frage; du machst nur eine Frage daraus, weil du noch da bist; du bist die Quelle aller Fragen.

Als Moulinkyaputta zum ersten Mal zu Buddha kam, stellte er viele Fragen. Buddha sagte: »Fragst du, um die Fragen zu lösen, oder nur, um Antworten zu bekommen?« Moulinkyaputta sagte: »Ich bin gekommen, um dich zu fragen — und jetzt fragst du mich! Laß mich nachdenken. Ich muß darüber nachdenken.« Er grübelte darüber nach und am nächsten Tag sagte er: »Ich bin wirklich gekommen, um sie zu lösen.« Buddha fragte ihn: »Hast du dieselben Fragen noch jemand anderem gestellt?« Moulinkyaputta sagte: »Dreißig Jahre lang habe ich alle möglichen Leute danach gefragt.« — »Wenn du dreißig Jahre lang gefragt hast, mußt du viele Antworten erhalten haben — sehr viele. Aber hat irgendeine sich als *die* Antwort erwiesen?« — »Keine!« — »Dann gebe ich dir keine Antwort. In dreißig Jahren hast du schon mehr als genug Antworten erhalten. Es hat keinen Sinn, noch welche dazuzufügen. Ich gebe dir die Lösung, nicht die Antwort.« — »Gut, dann gib sie mir.« — »Du kannst sie nicht von mir bekommen, sie muß in dir wachsen. Bleibe deshalb ein Jahr bei mir, schweigend. Du darfst keine einzige Frage stellen! Sei völlig still — sei bei mir —, und nach einem Jahr kannst du fragen. Dann gebe ich dir die Antwort.«

Sariputra (der erste Schüler Buddhas) saß in der Nähe unter einem Baum. Er fing zu lachen an. Moulinkyaputta fragte: »Warum lacht Sariputra? Was gibt es da zu lachen?« Sariputra sagte: »Wenn du Fragen hast, dann stell sie jetzt. Warte nicht ein Jahr lang damit. Wir sind zum Narren gehalten worden — genau das gleiche ist mir auch passiert —, weil nach einem Jahr niemand mehr fragt. Wenn du ein Jahr lang völlig schweigst, dann versiegt die Quelle des Fragens selbst. Und dieser Mann ist gerissen! Er führt dich an der Nase herum. In einem Jahr wird er dir auch keine Antwort geben.«

Da sagte Buddha: »Ich werde mein Versprechen halten, Sariputra. Ich halte es auch dir. Es liegt nicht an mir, daß du nicht fragst.«

Ein Jahr verging und Moulinkyaputta behielt sein Schweigen bei: Er meditierte schweigend und wurde innerlich und äußerlich immer ruhiger. Nach und nach wurde er zu einem stillen Wasser, reglos, ohne Wellen. Er vergaß, daß das Jahr vergangen war. Der Tag kam, an dem er fragen sollte, doch er hatte es vergessen. Buddha sagte: »Da war doch dieser Mann namens Moulinkyaputta hier. Wo ist er? Er soll seine Frage stellen. Das Jahr ist vorbei, heute sollte er zu mir kommen.« Es waren 10000 Mönche versammelt, und alle versuchten, herauszufinden, wer Moulinkyaputta war. Und Moulinkyaputta versuchte auch, ihn zu finden!

Buddha sah ihn, rief ihn zu sich und sagte: »Nach wem hältst du denn Ausschau? *Du* bist der Mann. Und ich muß mein Versprechen halten. Frage also, und ich gebe dir Antwort.« Moulinkyaputta sagte: »Der die Fragen stellte, ist gestorben. Deshalb halte ich nach diesem Moulinkyaputta Ausschau. Ich habe seinen Namen auch gehört, aber ich habe ihn schon lange nicht mehr gesehen.«

Die Quelle des Fragens muß verwandelt werden, sonst findet das Fragen kein Ende. Und es gibt Leute, die dich mit Antworten versorgen werden. Du fragst gerne, sie antworten gerne — aber ihr haltet euch beide nur gegenseitig zum Narren.

12
LSD und Meditation

FRAGE:

»Kann LSD als Meditationshilfe benutzt werden?«

LSD kann zu Hilfe genommen werden, aber diese Hilfe ist sehr gefährlich. Es ist nicht so einfach. Selbst wenn du Mantras benutzt, ist es schwierig, wieder davon loszukommen; wenn du aber LSD benutzt, wird es dich große Überwindung kosten, es wieder fallenzulassen.

Sobald du auf einem LSD-Trip bist, hast du nicht mehr die Kontrolle. Die Chemie übernimmt die Kontrolle, und du bist nicht mehr der Herr im Haus. Und wenn du nicht mehr der Herr bist, dann ist es schwierig, diese Position wiederzuerlangen. Die Chemikalie ist nicht mehr dein Sklave, sondern *du* bist jetzt der Sklave der Chemikalie. Du hast jetzt keine Möglichkeit der Kontrolle. Wenn du LSD zu Hilfe nimmst, machst du aus dem Herrn einen Sklaven, und deine ganze Körperchemie wird davon in Mitleidenschaft gezogen.

Dein Körper wird nach LSD verlangen. Jetzt ist es nicht nur eine geistige Sucht, wie im Fall von Mantras. Wenn du ›Acid‹ als Hilfe verwendest, wird es eine Sucht des Körpers; LSD geht bis in die kleinste Körperzelle. Es verändert sie, ändert deine innere biochemische Struktur. Dann fangen alle Körperzellen an, nach LSD zu schreien, und es wird schwierig, davon loszukommen.

LSD kann benutzt werden, dich in die Meditation einzuführen, aber nur, wenn dein Körper dafür vorbereitet wird. Wenn du also fragst, ob es im Westen eingesetzt werden kann, kann ich dir versichern, daß es für den Westen völlig ungeeignet ist. Es kann nur im Osten verwendet werden — wenn der Körper dafür vorbereitet worden ist. Im Yoga und im Tantra hat man sich LSD-ähnlicher Hilfsmittel bedient —, aber dann wird dein Körper zuerst vorbereitet. Voraus geht ein langer Prozeß der Reinigung des Körpers; der Körper wird restlos geläutert und du lernst, ihn in allen seinen Funktionen zu meistern, so daß dich jetzt selbst die Chemie nicht mehr aus dem Sattel heben kann. Im Yoga ist es also erlaubt, aber nur unter sehr bestimmten Bedingungen.

Zuerst muß dein Körper gereinigt werden. Dann kannst du den Körper so gut kontrollieren, daß du biochemische Prozesse nach Belieben lenken kannst. Dann kannst du Gift schlucken und mit Hilfe einer bestimmten Yoga-Übung dein Blut dazu bringen, sich nicht mit dem Gift zu vermischen. Das Gift geht dann durch den Körper hindurch, ohne in den Blutkreislauf zu gelangen, und wird im Urin ausgeschieden. Wenn du deine Körperchemie kontrollieren kannst, dann kannst du *alles* benutzen, weil du der Herr bleibst.

Im Tantra, speziell im ›linksgerichteten‹ Tantra, benutzt man Alkohol, um Meditation zu stimulieren. Es schaut absurd aus, aber es ist nicht so. Der Schüler trinkt eine bestimmte Menge Alkohol und versucht, wachsam zu bleiben. Das Bewußtsein darf nicht verlorengehen. Nach und nach wird die Dosis erhöht, das Bewußtsein jedoch muß voll erhalten bleiben. Der Schüler hat Alkohol getrunken, der Körper hat es absorbiert, aber Aufmerksamkeit und Wahrnehmung werden davon nicht angegriffen. Das Bewußtsein geht nicht verloren. Die Menge des Alkohols wird immer mehr erhöht. Durch dieses Verfahren wird ein Punkt erreicht, an dem jede Menge Alkohol verabreicht werden kann, ohne daß die Wachsamkeit verloren geht. Nur dann kann LSD von Nutzen sein.

Im Westen gibt es keine Methoden, den Körper zu reinigen oder das Bewußtsein durch Änderungen in der Biochemie zu steigern. LSD wird im Westen ohne jede Vorbereitung genommen. Das ist keine Hilfe. Im Gegenteil, es kann ein geistiges Wrack aus dir machen.

LSD bringt viele Probleme mit sich. Wenn du einmal auf einem LSD-Trip warst, dann hast du eine Ahnung von einer Dimension, die du nie vorher gekannt hast, die du nie vorher empfunden hast. Wenn du mit Meditation anfängst, dann ist es ein langer Prozeß; LSD jedoch ist kein Prozeß. Du nimmst es, und der ›Prozeß‹ ist vorbei. Dann beginnt der Körper zu arbeiten. Meditation ist ein langer Prozeß, du mußt dich jahrelang darum bemühen; nur dann werden sich Ergebnisse zeigen — und wenn du einmal eine Abkürzung kennengelernt hast, wird es schwierig, sich einem langen Prozeß zu unterziehen. Dein Geist wird danach gieren, wieder Drogen zu benutzen. Es ist natürlich schwierig zu meditieren, wenn du mit chemischen Tricks durchs Schlüsselloch geschaut hast. Es wird dir schwerfallen, einen langen Prozeß auf dich zu nehmen. Für Meditation ist mehr Ausdauer nötig, mehr Vertrauen, mehr Geduld, und jetzt tust du dich schwer damit, weil du jetzt vergleichen kannst.

Zweitens ist jede Methode schlecht, bei der du nicht die ganze Zeit in Kontrolle bleibst. Wenn du meditierst, kannst du jeden Moment aufhören und aus der Meditation herauskommen. Du kannst aber keinen LSD-Trip nach Belieben abbrechen: wenn du es einmal genommen hast, mußt du alle Phasen durchmachen. Jetzt bist du nicht der Meister.

Alles, was dich zum Sklaven macht, wird dir, spirituell gesehen, auf die Dauer nicht helfen, weil Spiritualität im Grunde bedeutet, sein eigener Meister zu sein. Deshalb rate ich euch, keine Abkürzungen zu wählen. Ich bin nicht gegen LSD, ich könnte es in einem Ausnahmefall zulassen, aber dann muß es aus langer Sicht vorbereitet werden. Dann bleibst du der Meister.

Aber dann ist LSD keine Abkürzung. Es wird sogar mehr Zeit als Meditation in Anspruch nehmen. Hatha-Yoga benötigt Jahre, um einen Körper dafür vorzubereiten. Zwanzig, fünfundzwanzig Jahre — dann ist ein Körper dazu bereit. Jetzt kannst du jede chemische Hilfe benutzen,und es wird dein Wesen nicht in Mitleidenschaft ziehen. Aber der Vorbereitungsprozeß war sehr lange.

Dann kann man LSD verwenden; dann finde ich es angebracht. Wenn du bereit bist, den Körper 20 Jahre lang vorzubereiten, um LSD zu nehmen, dann ist es nicht schädlich, aber du kannst zum selben Punkt kommen, wenn du zwei Jahre meditierst. Der Körper ist grobstofflich, und das macht die Meisterschaft schwieriger. Der Geist ist feinstofflich und leichter zu meistern. Der Körper ist weiter von deinem wahren Wesen entfernt, der Abstand ist größer, beim Geist wird der Abstand kleiner.

In Indien war Hatha-Yoga die primitive Methode, den Körper für Meditation vorzubereiten. Aber es nahm soviel Zeit in Anspruch, daß man Methoden erfinden mußte, die das Leben verlängerten, da die Praktiken des Hatha-Yoga so viel Zeit benötigten. 60, 70 Jahre reichten unter Umständen nicht aus. Und es gibt ein Problem: Wenn es dir nicht gelingt, in diesem Leben zum Ziel zu kommen, dann mußt du im nächsten Leben wieder von vorne anfangen, weil du einen neuen Körper hast. Die ganze Mühe ist verloren. Einen neuen Geist bekommst du jedoch nicht im nächsten Leben — der alte besteht weiter —, deshalb bleibt alles, was auf geistigem Wege erreicht wurde, erhalten, während alles, was für den Körper erreicht wurde, mit jedem Tod verlorengeht. Deshalb mußte Hatha-Yoga Methoden erfinden, das Leben bis zu dreihundert Jahre zu verlängern, so daß es zur Meisterschaft kommen konnte.

Wenn du die Meisterschaft auf geistigem Wege erlangst, kannst du die Körper wechseln; alle Arbeit, die du am Körper leistest, geht jedoch verloren. Hatha-Yoga erfand viele Hilfsmittel, um die Vollendung des Prozesses zu gewährleisten; im Lauf der Zeit wurden jedoch viel direktere Methoden entwickelt: z. B. die direkte Kontrolle des Geistes (Raja Yoga). Bei diesen Methoden kann auch der Körper von gewissem Wert sein, aber es kommt nicht so sehr auf ihn an. Wer sich mit Hatha-Yoga gut auskennt, kann ein Mittel wie LSD verwenden, aber das gilt nicht für Raja-Yoga, weil es über keine Methodik verfügt, den Körper vorzubereiten. Es basiert auf direkter Meditation.

Manchmal geschieht es — in seltenen Fällen —, daß du durch LSD einen Lichtblitz der Erkenntnis bekommst; wenn du jetzt nicht danach süchtig wirst, kann dieser Funken einen Durst in dir entfachen, weiter zu suchen. Wenn du LSD also einmal ausprobierst, ist es gut, aber wie willst du erkennen, wie und wo du haltmachen mußt? Der erste Trip ist gut; einmal LSD genommen zu haben, ist gut, du wirst auf eine andere Welt aufmerksam und beginnst dann mit deiner Suche — einer Suche, die durch Drogen ausgelöst wurde — aber die Schwierigkeit ist, haltzumachen. Das ist das Problem. Wenn du dich mit einemmal begnügen kannst, wenn du wieder damit aufhören kannst, dann ist es in Ordnung, einmal LSD zu probieren. Aber das ist ein großes ›Wenn‹.

Mulla Nasrudin pflegte zu sagen: »Ich trinke nie mehr als ein Glas Wein.« Seine Freunde bestritten das aber immer, weil sie gesehen hatten, wie er ein Glas nach dem anderen hinunterkippte. Seine Erklärung: »Das zweite Glas wird vom ersten getrunken, ich trinke nur eins. Das zweite wird vom ersten, und das dritte vom zweiten getrunken. Nach dem ersten bin ich nicht mehr Herr meiner Sinne. Ich bin nur beim ersten der Herr, wie kann ich da sagen, daß ich mehr als eins trinke? ›Ich‹ trinke immer nur ein Glas!« Beim ersten bist du der Herr, beim zweiten schon nicht mehr. Das erste wird nach dem zweiten verlangen, und so geht es weiter. Dann hast du es nicht mehr in der Hand.

Der Anfang ist leicht, weil du der Herr bist, aber aufzuhören ist schwer, weil du es dann nicht mehr bist. Ich bin also nicht gegen

LSD ... aber wenn ich dafür bin, dann mit einer Einschränkung, einer Bedingung, und die ist: wenn du der Herr bleiben kannst, in Ordnung. Probiere alles, aber behalte den Überblick. Und wenn das nicht geht, dann begib dich nicht erst auf gefährliche Wege. Fang erst gar nicht damit an. Das ist besser.

13
Intuition
Erkenntnis aus heiterem Himmel

FRAGE:
»Kann Intuition wissenschaftlich erklärt werden? Ist sie ein Phänomen des Intellekts?«

Intuition kann wissenschaftlich nicht erklärt werden, weil das Phänomen selbst unwissenschaftlich und irrational ist. Intuition an sich ist irrational. Sprachlich gesehen erscheint es möglich zu fragen: »Kann Intuition erklärt werden?« Mit anderen Worten: »Kann Intuition auf Intellekt reduziert werden?« Aber Intuition bedeutet etwas, was jenseits des Intellekts ist, sie gehört nicht zum Intellekt, sie kommt aus einer Dimension, von der der Intellekt überhaupt nichts weiß. Der Intellekt kann sie wahrnehmen, aber nicht erklären.

Man kann den Sprung wahrnehmen, weil Intuition den Fluß des Denkens unterbricht. Intuition kann vom Intellekt empfunden werden — er kann davon Notiz nehmen —, aber sie ist unerklärbar; Erklärung bedeutet Kausalität — »Von wo kommt es? Warum kommt es? Was ist die Ursache.« Aber Intuition kommt aus einem anderen Bereich — nicht vom Intellekt selbst —, ihre Ursache liegt nicht im Intellekt. Es gibt keine Begründung, kein Bindeglied, keinen roten Faden, der zum Intellekt führt.

Mohammed zum Beispiel war ein Analphabet. Niemand nahm Notiz von ihm; niemand fühlte, daß etwas so Ungeheueres wie der Koran in ihm stecken könnte. Nichts, was er tat oder dachte, hob ihn aus der Masse heraus. Er war nur ein gewöhnlicher Mann — absolut gewöhnlich. Niemand hatte je das Gefühl, daß etwas Außergewöhnliches mit ihm geschehen könnte. Und dann heißt es plötzlich — es ist ein Gleichnis —, daß ein Engel vor Mohammed erschien, ihm einen Text hinhielt und sagte: »Lies!« Mohammed antwortete: »Wie soll ich denn lesen? Ich weiß nicht, wie. Ich bin ungebildet.« Der Engel wiederholte: »Lies!« Mohammed sagte wieder: »Aber wie kann ich lesen? Ich habe es nicht gelernt.« Der Engel sagte: »Lies! Durch Gottes Gnade wirst du dazu fähig sein.« Und Mohammed begann zu lesen. Das ist Intuition.

Er kehrte zitternd zu seinem Haus zurück, zitternd, weil er nicht begriff, was geschehen war. Er konnte lesen ... und er hatte etwas Unvorstellbares gelesen! Die erste Sure des Koran war ihm übermittelt worden. Er konnte es nicht begreifen, weil es keine Anhaltspunkte dafür in seiner Vergangenheit gab. Er wußte nicht, wie ihm geschehen war. Er war zum Vermittler für etwas geworden, was ohne Zusammenhang mit seiner Vergangenheit war. Eine unbekannte Kraft hatte ihn durchdrungen. Sie mochte zu etwas anderem, zu jemand anderem gehören, aber gewiß nicht zu Mohammed. Es war der Einbruch einer höheren Kraft.

Er kam zitternd nach Hause zurück ... fiebernd ... und dachte dauernd nur: »Was ist geschehen?« Er war unfähig zu verstehen, was geschehen war, und drei Tage lang lag er in tiefem Fieber, bebend, weil er sich nicht erklären konnte, was geschehen war. Er konnte sich kein Herz nehmen, irgend jemand etwas davon zu sagen. Er war ohne Bildung: wer würde ihm Glauben schenken? Er selbst konnte nicht glauben, was geschehen war. Es war unglaublich!

Nach drei Tagen heftigen Fiebers, koma-artiger Bewußtlosigkeit, faßte er Mut, seiner Frau davon zu berichten, jedoch unter der Bedingung, daß sie zu niemanden davon spräche. »Ich bin anscheinend verrückt geworden«, sagte er. Aber seine Frau war älter als er und gebildeter, sie war 40 und Mohammed 26. Sie war eine reiche Frau, eine reiche Witwe ... Sie fühlte, daß wirklich etwas geschehen war. Und sie bekehrte sich als erste zur Lehre des Propheten.

Erst dann konnte sich Mohammed dazu aufraffen, zu einigen Freunden und Verwandten zu sprechen. Immer, wenn er sprach, fing er zu beben und zu schwitzen an, weil so unerklärlich war, was geschehen war. Und jedesmal bestand er darauf — das wurde später zu einem fundamentalen Motiv des Islam —: »Ich bin nicht göttlich. Ich bin nichts Besonderes, Außergewöhnliches, ich bin nur ein Vermittler.«

Das ist es, was ›Sich-Ausliefern‹ bedeutet; nichts anderes — nichts anderes! Der Postbote überbringt dir einfach nur die Botschaft. Du selbst kannst sie nicht einmal verstehen.

Das ist Intuition. Es ist ein Bereich, in dem andere Gesetze wirken, ohne jede Verbindung zum Intellekt, obwohl der Intellekt davon durchdrungen werden kann. Man muß verstehen, daß eine höhere Realität in eine niedrigere eindringen kann, nicht aber die niedrigere Realität in die höhere. Die Intuition kann in den Intellekt eindringen, weil sie höher ist, der Intellekt jedoch kann nicht in die Intuition eindringen, weil er niedriger ist. Genauso, wie dein Geist deinen Körper durchdringen kann, dein Körper jedoch nicht deinen Geist. Dein Sein kann deinen Intellekt durchdringen, dein Intellekt aber nicht dein Sein. Deshalb mußt du dich, wenn du in dein Sein eintauchst, von Körper und Intellekt trennen — von beiden! Sie können in den höheren Bereich nicht eindringen.

Sowie du in eine höhere Realität eintrittst, mußt du die tiefere Realitätsebene fallenlassen. Es gibt keine Erklärung für das Höhere im Tieferliegenden, weil dort die Begriffe dafür fehlen. Begriffe haben dort keine Bedeutung. Aber der Intellekt kann den Abstand wahrnehmen, kann die Lücke empfinden, kann fühlen, daß etwas geschehen ist, daß etwas ›über meinen Horizont‹ geht. Wenn der Intellekt wenigstens soviel einsehen kann, dann hat er schon eine Menge geleistet.

Aber er kann es auch zurückweisen. Das ist es, was man unter einem gläubigen oder einem ungläubigen Geist versteht. Wenn du glaubst, daß das, was durch den Intellekt nicht erklärbar ist, auch *nicht existiert*, dann bist du ein Ungläubiger.

Dann wirst du weiterhin auf dieser niederen Daseinsstufe bleiben — festgefahren, angekettet, verheddert. Dann läßt du das Mysterium nicht zu; mit dieser Einstellung wehrst du die Stimme der Intuition ab. Das ist es, was einen rationalistischen Geist ausmacht. Der Rationalist kann nicht einmal erkennen, daß ein Tor zu einer anderen Dimension aufgegangen ist.

Mohammed war auserwählt. Wo er lebte, gab es Gelehrte, viele Gelehrte, aber Mohammed — der absolut keine Bildung hatte — wurde erwählt, *weil er Vertrauen und Glauben hatte!* Das Höhere konnte in ihn eindringen; er konnte es zulassen, davon erfüllt zu werden. Wenn dein Kopf rational geschult ist, kannst du nicht zugeben, daß es etwas Höheres gibt. Du wirst es verleugnen und sagen: »Es kann nicht sein. Es muß meine Fantasie oder ein Traum sein. Bevor ich es nicht rational beweisen kann, werde ich es nicht akzeptieren.«

Ein rationaler Geist verschließt sich, verbarrikadiert sich hinter den Mauern der Vernunft, und die Intuition kann nicht eindringen.

Man kann jedoch den Intellekt benutzen, ohne verschlossen zu sein. Dann kannst du die Vernunft als Instrument gebrauchen, aber du bleibst offen; du bist empfänglich für das Höhere, wenn es kommt. Dann kannst du deinen Intellekt als Hilfsapparat benutzen: Er nimmt zur Kenntnis, daß »etwas geschehen ist, was jenseits meiner Fähigkeiten ist.« Er kann dir helfen, diesen Unterschied zu verstehen.

Darüber hinaus kann der Intellekt dazu dienen, etwas zum Ausdruck zu bringen; nicht durch Erklärungen, sondern durch Verdeutlichungen. Ein Buddha läßt sich überhaupt nicht auf Erklärungen ein. Er gibt lebendige Beispiele, aber keine Erklärungen. Die gesamten Upanishaden sind äußerst ausdrucksvoll, ohne je zu erklären. Sie sagen: »Dies ist so, das ist so. Dieses und jenes geschieht. Wenn du willst, dann komm herein, bleibe nicht draußen stehen. Man kann keine Erklärung von innen nach außen geben, deshalb komm herein. Laß dich einweihen.« Selbst wenn du hereinkommst, werden dir die Dinge nicht erklärt. Du wirst sie erkennen und fühlen lernen. Der Intellekt kann sich noch so sehr bemühen, zu verstehen, aber er muß versagen. Das Höhere kann nicht auf das Niedrigere reduziert werden.

FRAGE:

»Empfängt man Intuition nicht durch Gedankenwellen, die den Radiowellen ähnlich sind?«

Das ist wiederum sehr schwer zu erklären. Wenn die Intuition über irgendeine Art von Wellen käme, dann wäre der Intellekt früher oder später in der Lage, sie zu erklären.

Sie kommt aber ohne Medium. Das ist der springende Punkt! Sie kommt ohne irgendeinen Träger: Deshalb ist sie wie ein Sprung, wie ein gewaltiger Satz. Wenn es Wellen gäbe, die als Träger dienen, dann wäre es kein Sprung.

Sie ist ein Sprung von einem Punkt zum anderen, ohne Zwischenverbindung. Wenn ich Schritt für Schritt zu dir komme, dann ist es kein Sprung. Nur ohne Schritte ist es ein Sprung. Und ein wirklicher Sprung ist sogar noch unvermittelter; er bedeutet, daß etwas auf Punkt A ist und dann auf Punkt B, aber dazwischen gibt es nichts. Das ist ein echter Sprung!

Intuition ist ein Sprung. Sie ist nichts, was zu dir kommt; das ist nur ein linguistischer Irrtum. Sie *kommt* nicht zu dir, sondern

Bhagwan Shree Rajneesh spricht im Darshan

widerfährt dir ohne jede Kausalität, ohne irgendwo einen Ausgangspunkt zu haben. Dieses plötzliche Geschehen bedeutet Intuition.

Der Verstand könnte den Weg herausfinden, wenn sie kein plötzliches Ereignis wäre, kein Einschnitt, wenn sie keine Diskontinuität zum Vorhergehenden darstellte. Es bräuchte Zeit, wäre aber möglich. Wenn irgendwelche Strahlen, Wellen oder irgend etwas als Medium dienten, wäre der Verstand fähig, es zu erkennen, zu verstehen und zu kontrollieren. Dann könnte bald ein Instrument entwickelt werden — genau wie Radio oder Fernseher —, mit dem man Intuition empfangen könnte.

Käme Intuition durch Strahlen oder Wellen, dann könnten wir einen Empfänger dafür bauen. Dann bräuchten wir keinen Mohammed. So, wie ich es sehe, ist ein Mohammed jedoch unersetzlich. Kein Instrument kann Intuition ›abfangen‹, weil sie kein Wellenphänomen ist. Sie ist überhaupt kein Phänomen. Sie ist nur ein Sprung vom Nichts zum Sein.

Genau das bedeutet Intuition. Deshalb wird sie vom Intellekt verleugnet. Der Intellekt streitet ihre Existenz ab, weil er unfähig ist, ihr auf gleicher Ebene zu begegnen. Der Intellekt kann nur Phänomene wahrnehmen, die in Ursache und Wirkung aufgegliedert werden können.

Wenn es nach dem Intellekt geht, dann gibt es zwei Bereiche des Seins: das Bekannte und das Unbekannte. Und das Unbekannte bedeutet nur das, was noch nicht bekannt ist, jedoch irgendwann bekannt sein *wird*. Die Religion jedoch weist nachdrücklich auf drei Bereiche hin: das Bekannte, das Unbekannte und das ›Unkennbare‹. Unter dem ›Unkennbaren‹ versteht die Religion das, was niemals gekannt werden kann.

Der Intellekt befaßt sich mit dem Bekannten und dem Unbekannten — nicht mit dem Unkennbaren; und Intuition kommt aus dem Unkennbaren, aus dem, was nicht erkannt werden kann. Es ist nicht nur eine Frage der Zeit, bis es erforscht sein wird; ›Unkennbarkeit‹ ist seine innerste Eigenschaft. Nicht etwa, daß deine Instrumente noch nicht fein genug wären, oder deine Logik nicht genügend entwickelt, oder deine Mathematik zu primitiv. Darum geht es gar nicht. Die innerste Qualität des Unkennbaren ist Unkennbarkeit. Es wird immer als das Unkennbare bestehen. Das ist das Reich der Intuition.

Wenn etwas Unkennbares ›erkannt‹ wird, ist es ein Sprung. *Es ist ein Sprung!* Es gibt keine Zwischenverbindung; es gibt keinen Verbindungsweg; es gibt keinen Reisevorgang. Es scheint unbegreiflich. Wenn ich also sage: »Du kannst es fühlen, aber du kannst es nicht verstehen«, wenn ich solche Dinge sage, dann weiß ich sehr wohl, daß das keinen Sinn gibt, daß ich Unsinn rede. ›Un-Sinn‹ bedeutet nur das, »was mit den Sinnen nicht erfaßt werden kann«; — und der Verstand ist ein Sinn, der allerfeinste — ... und Weisheit ist Unsinn.

Intuition ist möglich, weil es das Unkennbare gibt. Wissenschaft streitet die Existenz des Göttlichen ab, weil sie sagt: »Es gibt nur eine Teilung: das Bekannte und das Unbekannte. Wenn es einen Gott gibt, dann werden wir ihn durch Labormethoden entdecken. Wenn er existiert, wird ihn die Wissenschaft ausfindig machen.«

Der religiöse Geist sagt auf der anderen Seite: »Was auch immer du tust, der Ursprung des Daseins wird unkennbar bleiben — ein Mysterium.« Die konsequente Wissenschaft würde alle Bedeutsamkeit des Lebens zerstören. Wenn es kein Mysterium gibt, verliert das Leben alle Bedeutung und Schönheit. Das Unkennbare ist seine Schönheit, sein Sinn, seine innerste Sehnsucht, sein Ziel. Wenn alles bekannt ist, dann wird alles flach. Du bist seiner bald überdrüssig, du wirst dich langweilen. Das Unkennbare ist das Geheimnis; es ist das Leben selbst.

Soviel kann ich sagen: die Vernunft ist der Versuch, das Unbekannte zu kennen, und die Intuition ist das unvermittelte In-Erscheinung-Treten des Unkennbaren. Ins Unkennbare einzudringen ist möglich, es zu erklären jedoch nicht. Du kannst es fühlen, aber nicht erklären.

Je mehr du versuchst, es zu erklären, um so verschlossener wirst du, deshalb versuche es erst gar nicht. Laß die Vernunft in ihrem eigenen Bereich arbeiten, aber vergiß niemals, daß es tiefere Bereiche gibt. Es gibt Tiefen, die der Intellekt nicht ausloten, und Höhen, die er nicht erklimmen kann.

14
Bewußtsein, Beobachtung und Bewußtheit*

FRAGE:
»Was ist der Unterschied zwischen Bewußtsein und Beobachtung?«

Zwischen Bewußtsein und Beobachtung gibt es einen großen Unterschied. Beobachten ist immer noch eine Handlung: du beobachtest, dein Ego ist dabei vorhanden. Deshalb gibt es beim Beobachten ein Subjekt und ein Objekt.

Beobachtung ist eine Beziehung zwischen Subjekt und Objekt. Bewußtheit ist absolut frei von jeglicher Subjektivität oder Objektivität. Es gibt niemand, der beobachtet; es gibt nichts, das beobachtet wird. Bewußtheit, bewußte Wahrnehmung ist ein totaler Akt, alles ist eins. Subjekt und Objekt sind hierin nicht aufeinander bezogen, es gibt sie gar nicht mehr. ›Bewußtheit‹ bedeutet also nicht, daß *jemand* wahrnimmt oder daß die Aufmerksamkeit auf *etwas* gerichtet wird. Bewußtheit ist total — totale Subjektivität und totale Objektivität als ein *Einziges*, während bei der Beobachtung eine Dualität zwischen Subjekt und Objekt besteht.

Bewußtheit ist Nicht-Tun; Beobachtung setzt jemanden voraus, der die Aufmerksamkeit auf etwas richtet. Aber durch Beobachtung wird Bewußtheit möglich, weil Beobachtung eine *bewußte*

---

* Die Begriffe »Bewußtsein«, »Beobachtung«, »Bewußtheit« (im Englischen: »Consciousness«, »Witnessing«, »Awareness«) können auch andere Inhalte oder Inhaltsschattierungen haben als hier bei Bhagwan. Bhagwan versucht, verschiedene Entwicklungsstadien des Bewußtseins durch verschiedene Begriffe zu fassen.

Bewußtsein ist das Allgemeine;
Beobachtung ist synonym mit: Zeuge-Sein, unbeteiligtes Beobachten;
Bewußtheit ist synonym mit: reine Wahrnehmung, reines Bewußtsein, grenzenlose, nicht-dualistische Wahrnehmung.

Handlung ist. Sie ist Handlung, aber sie ist bewußt. Normalerweise sind wir im Handeln unbewußt — wenn man dabei jedoch bewußt wird, ist es Beobachtung. Deshalb gibt es eine Lücke zwischen gewöhnlicher, unbewußter Aktivität und Bewußtheit, die mit Beobachtung gefüllt werden kann.

Beobachtung ist eine Technik, eine Methode, die zu Bewußtheit führt. Sie ist zwar noch nicht Bewußtheit, aber im Vergleich mit gewöhnlichen, unbewußten Handlungen ist sie eine höhere Stufe. Es hat sich etwas geändert: die Aktivität ist bewußt geworden; Bewußtsein ist an die Stelle von Unbewußtheit getreten. Aber es fehlt noch ein Schritt. Diese Aktivität muß nämlich zu Inaktivität, zu Nicht-Tun werden. Das ist der zweite Schritt.

Es ist schwierig, vom gewöhnlichen, unbewußten Tun in die reine Wahrnehmung, in Bewußtheit, zu springen. Es ist möglich, aber mühselig, deshalb ist eine Zwischenstufe nützlich. Wenn man damit beginnt, Aktivität bewußt zu beobachten, wird der Sprung einfacher — der Sprung in Bewußtheit, in reine Wahrnehmung ohne irgendein bewußtes Objekt, ohne bewußtes Subjekt, ohne jegliche bewußte Aktivität. Das heißt nicht, daß Bewußtheit nicht auch Bewußtsein ist. Sie ist *reines* Bewußtsein, aber ohne einen, der sich etwas bewußt ist.

Trotzdem gibt es einen Unterschied zwischen Bewußtsein und Bewußtheit. Bewußtsein ist eine Eigenschaft deines Geistes, aber es ist nicht der gesamte Geist. Dein Geist kann beides sein, bewußt und unbewußt; wenn du aber seine Grenzen überschreitest, gibt es weder das Unbewußte noch das entsprechende Bewußtsein. Dann herrscht *unbegrenzte Wahrnehmung, Bewußtheit.*

Bewußtheit bedeutet, daß der gesamte Geist bewußt geworden ist. Die Wahrnehmung wird nicht mehr durch deinen alten, engen Geist beschränkt, es gibt nur noch den Zustand des Bewußtseins. Bewußtsein ist total geworden; der Intellekt selbst ist jetzt Teil der Bewußtheit, wird von grenzenloser Wahrnehmung umfaßt.

Der Intellekt als solcher ist das Medium der Dualität, deshalb kann sein Bewußtsein niemals die Grenzen der Dualität überschreiten. Der Intellekt ist sich immer *eines Objekts* bewußt, und es gibt auch immer jemand, der bewußt ist. Deshalb ist Bewußtsein eine wesentliche Funktion des Intellekts, und Intellekt als solcher ist die Quelle aller Dualität, aller Teilungen, ob nun zwischen Subjekt und Objekt, Tätigkeit und Untätigkeit, oder zwischen Bewußtsein und Unbewußtsein. Das Prisma des Geistes ist die Ursache aller Dualität. Bewußtheit, ungeteilte Wahrnehmung ist nicht dualistisch. Deshalb bezeichnet man Bewußtheit als einen ›nicht-geistigen‹ Zustand (— »no mind«).

Was ist dann die Beziehung zwischen Bewußtsein und unbeteiligtem Beobachten? Unbeteiligtes Beobachten ist ein Zustand, und Bewußtsein ist ein Mittel, um zu beobachten. Wenn du dir deiner alltäglichen Handlungen bewußt wirst, wenn dir alles, was dich umgibt, bewußt ist, dann gelangst du in den Zustand des Beobachtens.

Beobachtung ist eine Folge von Bewußtsein. Du kannst unbeteiligtes Beobachten nicht einüben. Du kannst dich lediglich bemühen, wacher zu sein, die Augen aufzumachen. Unbeteiligte Beobachtung kommt als Konsequenz, als Schatten, als ein Resultat, als ein Nebenprodukt. Je bewußter du wirst, desto mehr wirst du zum unbeteiligten Beobachter, zum Zeugen. Daher ist Bewußtsein eine Methode, den Beobachter in dir zu erwecken. Und der zweite Schritt besteht darin, das Beobachten zur Methode zu machen, um zur reinen, ungeteilten Wahrnehmung, zu Bewußtheit, zu gelangen.

Das sind also die drei Schritte: Bewußtsein, Beobachtung, Bewußtheit. Aber wir stehen auf der niedrigsten Stufe: der Stufe unbewußter Aktivität. Unbewußte Aktivität kennzeichnet unsere geistige Verfassung.

Durch Bewußtsein kannst du zur Beobachtung gelangen, und durch Beobachtung kannst du Bewußtheit erreichen, und durch schrankenlose Wahrnehmung, durch Bewußtheit, kannst du zum »Nicht-Ziel« gelangen. Durch Bewußtheit kannst du alles erreichen, was bereits erreicht ist. Nach Bewußtheit kommt nichts mehr. Sie ist das Ende.

Reine Wahrnehmung ist das Ende spirituellen Wachstums; Blindheit ist der Anfang. Blindheit, Unbewußtheit ist ein Stadium des materiellen Daseins. Unbewußtheit und Unbewußtsein sind daher nicht dasselbe. Unbewußtheit bedeutet Materie. Materie ist nicht unbewußt, sondern »bewußtheit-los«.

Tierische Existenz ist unbewußte Existenz; menschliche Existenz ist ein geistiges Phänomen — 99 % sind unbewußt und 1 % bewußt. Dieses 1 % Bewußtsein bedeutet, daß du dir zu 1 % der 99 % Unbewußtsein bewußt bist. Aber wenn du dir deines eigenen Bewußtseins bewußt wirst, dann wird das 1 % immer größer werden, während die 99 % Unbewußtsein schrumpfen.

Wenn du zu 100 % bewußt wirst, bist du Beobachter geworden

(ein *Sakshi*). Als *Sakshi* bist du an den Punkt gekommen, von wo aus der Sprung in die unbeschränkte Wahrnehmung möglich wird. In ihr geht der Beobachter verloren, nur das Beobachten bleibt übrig. Der, der etwas tut — deine Subjektivität, dein egozentrisches Bewußtsein —, verschwindet. Dann bleibt nur reines Bewußtsein übrig — ohne Ego.

Es gibt nur noch die Peripherie, ohne ein Zentrum. Diese allseitige, mittelpunktslose Wahrnehmung ist Bewußtheit. Bewußtsein ohne Mittelpunkt, ohne jegliche Herkunft, ohne jegliche Motivation, ohne jeglichen Ursprung — ein ursprungsloses Bewußtsein —, das ist Bewußtheit.

Du entwickelst dich also von blinder Existenz (*prakriti*, Materie) zur vollkommenen Wahrnehmung. Du magst sie das Göttliche nennen, oder ihr sonst irgendeinen Namen geben, der dir gefällt. Das Stoffliche und das Göttliche unterscheiden sich immer nur nach dem Grad des Bewußtseins.

15
Der Unterschied zwischen Satori und Samadhi

FRAGE:

*»Auf welche Weise unterscheidet sich Satori von Samadhi?«**

Samadhi beginnt als ein Intervall, als Lücke — aber endet nie. Ein Intervall hat immer Anfang und Ende, es hat Grenzen. Samadhi jedoch beginnt nur wie ein Intervall und währt dann für immer. Es hat kein Ende.

Was also wie ein Intervall beginnt, aber dann kein Ende hat, ist Samadhi. Ein vollständiges Intervall jedoch, mit Anfang und Ende, ist ein Satori, und das ist etwas anderes. Wenn es nur ein Aufleuchten des kosmischen Bewußtseins ist, das sich wieder verliert — als ob etwas in Klammern gesetzt und die Klammer geschlossen wird; man wirft einen schnellen Blick hinein und kommt wieder zurück, springt hinein und wieder heraus — wenn also etwas geschieht, aber wieder verlorengeht, dann ist es ein Satori. Es ist wie ein Funke, ein kurzes Aufblitzen von Samadhi, aber nicht Samadhi selbst. Samadhi bedeutet den Beginn des Erkennens, das kein Ende kennt.

In Indien haben wir kein Wort für Satori und deshalb kommt es vor, daß Satori mit Samadhi verwechselt wird, wenn das Intervall sehr groß ist. Aber auch dann ist es nicht Samadhi. Es ist nur ein Schimmer davon. Du warst auf der Schwelle zum Kosmischen, du hast einen Blick hineingeworfen, und dann ist alles wieder vorbei. Natürlich bist du danach nicht mehr der, der du vorher warst, du bist nie mehr derselbe. Es ist etwas in dich eingedrungen und hat dich bereichert, und dadurch bist du ein anderer Mensch geworden. Aber trotzdem: das, was dich verwandelt hat, erfüllt dich

---

* *Satori* Zen-Begriff für das blitzartige Ereignis der plötzlichen Erleuchtung;
Samadhi Yoga-Begriff für endgültiges Eins-Werden mit kosmischem Bewußtsein.

nicht mehr. Es ist nur eine Erinnerung, ein Andenken. Es war nur ein Aufleuchten. Wenn du dich daran erinnern kannst, wenn du sagen kannst: »Ich habe diesen Augenblick erlebt«, dann war es nur ein Aufblitzen, denn wenn Samadhi geschieht, dann gibt es dich nicht mehr und also auch keine Erinnerung. Du kannst niemals sagen: »Ich habe es erlebt«, weil der Erkennende im Erkennen aufgeht. Ist es nur ein Aufleuchten, dann bleibt der Erkennende erhalten und dieser kurze Einblick wird zur Erinnerung — er kann sie hegen, sich danach sehnen, danach verlangen und etwas unternehmen, um es wieder zu erfahren —, aber *er* ist immer noch da. Das blitzartige Aufleuchten hat ihn nicht aufgelöst. Die Erfahrung konnte zur Erinnerung werden. Und diese Erinnerung wird dich jetzt verfolgen, dich jagen, und du wirst immer wieder nach dieser unglaublichen Erfahrung verlangen. Aber in Samadhi gibt es *dich* nicht mehr und damit auch keine Erinnerung daran. Im Zen sagt man: »Den alten Menschen gibt es nicht mehr, und der neue ist gekommen« — und diese beiden sind sich nie begegnet und können sich demnach nicht aneinander erinnern. Das Alte ist verschwunden und das Neue ist entstanden, aber sie sind sich nicht begegnet, weil das Neue nur erscheinen kann, wenn das Alte verschwunden ist. Aber dann gibt es auch keine Erinnerung. Du jagst der Erfahrung nicht nach, verlangst nicht danach; es ist keine Sehnsucht in dir. Du bist mit dem zufrieden, was du bist, ohne jeden Wunsch. Nicht, daß du deine Wünsche ausgerottet hättest — nein! Die Wunschlosigkeit kommt daher, daß es den, der wünscht, nicht mehr gibt. Es gibt dann weder Sehnsucht noch Zukunft, weil die Zukunft nur durch unsere Sehnsucht erzeugt wird; sie ist eine Projektion unserer Begierden.

Ohne Begehren, ohne Zukunft, braucht man auch keine Vergangenheit mehr, weil sie nur den Hintergrund für die ersehnte Zukunft bildet.

Wenn du weißt, daß du im nächsten Moment sterben mußt, gibt es keine Zukunft mehr, und deine gesamte Vergangenheit verliert augenblicklich alle Bedeutung. Sogar dein eigener Name bedeutet dir nichts mehr, weil er nur wichtig ist, wenn es eine Zukunft gibt — da könnte er gebraucht werden. Gibt es jedoch keine Zukunft, dann verbrennst du einfach alle Brücken, die dich noch mit der Vergangenheit verbinden. Du brauchst sie nicht mehr. Die Vergangenheit ist vollkommen sinnlos geworden, sie ist immer nur im Hinblick auf die Zukunft wichtig, als Hintergrund, als Kulisse.

Sobald Samadhi geschieht, verschwindet die Zukunft samt und sonders. Es gibt nur noch den gegenwärtigen Moment. Das ist die einzige Zeit. Es gibt keinen Hauch von Vergangenheit mehr. Vergangenheit und Zukunft fallen weg, und das, was im Augenblick ist, ist alles, was ist. Auch du gehörst dazu, aber nicht als etwas davon Getrenntes; du kannst nicht mehr davon getrennt sein, denn du wirst nur durch deine Vergangenheit und deine Zukunft vom umfassenden Dasein getrennt. Vergangenheit und Zukunft, die dich wie eine harte, scharfe Kruste umgeben, sind das einzige Hindernis zwischen dir und dem gegenwärtigen Augenblick. Wenn also Samadhi geschieht, gibt es keine Vergangenheit und keine Zukunft mehr. Aber du bist dann nicht *in* der Gegenwart, sondern du *bist* die Gegenwart, du *wirst* sie selbst.

Samadhi ist kein Aufleuchten, sondern ein Tod; Satori ist ein Aufleuchten, aber noch kein Tod. Und Satori kann durch vieles ausgelöst werden! Ein ästhetisches Erlebnis kann der Anstoß für ein Satori sein; Musik oder auch Liebe kann zur Quelle für ein Satori werden. In jedem intensiven Moment, in dem die Vergangenheit alle Bedeutung verliert, in jedem eindringlichen Moment, in dem du in der Gegenwart bist — einem Augenblick voller Liebe, voller Musik, voller Poesie, in dem dich etwas bezaubert, in dem die Vergangenheit verschwindet; in jedem Augenblick völliger Wunschlosigkeit — kann ein Satori geschehen. Aber es ist nur ein Aufleuchten.

Dieser kurze Einblick durch ein Satori ist wichtig, weil du eine Ahnung bekommst, was Samadhi sein kann. Der erste Geschmack, der erste wahrnehmbare Duft des Samadhi kommt durch Satori.

Satori ist also ein Fingerzeig. Aber jeder Finger kann zum Hindernis werden, wenn du dich an ihm festklammerst und meinst, er sei alles. Satori gibt dir ein eigenes Glücksgefühl, und das kann dich täuschen.

Da du Samadhi noch nicht kennst, ist Satori das Höchste für dich, und du hältst dich daran fest. Aber wenn du dich an etwas festhältst, das anfangs hilfreich war, kann es sich gegen dich wenden und feindlich werden. Man muß also vor der möglichen Gefahr des Satori auf der Hut sein. Bist du dir der Gefahr bewußt, dann kann dir ein Satori nur weiterhelfen.

Dieses einmalige kurze Aufleuchten kann durch nichts ersetzt werden. Man kann es nicht beschreiben. Man kann es weder mit Worten, noch mit anderen Symbolen auch nur andeuten. Satori ist bedeutungsvoll, aber nur als ein Durchbruch, als ein einmaliger vorübergehender Durchbruch in die Existenz, in den Abgrund.

Kaum hast du es erlebt — es ist dir noch nicht einmal richtig ins Bewußtsein gedrungen —, da ist die Tür schon wieder verschlossen. Klick — und alles ist wieder vorbei. Und dann kommt das Verlangen; du bist bereit, alles zu riskieren, um es noch einmal zu erleben. Und doch darfst du es nicht ersehnen, nicht wünschen; laß es in deiner Erinnerung ruhen. Mach kein Problem daraus, vergiß es einfach. Wenn du es vergessen kannst und dich nicht daran klammerst, kommen diese Augenblicke immer öfter, geschieht das Aufleuchten immer öfter.

Ein Geist, der danach verlangt, verschließt sich in Wirklichkeit, und das Aufleuchten kann nicht in ihn eindringen. Es kommt immer, wenn du nicht darauf achtest, wenn du nicht darauf wartest — wenn du entspannt bist, nicht daran denkst, nicht einmal meditierst. Selbst wenn du meditierst, kann das Aufleuchten nicht geschehen, aber wenn du nicht meditierst, sondern in einem Zustand völliger Gelöstheit bist — überhaupt nichts tust, nicht einmal auf etwas wartest —, in diesem entspannten Zustand kann Satori geschehen. Es wird immer öfter geschehen, aber denk nicht darüber nach, verlange nicht danach. Und verwechsle es nie mit Samadhi.

FRAGE:

»Welche Vorbereitungen sind nötig, um Satori zu erfahren?«

Viele Menschen können Satori erleben, denn manchmal braucht es keine Vorbereitungen, manchmal geschieht es zufällig. Die passende Situation ist hergestellt, aber ohne daß man sich dessen bewußt ist.

Es gibt sehr viele Menschen, die es erlebt haben. Sie haben vielleicht nicht gewußt, was es ist, sie haben es nicht Satori genannt, aber sie haben es erlebt. Ein starkes, überwältigendes Liebesgefühl z. B. kann Satori auslösen.

Sogar durch chemische Drogen ist Satori möglich. Meskalin, LSD, Marihuana können es auslösen, weil sich der Geist durch sie so erweitern kann, daß das Fenster aufgeht, der Lichtblitz kommt.

Schließlich besteht unser Körper aus Chemie — Geist und Körper sind chemische Einheiten —, und deshalb ist auch auf chemischem Wege ein kurzer Einblick möglich.

Manchmal, bei einer plötzlichen Gefahr, kann dich der Schreck so sehr durchdringen, daß Satori möglich wird ... ein großer Schreck kann dich so unmittelbar in die Gegenwart bringen, daß du plötzlich *erkennst*. Besonders diejenigen, die einen ästhetischen Sinn, ein poetisches Herz haben, die die Wirklichkeit mehr ›fühlen‹ als ›denken‹, können das Aufleuchten erleben.

Für jemanden, der nur in Vernunft, in Logik und Intellekt lebt, ist es unmöglich. Nur in seltenen Fällen kann auch ein intellektueller Mensch Satori erleben, aber nur durch extreme intellektuelle Anspannung — die sich dann plötzlich löst.

Archimedes erlebte das; er hatte ein Satori, als er aus seiner Badewanne sprang, nackt auf die Straße lief und rief: »Heureka, ich habe es gefunden!«

Ein intellektueller Mensch kann einen Moment von Satori erleben, wenn ein Problem, das seine ganze geistige Kraft gefordert und ihn zum Höhepunkt intellektueller Anspannung geführt hat, plötzlich gelöst ist. Für ästhetische Geister ist es jedoch leichter.

FRAGE:

»Wenn ich dich richtig verstanden habe, sagst du, daß selbst intellektuelle Anspannung ein Weg zum Satori sein kann?«

Ja, das ist möglich, aber nicht zwangsläufig so. Wenn du dich während dieses Gesprächs intellektuell anspannst, aber die Spannung keinen Höhepunkt erreicht, dann wird sie zum Hindernis. Wenn du dich aber bis zum Äußersten anspannst, und dir dann plötzlich ein Licht aufgeht, dann löst sich im Augenblick des Verstehens die Spannung und es kann zu einem Satori kommen. Andererseits ist es möglich, daß dieses Gespräch kein bißchen angespannt ist, sondern daß wir einfach nur plaudern — heiter, völlig entspannt —, dann kann dieses Gespräch ein ästhetisches Erlebnis sein. Nicht nur Blumen sind ästhetisch, auch Worte können schön sein; nicht nur Bäume können ein ästhetisches Erlebnis sein, sondern Menschen genauso. Nicht nur, wenn man vorbeiziehenden Wolken zusieht, kann ein Satori geschehen, sondern selbst beim Dialog mit einem anderen. Nur mußt du dabei entweder ganz entspannt oder ganz und gar angespannt sein; du kannst entweder von Anfang an entspannt sein, oder erst wenn sich alle Spannungen nach einem Höhepunkt entladen haben. Im einen wie im anderen Fall kann sogar ein Gespräch, eine Unterhaltung, der Auslöser für ein Satori sein. Alles kann zum Anlaß für ein Satori werden, es kommt nur auf dich an. Du gehst auf der Straße: ein Kind lacht ... und ein Satori kann geschehen!

Es gibt ein Haiku, das etwa folgendes beschreibt: ein Zen-Mönch geht auf der Straße und sieht eine ganz gewöhnliche Blume, die aus einer Mauer hervorwächst — eine unscheinbare, alltägliche Blume, die es überall gibt. Er schaut sie an. Es ist das erstemal, daß er sie überhaupt anschaut, weil sie so unscheinbar ist, so alltäglich. Man kann sie überall sehen, und deshalb hatte er sich vorher nie die Mühe gemacht, sie wirklich anzusehen. Er schaut in sie hinein ... und hat ein Satori!

Einer gewöhnlichen Blume schenkt man nie Beachtung, sie ist so gewöhnlich, daß man sie einfach nicht wahrnimmt. Der Mönch hatte also diese Blume vorher nie wirklich gesehen. Jetzt hat er sie zum erstenmal in seinem Leben *gesehen,* und das wird zur Offenbarung. Die erste Begegnung mit dieser Blume, dieser völlig unscheinbaren Blume, wird zu einem einzigartigen Ereignis. Jetzt tut es ihm leid. Sie war immer da, hat auf ihn gewartet, aber er hatte sie niemals angeschaut. Er bittet sie um Verzeihung ... und da geschieht es! Die Blume steht da, und der Mönch tanzt, und jemand fragt ihn: »Was machst du da?«, und er sagt: »Ich habe etwas sehr Ungewöhnliches in einer ganz gewöhnlichen Blume gesehen. Die Blume hat immer auf mich gewartet, aber ich habe sie nie angeschaut — aber heute sind wir uns begegnet.«

Die Blume ist jetzt nicht mehr gewöhnlich. Der Mönch hat sie durch und durch erkannt, und die Blume den Mönch ebenfalls. Eine gewöhnliche Sache, wie ein Kieselstein, kann zum Ursprung für ein Satori werden. Für ein Kind ist ein Kieselstein der Auslöser, uns ist er zu vertraut dazu. Alles Ungewöhnliche, alles Seltene, alles, was dir zum erstenmal unter die Augen kommt, kann zum Ursprung für ein Satori werden; wenn du offen bist — wenn du da bist, wenn du anwesend bist —, dann kann es geschehen.

Fast jeder hat schon ein Satori erlebt. Man nennt es vielleicht nicht so, es ist dir vielleicht nicht klar, daß es ein Satori ist, aber es geschieht. Und das ist die Ursache aller spirituellen Suche; sonst könnte es so etwas gar nicht geben. Wie kannst du nach etwas suchen, wovon du nicht einmal einen Schimmer hattest? Zuerst muß dir etwas begegnet sein, ein Strahl muß dich getroffen haben ... eine Berührung, ein Hauch von Ahnung ... du mußt etwas erlebt haben, was dich nicht mehr losläßt.

Spirituelle Suche ist nur möglich, wenn etwas mit dir geschehen ist, ohne daß du es weißt.

Es kann in der Liebe geschehen, durch Musik — oder ein Naturerlebnis, oder in einem Augenblick tiefer Freundschaft; wann immer es zur Vereinigung kommt, kann Satori geschehen.

Du hast also etwas erlebt, das dich glückselig gemacht hat, und jetzt nur noch eine Erinnerung ist. Es braucht nicht einmal eine bewußte Erinnerung zu sein; es kann wie ein Samenkorn sein, das tief in dir ruht, und deshalb gehst du jetzt auf die Suche; du suchst und suchst, obwohl du überhaupt nicht weißt, nach was. Nach was suchst du? Du weißt es nicht. Und doch, irgendwo in dir, tief verborgen, schlummert eine Erfahrung, ein Augenblick von Glückseligkeit, der sich tief in deine Seele eingeprägt hat. Daraus ist ein Keim geworden, und jetzt bahnt sich dieser Keim einen Weg, und du bist auf der Suche nach etwas, was du nicht benennen, nicht erklären kannst.

Was suchst du? Wenn ein Mensch auf seiner Suche nach dem Spirituellen ehrlich und aufrichtig ist, dann kann er nicht sagen: »Ich suche Gott«, weil er gar nicht weiß, ob es Gott überhaupt gibt. Und das Wort ›Gott‹ ist vollkommen bedeutungslos, solange du die Wahrheit nicht erfahren hast. Deshalb kannst du Gott oder *moksha* (Befreiung) nicht suchen. Das ist unmöglich.

Wer aufrichtig sucht, kommt immer wieder zu sich selbst zurück. Die Suche gilt nicht etwa Äußerem, sondern etwas Innerem. Irgendwie kennst du etwas, worauf dir ein kurzer Blick vergönnt war; daraus wurde ein Keim, ein Drang; es treibt dich, lockt dich ins Unbekannte.

Spirituelle Suche ist ein innerer Impuls, ein Anstoß von innen. Und wenn diese Suche ein äußeres Ziel hat, dann ist sie unaufrichtig und unecht. Dann ist sie nichts als die Suche nach einer neuen Art von Belohnung, du jagst erneut deinen Wünschen nach. Spirituelle Suche bedeutet immer, daß du aus deinen inneren Tiefen einen Ruf vernimmst, es drängt dich dazu, etwas wiederzufinden, das du nur kurz hast aufblitzen sehen. Du hast ihm keinen Namen gegeben, du weißt nicht, was du da erlebt hast. Es kann eine Kindheitserinnerung an ein Satori sein, das tief in deinem Unbewußten ist. Es kann ein Moment der Glückseligkeit im Mutterleib gewesen sein, selig, ohne jede Sorge, ohne jede Spannung. Was dich antreibt, mag eine tiefe, unbewußte Empfindung sein, etwas, das du überhaupt nicht bewußt erlebt hast.

Die Psychologen sind sich darin einig, daß aller Anstoß zu religiöser Suche aus der Glückserfahrung im Mutterleib stammt. Dort herrscht ein so tiefes Glück, es ist so dunkel, es gibt nicht einen Hauch von Spannung. Dunkelheit bedeutet vollkommene Entspannung; mit dem ersten Lichtschimmer kommt Spannung auf.

Es gibt keine Sorge, es gibt nichts zu tun. Du brauchst nicht einmal zu atmen, weil deine Mutter es für dich tut. Du lebst genauso wie im Zustand der totalen Befreiung, *Moksha*. Alles *ist* einfach ... und einfach nur zu sein ist Glückseligkeit. Man muß nichts tun, um diesen Zustand zu erreichen, er ist bereits vorgegeben.

Es ist also möglich, daß es einen tiefen unbewußten Keim in dir gibt, eine Erfahrung totaler Entspannung. Es mag ein Glückserlebnis in deiner Kindheit sein, ausgelöst durch Schönheit, ein sogenanntes ›Kindheits-Satori‹. Jede Kindheit ist voller Satoris, aber später haben wir die Empfänglichkeit dafür verloren. Das Paradies ist verloren, und Adam ist daraus vertrieben. Aber die Erinnerung ist noch da, eine Erinnerung, die dir nicht bewußt zu sein braucht, die aber zum Anstoß wird.

Samadhi ist etwas anderes. Samadhi hast du noch nicht erlebt. Aber ein Satori ist das Versprechen, daß etwas Größeres möglich ist. Satori wird zu einem Versprechen, das dich zum Samadhi führt.

FRAGE:

»Was müssen wir tun, um es zu erreichen?«

Du mußt überhaupt nichts tun. Nur eines merk dir: du mußt bewußt sein und darfst keinen Widerstand leisten. Du darfst dich nicht widersetzen. Aber du *wehrst* dich gegen Samadhi. Und deshalb leidest du. Du leistest unbewußt Widerstand. Sobald etwas in *Brahma-Randhra* geschieht, rückst du damit dem Tod deines Egos näher. Es scheint so schmerzvoll, daß ein innerer Widerstand entsteht. Dieser Widerstand kann zwei Formen annehmen: entweder hörst du auf zu meditieren, oder du fragst, was man tun kann, um diesen Zustand hinter sich zu lassen, um darüber hinauszugehen.

Aber tun darf man nichts. Auch diese Frage ist eine Art Widerstand. Laß geschehen, was geschieht; nimm den Zustand einfach bewußt wahr und akzeptiere ihn vollkommen. Gib dich hin, laß die Energie tun, was immer sie tut und unterstütze sie.

FRAGE:

»Soll ich dieses Geschehen einfach nur unbeteiligt beobachten wie ein Zuschauer?«

Nein, sei nicht nur ein unbeteiligter Beobachter, denn wenn du diesen Vorgang nur beobachtest, schaffst du damit Hindernisse. Sei kein Beobachter. Arbeite vielmehr mit dem Geschehen zusammen, werde eins mit ihm. Unterstütze es einfach. Gib dich ihm ganz hin, sage: »Mach mit mir, was nötig ist«, unterstütze es. Leiste keinen Widerstand, richte auch nicht deine Aufmerksamkeit darauf, weil selbst deine Aufmerksamkeit ein Widerstand ist. Bleibe bei dem, was geschieht, und laß die Energie tun, was nötig ist.

Du kannst nicht wissen, was nötig ist, und kannst nicht planen, was getan werden muß; du kannst dich nur hingeben und geschehen lassen, was nötig ist. Das *Brahma-Randhra* hat seine eigene Weisheit, jedes Zentrum hat seine eigene Weisheit, aber wenn wir unsere Aufmerksamkeit darauf richten, wird eine Störung verursacht. Sobald du irgendeinen Vorgang in deinem Körper bewußt wahrnimmst, erzeugst du eine Störung, weil du Spannung erzeugst. Alle inneren Körperfunktionen arbeiten unbewußt. Wenn du z. B. gegessen hast, ist es besser, überhaupt nicht auf die Verdauung zu achten; laß den Körper tun, was er will, denn wenn du jetzt auf deinen Magen achtest, stört das nur. Der ganze Mechanismus wird aus dem Rhythmus gebracht.

Genauso ist es mit dem *Brahma-Randhra*: durch deine Aufmerksamkeit arbeitest du gegen das Geschehen an. Du stellst dich dem Geschehen wie ein Fremder gegenüber, und dieses Aufeinandertreffen, diese Gegenüberstellung ist eine Störung — das, was geschehen muß, wird unnötigerweise in die Länge gezogen.

Sei also von jetzt an immer bei dem, was geschieht, lebe es, ertrage es und laß die Energie alles tun, was sie tun will.

Dieses Sich-Hingeben ist *Akarma* (Nicht-Tun). Und es ist tatsächliches Akarma; wenn du deine Aufmerksamkeit darauf richtest, ist es Karma (Tun), Aufmerksamkeit ist Aktivität. Sei also einfach bei dem, was geschieht. Das bedeutet nicht, daß du dann nicht bewußt bist. Während du das Geschehen mitlebst, ist deine Aufmerksamkeit breit gestreut, nicht gerichtet; du weißt die ganze Zeit, daß etwas geschieht, aber du gehst jetzt ganz im Geschehen auf, versuchst nicht, ihm als Betrachter gegenüberzustehen.

FRAGE:

»Kann Meditation zu Samadhi führen?«

Am Anfang ist Anstrengung nötig. Wenn du die Grenzen deines Geistes einmal überschritten hast, wird alles leicht. Und wenn du dich immer noch anstrengen mußt, bedeutet das nur, daß du noch in der Enge deines Geistes steckst. Ein Glück, um das man sich mühen muß, ist noch eine Konstruktion. Glück jedoch, das überhaupt keine Mühe braucht, ist zu etwas Natürlichem geworden, es gehört zu deinem innersten Wesen. Es ist dann wie Atmen. Es bedarf keiner Mühe — nicht nur keiner Mühe, auch keiner Wachsamkeit. Es hält an. Du hast es nicht von außen bekommen, sondern du *bist* es. Dann wird es zu Samadhi. *Dhyan* (Meditation) ist Anstrengung; Samadhi ist Mühelosigkeit. Meditation ist Mühe, Ekstase ist Mühelosigkeit. Du brauchst nichts dafür zu tun. Deshalb sage ich, daß du nicht ans Ziel gekommen bist, solange du noch Meditation brauchst. Die Methode muß erst überflüssig werden. Wenn du das Ziel erreicht hast, brauchst du keine Hilfsmittel mehr.

16
Sexuelle Energie und das Erwachen der Kundalini

FRAGE:
»Wie kann man sexuelle Begierde überwinden, damit Kundalini aufwärts fließen kann?«

Deine Energie ist viele Leben lang durch das Sex-Zentrum nach unten geflossen, und daher will jedes bißchen Energie, das erzeugt wird, zuerst nach unten fließen. Deshalb kann Meditation zeitweise mehr Sexualität in dir wachrufen, als du jemals zuvor verspürt hast. Du wirst sexueller, weil du mehr Energie hast als zuvor. Wenn sich Energie angesammelt hat, neigt sie dazu, sich durch den alten Kanal, den alten Ausgang zu entladen; daran bist du gewöhnt. Der Mechanismus steht bereit. Du kennst nur einen Weg — den nach unten, den sexuellen Kanal; wenn du also meditierst, fließt deine Lebensenergie erst einmal nach unten. Nimm das einfach nur zur Kenntnis.

Kämpfe nicht dagegen an, nimm es nur wahr. Sei bewußt, daß die Energie sich in eingefahrenen Gleisen bewegt, daß sexuelle Bilder in dir aufsteigen. Laß sie kommen; nimm sie zur Kenntnis, versuche nicht, etwas daran zu ändern. Beobachte es teilnahmslos, nimm alles einfach nur bewußt wahr. Der sexuelle Kanal kann ohne deine Mitarbeit nicht wirksam werden, aber wenn du auch nur einen einzigen Moment kooperierst, kann er in Funktion treten. Spiele ihm also nicht in die Hand, sondern nimm einfach nur zur Kenntnis, was geschieht.

Der Sexmechanismus tritt nur in bestimmten Momenten in Kraft; er kann nur für Augenblicke in Erscheinung treten; deine Mitarbeit im richtigen Augenblick ist Voraussetzung, sonst kann nichts geschehen. Er ist eine so kurzlebige Angelegenheit, daß er von selbst zu funktionieren aufhört, wenn du nicht kooperierst. Ständig wird durch Meditation Energie in dir erzeugt. Sie läuft weiterhin nach unten, aber jetzt bist du dir dessen bewußt. Der alte Kanal ist abgeschnitten — er wird aber *nicht unterdrückt!*

Energie ist da, und sie will sich entladen, aber die niedere Tür ist geschlossen. Nicht unterdrückt: geschlossen. Du hast nicht mitgemacht, das ist alles. Du hast nichts aktiv unterdrückt, sondern nur passiv deine Mitarbeit eingestellt.

Du warst dir nur dessen bewußt, was in deinem Kopf und in deinem Körper geschah. Du bist einfach nur bewußt. Damit ist die Energie bewahrt; sie nimmt zu, wird intensiver und muß sich mangels anderer Ventile nach oben wenden. So steigt die Energie aufwärts und stößt durch eigene Kraft in einen neuen Kanal vor.

Wenn deine Energie nach oben steigt, wirst du sexuell für andere attraktiver, weil Lebensenergie, die nach oben steigt, große magnetische Wirkung hat. Deine sexuelle Anziehungskraft wird größer, und dessen mußt du dir bewußt sein. Du ziehst andere an, ohne es zu wollen: und es ist nicht nur eine physische, sondern eine ätherische Anziehung.

Selbst ein abstoßender, unansehnlicher Körper wird durch Yoga attraktiv. Die Anziehung ist ätherisch. Und sie ist so magnetisch, daß man ständig ein Auge darauf haben muß, ständige Wachsamkeit braucht. Du wirst ein Magnet ... das andere Geschlecht wird unwiderstehlich von dir angezogen. Es entstehen feine Vibrationen in deinem ätherischen Körper: paß auf sie auf. Die Art der Anziehung, die das andere Geschlecht spürt, wird unterschiedlich sein — sie wird viele verschiedene Formen annehmen —, aber im Grunde wird sie sexuell sein.

Du kannst diesen Menschen jedoch helfen. Selbst wenn sie sexuell von dir angezogen sind, reagieren sie auf eine sexuelle Energie, die nach oben steigt; und damit sind sie auch keine gewöhnlichen sexuellen Wesen mehr. Es ist aufsteigende sexuelle Energie, die sie magnetisch anzieht. Deshalb kannst du ihnen helfen; wenn du dich nicht verstricken läßt, dann kannst du ihnen helfen.

FRAGE:

»Nimmt die Sexualkraft zu, wenn die Kundalini *erwacht, wenn sich der Kanal öffnet?«*

Das Anwachsen der Sexualkraft und die Öffnung des *Kundalini*-Kanals geschehen gleichzeitig ... es ist nicht dasselbe, aber es geschieht simultan. Der Überschuß an Sexualkraft bringt die Durchschlagskraft, die die höheren Zentren öffnet. Die Sexualkraft nimmt zu; wenn du das nur zur Kenntnis nimmst und nicht sexuell benützt — wenn du ihr keine sexuelle Entladung erlaubst —, staut sie sich an und wird so kraftvoll, daß die Bewegung nach oben einsetzt.

Zuerst wird die Energie alles versuchen, um sexuell zur Entladung zu kommen, weil das ihr gewöhnlicher Ausgang, ihr gewöhnliches Zentrum ist. Daher muß man sich zuerst der unteren Ausgänge bewußt werden. Nur Bewußtsein kann sie schließen. Sex ist nicht so mächtig, wie wir glauben. Sex hat nur wenige Augenblicke lang Kraft: nicht 24 Stunden am Tag; er ist eine momentane Herausforderung.

Wenn du die sexuelle Erregung nicht unterstützt, sondern nur beobachtest, verschwindet sie. Und du fühlst dich dann glücklicher, als wenn die sexuelle Energie nach unten abfließt. Bewahrung von Energie macht immer glücklich. Verschwendung von Energie ist nur eine Erleichterung; sie macht nicht glücklich. Du hast dich abreagiert, und dann bist du leer: du bist die Energie los, du bist erschöpft. Aber wenn du die Energie bewahrst, kommt es zu einem Durchbruch nach oben. Du fühlst dich bereichert. Du fühlst inneres Wachstum, inneren Reichtum. Du fühlst, daß es etwas in dir gibt, daß du nicht leer bist.

Das Gefühl der Leere, das die Menschen im Westen beherrscht, kommt aus sexueller Vergeudung von Energie. Das Leben erscheint so leer, weil ihr euch einfach nur erleichtert habt, etwas aus euch herausgeworfen habt. Wenn etwas bewahrt wird, wird es zu Reichtum: wenn dein Energiekanal nach oben hin geöffnet wird und die Energie aufsteigt, fühlst du dich nicht nur erleichtert, vom Druck befreit — sondern du bist auch nicht leer. Du bist erfüllt, du strömst über.

Die Energie ist nach oben gestiegen, aber das untere Zentrum ist deshalb nicht leer. Es fließt über, und die überfließende Energie steigt nach oben zum *Brahma-Randhra*. Im *Brahma-Randhra* gibt es dann weder eine Bewegung nach oben noch eine Bewegung nach unten. Die Energie geht ins Kosmische: sie geht ins All, geht in das *Brahman*, in die höchste Wirklichkeit, ein. Deshalb wird das siebte Chakra *Brahma-Randhra* genannt — »das Tor zum *Brahman*«, zum Göttlichen. Da gibt es kein »Hinauf« und kein »Hinunter« mehr. Es fühlt sich an, als ob dich etwas durchdringt, nach oben drängt ...

und dann kommt ein Moment, in dem du es nicht mehr fühlen kannst; es ist verschwunden. Jetzt strömt die Energie über ins Kosmische.

Die ›Blütenblätter‹ des *Sahasrar* sind nur ein Symbol für die Gefühle, die auftreten, wenn die Energie überfließt. Das Überfließen ist wie ein Aufblühen, genau wie eine Blume selbst ein Überströmen ist. Du hast das Gefühl, daß etwas in dir zu einer Blume geworden ist. Das Tor geht auf, und die Energie fließt nach außen.

Man fühlt es nicht innerlich, sondern als Bewegung nach außen. Es ist etwas aufgegangen wie eine Blume, wie eine Blume mit tausend Blütenblättern. Es ist nur ein Gefühl, aber dieses Gefühl ist nicht zufällig, es deutet auf die Wahrheit hin. Das Gefühl ist eine Übersetzung, eine Auslegung. Der Intellekt kann es nicht fassen, du kannst nur fühlen, daß etwas aufblüht. Es läßt sich am ehesten mit dem Sich-Öffnen einer Knospe vergleichen. Genauso fühlt es sich an. Deshalb hat man das Aufblühen des *Sahasrar* mit einem ›1000-blättrigen Lotus‹ verglichen.

So viele Blütenblätter, unzählig viele! Und es kommen immer neue ... es hört nicht auf. Es öffnet und öffnet sich ohne Ende. Das ist die Erfüllung; das ist das Aufblühen des menschlichen Wesens. Dann wirst du wie ein Baum: alles, was in dir war, ist zur Blüte gelangt.

Dir bleibt dann nichts zu tun, als diese Blume dem Göttlichen darzubringen. Wir haben Gott schon viele Blumen geopfert, aber es waren gebrochene Blumen. Nur diese Blume kann eine wirkliche Opfergabe sein.

17
Die Erscheinungsformen des Prana in den sieben Körpern

FRAGE:

»Was ist Prana und wie kommt es in den sieben Körpern zum Ausdruck?«

Prana ist Energie — unsere Lebensenergie, das Leben in uns. Dieses Leben manifestiert sich im physischen Körper als Einatmen und Ausatmen. Das sind zwei entgegengesetzte Bewegungen. Wir nehmen sie als eine — wir sagen ›Atmen‹ —, aber Atmen hat zwei Pole: den einströmenden und den ausströmenden Atem. Jede Energie ist polarisiert, ohne Pole kann sie nicht existieren. Das Wechselspiel von Spannung und Harmonie zwischen den Polen erzeugt Energie.

Ein- und Ausatmen stehen im Gegensatz zueinander; das Einatmen gleicht einer Geburt und das Ausatmen einem Tod. In einem einzigen Augenblick geschieht beides: wenn du einatmest, wirst du geboren, wenn du ausatmest, stirbst du. Leben und Tod in einem Atemzug. Diese Polarität ist die Lebensenergie, die auf- und absteigt.

Im physischen Körper nimmt die Lebensenergie diese Form an; sie wird geboren und stirbt nach siebzig Jahren. Auch dies ist nur eine größere Erscheinungsform ein und desselben Phänomens. Einatmen und Ausatmen ... Tag und Nacht.

In allen sieben Körpern (dem physischen, ätherischen, astralen, mentalen, spirituellen, kosmischen und nirvanischen) finden entsprechende Bewegungen statt. Im mentalen Körper sind es die Gedanken, die ein- und ausströmen; sie sind der Atem des mentalen Körpers. Jeden Moment kommt dir ein Gedanke in den Sinn und ein anderer Gedanke geht dir aus dem Sinn. Gedanken an sich sind Energie. Im mentalen Körper tritt die Energie als das Kommen und

Gehen von Gedanken in Erscheinung, im physischen Körper als Ein- und Ausatmen. Deshalb kannst du dein Denken durch Atmen beeinflussen. Es besteht eine direkte Verbindung zwischen beidem.

Wenn du das Atmen anhältst, keinen Atem hereinläßt, schließt du auch die Tür, durch die die Gedanken kommen. Unterbrich den Atem im physischen Körper, und du unterbrichst die Gedanken im mentalen Körper. Dein physischer Körper fängt an, unter Atemnot zu leiden; genauso unerträglich ist es für deinen mentalen Körper. Der physische Körper verlangt danach, einzuatmen; und der mentale Körper will Gedanken in sich hineinnehmen.

Der Atem, den du einatmest, kommt aus dem Ozean der Luft, der dich umgibt; und genauso gibt es um uns herum einen Ozean von Gedanken, Gedanken strömen ein und aus. Dein Atem kann jeden Moment zu meinem Atem werden, und dein Gedanke kann zu meinem Gedanken werden. Jedesmal, wenn du ausatmest, läßt du auch Gedanken hinaus. Mit Gedanken ist es genauso wie mit Luft. Du kannst sie verunreinigen. Genau wie Luft unrein sein kann, so können Gedanken unrein sein.

Der Atem selbst ist nicht Prana. ›Prana‹ bedeutet die Lebensenergie, die in dieser Polarität des Ein- und Ausströmens in Erscheinung tritt. Prana ist *die Energie*, die das Atmen in Gang hält, aber nicht der Atem selbst; die Energie, die den Atem einsaugt, anhält und wieder ausstößt, ist Prana.

Prana ist die Energie, die Gedanken anzieht und wieder abstößt. Diesen Prozeß gibt es in allen sieben Körpern. Ich spreche jetzt nur vom physischen und mentalen Körper, weil wir diese zwei kennen; wir können sie leicht verstehen. Aber in jeder Schicht deines Wesens spielt sich derselbe Prozeß ab.

Dein zweiter Körper, der ätherische, hat sein eigenes Ein- und Ausströmen. Du kannst diesen Prozeß in jedem der sieben Körper vorfinden, aber du wirst ihn immer in Analogie zum Ein- und Ausatmen empfinden, weil du nur mit deinem physischen Körper und seinem Prana vertraut bist.

Sobald du etwas von einem höheren Körper und seinem Prana wahrnimmst, hältst du es erst einmal für Ein- und Ausatmen, weil du nur diese Erscheinungsform des Prana, die Vital-Energie, kennst. Aber auf der ätherischen Ebene gibt es weder Atem noch Gedanken, sondern Einfluß — einfach nur Einfluß —, der ein- und ausströmt.

Du begegnest jemandem zum erstenmal. Dieser Mensch hat

nicht einmal mit dir gesprochen, aber »etwas« von ihm dringt in dich ein. Du nimmst es in dich auf oder stößt es aus. Diesen subtilen Einfluß kannst du Liebe und Haß nennen — das Anziehende und das Abstoßende.

Fühlst du dich abgestoßen oder angezogen, kommt das von deinem zweiten Körper. Und dieser Prozeß läuft ununterbrochen ab, jeden Moment, und kommt nie zur Ruhe. Du nimmst immer Einflüsse auf und stößt sie wieder ab. Den anderen Pol gibt es immer. Wenn du jemand geliebt hast, dann wirst du in einem bestimmten Moment auch von ihm abgestoßen. Wenn du jemand liebst, atmest du ein. Wenn du ausatmest, wirst du abgestoßen. Deshalb folgt auf jeden Augenblick der Liebe ein Moment der Ablehnung.

Die Lebensenergie fließt zwischen zwei Polen. Mit einem einzigen Pol kann sie nicht bestehen. Und immer, wenn du sie an einem Pol festhalten willst, versuchst du das Unmögliche.

Du kannst niemand lieben, ohne ihn nicht irgendwann zu hassen. Haß kommt zwangsläufig auf, weil die Lebenskraft nicht an einem einzigen Pol bleiben kann. Sie schwingt von einem Pol zum anderen, deshalb muß ein Freund auch ein Feind sein ... und das geht immer so weiter. Dieses Kommen und Gehen gibt es in allen Körpern, bis zum siebten. Kein Körper kann ohne diesen Prozeß existieren — ohne dieses Ein- und Ausströmen. Es ist nicht möglich. Genausowenig, wie der physische Körper ohne Ein- und Ausatmen auskommt.

Beim physischen Körper nehmen wir diese zwei Seiten nie als Widerspruch, deshalb stört uns nichts daran. Das Leben macht keinen Unterschied zwischen dem Ein- und dem Ausatmen. Es gibt keine moralische Unterscheidung. Man braucht nicht das eine dem anderen vorzuziehen; es ist dasselbe. Es ist etwas Natürliches.

Aber im zweiten Körper haben wir uns auf Liebe festgelegt: Haß darf es nicht geben. Damit hast du eine Entscheidung getroffen. Du hast gewählt und das stört den natürlichen Pulsschlag der Sache. Deshalb ist der erste Körper gewöhnlich gesünder als der zweite, der ätherische Körper. Der ätherische Körper ist immer in Aufruhr, weil Wahl und Moral eine Hölle aus ihm gemacht haben.

Wenn du liebst, fühlst du dich wohl, aber wenn Haß aufkommt, fühlst du dich krank. Aber er muß aufkommen ... deshalb ist ein verständiger Liebhaber nicht enttäuscht oder entsetzt, wenn Haß hochkommt. Ein Mensch, der die Polaritäten kennt, bleibt ruhig, bleibt im Gleichgewicht. Er weiß, daß es so kommen muß; deshalb versucht er weder, zu lieben, wenn er keine Liebe spürt, noch klammert er sich an seinen Haß. Die Dinge kommen und gehen: er fühlt sich weder vom Einströmen angezogen, noch vom Ausströmen abgestoßen. Er ist nur ein Zuschauer; er sagt sich: »Es ist genau wie ein- und ausströmender Atem.«

Die buddhistische Meditationsform des Anapana-Sati-Yoga befaßt sich hiermit. Sie schreibt vor, einfach nur den Atem zu beobachten, einfach nur ein Zuschauer zu sein. Und fange beim physischen Körper an. Über die anderen sechs Körper wird im Anapana-Sati nicht gesprochen, weil sie nach und nach von selber in Erscheinung treten.

Je mehr du mit dieser Polarität vertraut wirst — gleichzeitig geboren zu werden und zu sterben —, desto mehr wirst du auf den zweiten Körper aufmerksam. Wenn Haß kommt, sei indifferent, übe dich in ›Upeksha‹, wie Buddha sagt. Ob Haß oder Liebe, sei indifferent. Hänge dich an keines von beiden, denn was würde sonst aus dem anderen Pol?! Dann verlierst du das Gleichgewicht, wirst krank; du bist in innerem Aufruhr.

Buddha sagt: »Wenn die Geliebte kommt, frohlockst du; wenn sie geht, weinst du. Mit einem widerlichen Menschen zusammenzutreffen ist Mißgeschick, von ihm wegzugehen ist großes Glück. Wenn du dich jedoch weiterhin in diese Extreme spaltest, bleibst du in der Verdammnis, dann lebst du bereits jetzt in der Hölle.«

Wenn du einfach nur zuschaust und dir sagst: »Das ist ein natürliches Wechselspiel. Das ist eben der natürliche Pendelschlag der Energie in diesem Körper. Das ist es, was diesen Körper ausmacht, sonst kann er nicht bestehen«, wenn du dir das bewußt machst, transzendierst du den Körper. Wenn du über die Grenzen des ersten Körpers hinausgehst, wirst du dir des zweiten bewußt, wenn du den zweiten durchschaut, erkannt hast, wirst du dir des dritten bewußt ...

Unbeteiligte Beobachtung ist immer jenseits von Leben und Tod. Ein- und Ausatmen sind zwei Bewegungen, und wenn du ein Beobachter wirst, dann bist du von keiner Bewegung betroffen. Dann ist eine dritte Kraft ins Leben gerufen: jetzt bist du nicht das, was Prana im physischen Körper bewirkt. Jetzt *bist* du Prana selbst, bist der Zuschauer. Jetzt siehst du, daß wegen dieser Polarität auf der physischen Ebene Leben in Erscheinung tritt; wenn sich diese Polarität auflösen würde, gäbe es den physischen Körper nicht, er könnte nicht bestehen. Er braucht Spannung, um zu bestehen —

diese ständige Spannung von Kommen und Gehen, diese ständige Spannung von Geburt und Tod. Das ist die Voraussetzung für seine Existenz. Seine Lebenskraft bewegt sich jeden Moment zwischen den beiden Polen. Sonst gäbe es den Körper nicht.

Im zweiten Körper sind ›Liebe und Haß‹ die grundlegende Polarität. Sie manifestiert sich in unendlicher Vielfalt. Die grundlegende Polarität ist dieses ›Mögen und Nicht-Mögen‹, und jeden Moment wird dein Mögen zu Nicht-Mögen und dein Nicht-Mögen zu Mögen. Jeden Moment! Aber du merkst es nie. Wenn deine Vorliebe zu Abneigung wird, und du die Abneigung unterdrückst und dir vormachst, dieselben Dinge noch zu mögen, dann hältst du dich zweifach zum Narren. Und umgekehrt: wenn du eine Sache verabscheust, gestattest du dir nie, die Momente wahrzuhaben, in denen dieselbe Sache dich anzieht. Wir unterdrücken unsere Liebe für unsere Feinde und den Haß auf unsere Freunde. Wir unterdrücken! Wir lassen wieder nur eine Bewegung, nur einen Pol zu, vertrauen darauf, daß das Pendel wieder zurückschwingt. Irgendwann schwingt es zurück, und wir sind beruhigt. Aber es wird immer ein Pol ausgespart; es ist nie eine fließende Bewegung zwischen den beiden Polen, weil wir den vollständigen Atemzug nicht zulassen.

Die Vitalkraft erscheint im zweiten Körper als Vorliebe und Abscheu. Aber es ist genau wie Atem: es gibt keinen Unterschied. Einfluß ist hier das Medium; Luft ist das Medium im physischen Körper. Der zweite Körper lebt in einer Atmosphäre von Einflüssen. Damit ist nicht nur der direkte Kontakt mit anderen gemeint: jemand kommt, und du magst ihn oder nicht; selbst, wenn niemand da ist und du dich allein im Zimmer befindest, geht das Mögen/Nicht-Mögen, das Lieben und Hassen weiter. Ob jemand da ist oder nicht: das Mögen/Nicht-Mögen geht in ununterbrochenem Wechsel weiter.

Der ätherische Körper existiert durch diese Polarität. Sie ist sein Atem. Wenn du zum Beobachter des gesamten Prozesses wirst, dann kannst du nur lachen. Dann gibt es weder Freund noch Feind. Dann weißt du, daß es eine ganz natürliche Erscheinung ist.

Wenn du ein Beobachter des zweiten Körpers geworden bist — wenn dir das Spiel von Mögen und Nicht-Mögen bewußt wird — dann lernst du den dritten Körper kennen. Der dritte ist der Astralkörper. Was ›Einflüsse‹ im ätherischen Körper sind, sind ›magnetische Kräfte‹ im Astralleib — Magnetismus ist sein Atem. Einen

Moment lang sprühst du vor Kraft, im nächsten Augenblick bist du schwach; einen Moment lang bist du ohne einen Funken von Hoffnung, ohne Zuversicht, im nächsten schaut alles rosig aus und du bist zuversichtlich. Magnetismus kommt und geht. Es gibt Momente, in denen du dich stark genug fühlst, selbst Gott herauszufordern, und Momente, in denen du dich vor einem Schatten fürchtest.

Wenn dich die magnetische Kraft erfüllt, bist du groß; wenn sie fort ist, bist du ein Nichts. Und das geht hin und her, wie Tag und Nacht. Das Rad dreht sich. Daher hatte selbst ein Mensch wie Napoleon seine impotenten Momente, und selbst ein Angsthase und Feigling kann manchmal mutig sein.

Im Judo gibt es eine Methode, herauszufinden, wann den Gegner die Kraft verläßt. Das ist der Moment, ihn anzugreifen. Wenn der andere voller Kraft ist, hast du keine Chance, zu gewinnen: deshalb mußt du den Moment erkennen, wenn ihn seine magnetische Kraft verläßt: dann greifst du an. Und du mußt ihn zum Angriff reizen, wenn deine magnetische Kraft hereinströmt.

Dieses Herein- und Hinausströmen der magnetischen Kraft hängt mit deinem Atem zusammen. Deshalb hältst du deinen Atem an, wenn du etwas Schwieriges tust. Um zum Beispiel einen schweren Stein hochzuheben, mußt du einatmen oder den Atem anhalten. Nur dann gelingt es dir! Dein Atem hängt mit dem ›Atem‹ des dritten Körpers zusammen. Deshalb verliert der Gegner seine magnetische Kraft, sobald er ausatmet; es sei denn, er hat Tricks gelernt, dich zu täuschen. Das ist der Moment, anzugreifen! Das ist das Geheimnis des Judo. Du kannst sogar einen stärkeren Gegner besiegen, wenn du erkennst, wann er furchtsam und kraftlos ist.

Der dritte Körper lebt in einer magnetischen Sphäre — sie ist ein Medium, genau wie Luft. Es gibt überall um uns herum magnetische Kräfte: du atmest sie ein und aus. Wenn du aber das Kommen und Gehen dieser Kräfte bewußt wahrnimmst, dann bist du weder stark noch schwach. Dann läßt du beides hinter dir.

Dann gibt es den vierten Körper, den mentalen Körper: Gedanken stömen hier ein und aus. Dieses Ein und Aus hat auch Parallelen. Nur die Gedanken, die zu dir kommen, während du einatmest, bringen etwas Neues. Die Momente, in denen du ausatmest, sind die Momente von Unfähigkeit; kein lebendiger Gedanke kann in diesen Momenten einströmen. In den Momenten, in denen du eine Idee hast, einen originellen Gedanken, wird das

Atmen sogar aussetzen. Atmen und Denken sind korrespondierende Vorgänge.

Aus dem Gedanken, der ausströmt, wird nichts geboren. Er ist einfach tot. Wenn dir aber bewußt wird, wie die Gedanken kommen und gehen, dann kannst du den fünften Körper erkennen.

Bis zum vierten Körper sind die Dinge leicht verständlich, weil wir einige Erfahrungen haben, auf denen unser Verständnis aufbauen kann. Nach dem vierten werden die Dinge sehr seltsam ... trotzdem, es gibt ein paar Anhaltspunkte. Und wenn du den vierten Körper hinter dir läßt, wird dir klarer, um was es sich handelt.

Im fünften Körper — wie soll man es sagen? Die Atmosphäre des fünften Körpers ist *Leben* — so, wie Gedanken, magnetische Kraft und Einflüsse von Liebe und Haß die elementaren Sphären für die niedrigeren Körper sind.

Für den fünften Körper ist das Leben selbst die Atmosphäre. Deshalb ist im fünften das Hereinströmen ein Moment des Lebens und das Hinausströmen ein Moment des Todes. Im fünften wird dir bewußt, daß Leben nicht *in dir* ist. Es durchströmt dich wie Ebbe und Flut. Du bist nicht Leben an sich. Es strömt einfach herein und hinaus, genau wie der Atem.

Am fünften Körper liegt es, daß Atem und Prana gleichbedeutend werden. Im fünften Körper wird das Wort ›Prana‹ erst bedeutungsvoll. Es ist Leben, was da kommt und geht. Deshalb sitzt uns ständig die Angst vor dem Tod im Nacken. Du weißt immer, daß der Tod nicht fern ist, schon an der nächsten Ecke wartet. Dieses Gefühl, daß der Tod immer auf dich wartet — dieses Gefühl der Unsicherheit, des Todes, der Dunkelheit —, hängt mit dem fünften Körper zusammen. Es ist ein sehr dunkles Gefühl, sehr unbestimmt, weil du dir dessen nicht voll bewußt bist.

Wenn du zum fünften Körper kommst und ihn bewußt beobachtest, dann erkennst du, daß Leben und Tod nur die Atemzüge des fünften Körpers sind. Und wenn dir das bewußt wird, dann erkennst du, daß du nicht sterben kannst, weil Leben und Tod keine Phänomene sind, die wesentlich mit dir zu tun haben. Beides kommt von außen zu dir. Du hast niemals gelebt, bist niemals gestorben. Du stehst gänzlich über dieser Polarität. Aber dieses Gefühl der Transzendenz kann nur kommen, wenn dir die Lebens- und Todeskräfte im fünften Körper bewußt werden.

Freud hatte eine vage Idee davon. Er kannte sich nicht mit Yoga aus, sonst hätte er es verstanden. Er nannte es den ›Todestrieb‹ und

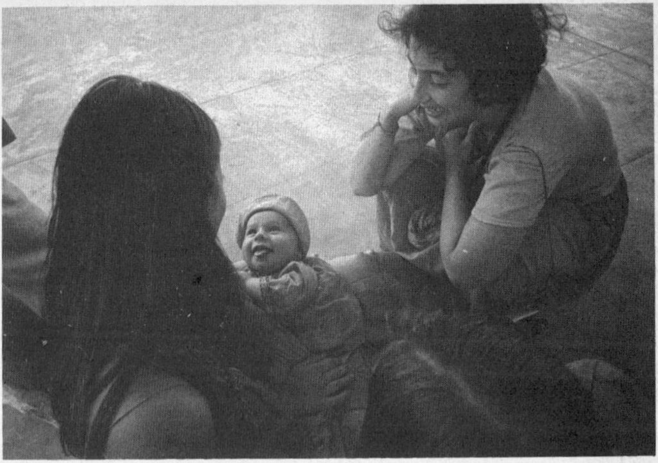

Alltag der Kinder im Shree Rajneesh Ashram

sagte, daß sich jeder Mensch manchmal nach Leben und manchmal nach dem Tod sehnt. Es gibt zwei entgegengesetzte Triebkräfte im Menschen: den Trieb zum Leben und den Trieb zum Tod. Für den westlichen Geist klang das absolut absurd: wie können so gegensätzliche Willenskräfte in einer Person existieren? Aber Freud sagte, daß es aufgrund der Möglichkeit, Selbstmord zu begehen, einen Willen zum Tod geben müsse.

Kein Tier kann Selbstmord begehen, weil es sich des fünften Körpers nicht bewußt ist, gar nicht weiß, daß es lebt. Selbstmord ist nur möglich, wenn du dir deines Lebens bewußt bist. Aber noch etwas ist zum Selbstmord notwendig: daß man kein Bewußtsein vom Tod hat.

Tiere können nicht Selbstmord begehen, weil sie sich ihres Lebens nicht bewußt sind, aber wir *können* es, weil wir zwar eine Vorstellung vom Leben haben, aber nicht vom Tod. Wenn man erkennt, was Tod ist, kann man nicht Selbstmord begehen. Ein Buddha kann nicht Selbstmord begehen, weil es unnötig ist; es ist Unsinn. Er weiß, daß sich niemand wirklich töten kann, man kann es nur vortäuschen. Selbstmord ist nur eine Pose, weil man in Wirklichkeit weder tot noch lebendig ist.

Der Tod liegt auf der fünften Ebene, im fünften Körper. Es ist ein Kommen und Gehen einer bestimmten Energie. Der, in dem sich dieses Kommen und Gehen abspielt, bist du. Wenn du dich mit *Leben* identifizierst und das Leben unerträglich wird, kannst du sagen: »Ich töte mich.« Das ist dann die andere Seite deines fünften Körpers, die sich geltend macht. Es gibt niemand, der nicht schon einmal mit dem Gedanken an Selbstmord gespielt hätte, weil der Tod die andere Seite des Lebens ist. Diese andere Seite kann zu Selbstmord oder Mord werden.

Wenn du zu sehr am Leben hängst, dich so sehr daran festklammerst, daß du die andere Seite, den Tod, völlig verdrängst, kann dich das dazu treiben, einen anderen zu töten. Damit befriedigst du deinen eigenen Wunsch zu sterben — deinen Todeswillen. Durch diesen Trick stellst du ihn zufrieden und denkst, daß du jetzt nicht sterben mußt, weil ein anderer gestorben ist.

Alle großen Mörder, Hitler, Mussolini, hatten ungeheuere Angst vor dem Tod. Mörder haben immer Angst vor dem Tod, deshalb projizieren sie diesen Tod auf andere. Ein Mörder glaubt, Macht über den Tod zu haben. Er kann andere töten. Er glaubt, daß er den Tod auf magische Weise, mit einer ›magischen Formel‹, überwindet; er glaubt, wenn er den Tod auf andere ablenken kann, braucht er selbst nicht zu sterben. Das ist eine Projektion des Todes. Aber sie kann auf ihn zurückfallen. Wenn er so viele Menschen umbringt, daß er am Ende Selbstmord begeht, ist es die Projektion, die auf ihn zurückfällt.

Im Bewußtsein des fünften Körpers — mit dem Kommen und Gehen von Leben und Tod — kann man keinem von beiden verhaftet sein. Haftest du an einem, wehrst du dich, beide Pole des Ganzen zu akzeptieren, und wirst krank.

Bis zum vierten Körper vorzudringen war nicht so schwierig, aber dem Tod ins Gesicht zu sehen und ihn als Kehrseite des Lebens zu akzeptieren, ist die größte Hürde. Leben und Tod als parallele Vorgänge zu sehen — als die zwei Seiten einer Medaille —, ist der schwerste Schritt. Im fünften Körper jedoch ist das die Polarität. Das ist die pranische Existenz im fünften Körper.

Im sechsten Körper werden die Dinge sogar noch schwieriger, weil der sechste nichts mehr mit Leben zu tun hat. Für den sechsten Körper — was soll man sagen? Nach dem fünften fällt das ›Ich‹ ab, das Ego fällt ab. Jetzt gibt es kein Ego mehr; du wirst eins mit dem All. Jetzt beziehst du das, was hereinkommt und hinausgeht, nicht auf dich; denn es gibt kein Ego. Alles wird kosmisch, und deshalb nimmt die Polarität die Form von Schöpfung und Vernichtung an (*srishti* und *pralaya*). Daher sind die Dinge im sechsten kaum vorstellbar: seine Atmosphäre ist die ›kreative und destruktive Kraft‹. In der Hindu-Mythologie nennt man diese Kräfte ›Brahma‹ und ›Shiva‹.

Brahma ist die Gottheit der Schöpfung, Vishnu die Gottheit, die erhält und beschützt, und Shiva ist der Gott des großen Todes — der Vernichtung und Auflösung, wo alles zum Anfang, zum Ursprung zurückkehrt. Der sechste Körper atmet in dieser weiten Sphäre von Schöpfung und Verfall: der Kraft Brahmas und der Kraft Shivas.

Jeden Moment kommt die Schöpfung zu dir und jeden Moment löst sich alles auf. Wenn ein Yogi deshalb sagt: »Ich habe die Schöpfung gesehen und das *pralaya*, das Ende ... ich habe die Welt entstehen und vergehen sehen«, dann spricht er über den sechsten Körper. Es gibt kein Ego: alles, was kommt und geht, bist du. Du wirst eins damit.

Ein Stern wird geboren: es ist *deine* Geburt, die da geschieht. Und der Stern erlischt: *du* erlischst. Daher heißt es in der Hindu-

Mythologie, daß die Schöpfung ein Atemzug Brahmas ist — nur ein Atemzug! Es ist die kosmische Kraft, die atmet. Wenn Brahma einatmet, tritt die Schöpfung ins Dasein: ein Stern wird geboren ... Sterne kommen aus dem Chaos ... alles tritt ins Dasein. Und wenn er ausatmet, hört alles auf, erlischt alles: ein Stern stirbt ... Existenz wird zu Nichtexistenz.

Deshalb sage ich, daß sich der sechste Körper kaum vorstellen läßt. Es gibt kein Ego, kein Zentrum; alles wird kosmisch. Und im sechsten Körper wird die ganze Schöpfung erkannt — es ist ein lebendiges Erleben all dessen, wovon die Religionen der Welt berichten.

Wer über die Schöpfung spricht, spricht über den sechsten Körper und die Erkenntnis, die ihm entspricht. Und wenn man über die große Flut, das Ende, spricht, dreht es sich um den sechsten Körper.

Die Flut, von der die jüdisch-christliche oder die babylonische und syrische Mythologie spricht, oder das *Pralaya* der Hindus, ist ein Ausatmen des sechsten Körpers. Dies ist eine kosmische Erfahrung, keine individuelle. In der kosmischen Erfahrung gibt es dich nicht!

Wer im sechsten Körper ist, wer den sechsten Körper erreicht hat, empfindet alles Sterben als sein eigenes Sterben. Ein Mahavir kann keine Ameise töten, nicht weil er sich zu irgendeinem Prinzip der Gewaltlosigkeit bekennt, sondern weil es sein eigener Tod ist. Alles, was stirbt, ist auch sein Tod.

Wenn du das Wechselspiel von Schöpfung und Vernichtung erkennst, siehst, wie die Dinge jeden Augenblick entstehen und vergehen, dann ist dies das Bewußtsein des sechsten Körpers. Immer, wenn eine Sache aus dem Dasein verschwindet, wird eine andere geboren: eine Sonne stirbt, woanders wird eine andere Sonne geboren ... diese Erde wird sterben; eine andere Erde wird entstehen. Selbst im sechsten Körper klammern wir uns noch an Bestehendes — »Die Menschheit darf nicht sterben!« —, aber alles, was geboren wird, muß vergehen, selbst die Menschheit. Dafür sorgen wir selbst, indem wir Wasserstoffbomben herstellen. Und mit der Herstellung von Nuklearwaffen entsteht der Wunsch, zu einem anderen Planeten auszuwandern, weil die Bombe bedeutet, daß die Erde kurz vor dem Untergang steht. Bevor das geschieht, wird sich irgendwoanders neues Leben entwickeln.

Der sechste Körper ist die Erfahrung kosmischer Zeugung und

Vernichtung: Schöpfung, Zerstörung ... der Atem kommt, der Atem geht. Daher der Begriff ›Brahmas Atem‹. Brahma ist die Gestalt des sechsten Körpers; im sechsten Körper wirst du Brahma. Vielmehr wird dir *beides* bewußt: Brahma und Shiva, die zwei Pole. Und Vishnu ist jenseits der Polarität. Zu dritt bilden sie das *Trimurti*, die drei Gesichter Gottes: Brahma, Vishnu und Mahesh oder Shiva.

Das ist die Dreiheit des Beobachtens. Wenn dir Brahma und Shiva bewußt werden, dann erkennst du das Dritte, Vishnu. Vishnu ist deine Realität im sechsten Körper. Deshalb wurde Vishnu der Bedeutendste dieser drei. Man verehrt Brahma nur in ein paar Tempeln, obwohl er der Gott der Schöpfung ist — und auch das nur, weil es zum religiösen Kodex gehört.

Shiva wird sogar noch mehr als Vishnu verehrt, weil wir den Tod fürchten. Er wird aus Angst vor dem Tod angebetet. Aber kaum jemand verehrt Brahma, den Gott der Schöpfung, weil er dir keinen Schrecken einjagt: du bist ja schon erschaffen. Deshalb bedeutet Brahma dir nichts. Kein einziger großer Tempel ist ihm geweiht. Er ist der Schöpfer, jeder Tempel *sollte* ihm geweiht sein ...

Shiva hat die größte Anhängerschaft. Seine Tempel stehen überall. Ein Stein reicht schon aus, ihn darzustellen, sonst wäre es unmöglich gewesen, so viele Shivasymbole aufzustellen. Das menschliche Gemüt ist ständig in Angst, die Todesangst sitzt uns im Genick; jeder muß seinen Tribut an Shiva entrichten, und alle tun es.

Aber Vishnu ist die wesentlichere Gottheit. Deshalb verkörpern Ram, Krishna und alle *Avatare* (die Verkörperungen des Göttlichen), immer nur Vishnu. Und selbst Brahma und Shiva verehren Vishnu. Brahma mag der Schöpfer sein, aber er erschafft für Vishnu; Shiva mag der Zerstörer sein, aber er zerstört für Vishnu. Das sind die zwei Atemzüge Vishnus: Brahma ist das Einatmen, Shiva das Ausatmen. Und Vishnu ist die Realität des sechsten Körpers.

Der siebente Körper entzieht sich fast jeder Andeutung. Buddha nannte den siebten Körper *Nirvana Kaya* (den Körper der Erleuchtung), weil die absolute Wahrheit im siebenten Körper ist. Der Siebente ist der letzte Körper, daher gibt es nicht einmal Schöpfung und Vernichtung mehr, sondern nur noch Sein und Nicht-Sein. Schöpfung/Zerstörung ziehen an dir vorbei, erreichen dich nicht mehr; du bist nur Sein oder Nicht-Sein.

Der Atemrhythmus des siebenten Körpers ist Sein und Nicht-

Sein, Existenz und Nicht-Existenz. Man darf sich mit keinem von beiden identifizieren. Alle Religionsgründer hatten den siebenten Körper erreicht, und am Ende kann man es sprachlich höchstens noch durch zwei Worte ausdrücken: Sein und Nicht-Sein. Buddha spricht die Sprache des Nicht-Seins, des Ausatmens, deshalb sagt er: »Das Nichts ist die Realität«, im Gegensatz zu Shankara, der die Sprache des Seins gebraucht und vom reinen Sein spricht. Shankara drückt es positiv aus, weil er die Sprache des Einatmens wählt. Aber das sind nur verschiedene sprachliche Möglichkeiten.

Das Überschreiten dieser letzten Polarität findet die Realität, die in keiner Weise mehr ausgedrückt werden kann.

Im siebenten Körper gibt es nur die Wahl zwischen den Begriffen Sein und Nicht-Sein, wenn man überhaupt etwas sagen will — entweder die Sprache der Negation, die Buddha gebraucht, wenn er sagt: »Nichts bleibt übrig«, oder die Sprache Shankaras, der sagt, daß »alles weiterbesteht.« Jenseits davon herrschen Körperlosigkeit und Unsagbarkeit.

Was den Menschen und die Welt angeht, entfaltet sich die Lebensenergie der sieben Körper auf die vielfältigste Art und Weise — überall, wo Leben besteht, gibt es den einströmenden und den ausströmenden Atem. Das ist der Lebensprozeß. Leben kann ohne diese Polarität nicht bestehen.

Prana ist also Energie — kosmische Energie — und unsere erste Bekanntschaft damit findet im physischen Körper statt. Sie tritt zuerst als physischer Atem in Erscheinung, und dann als Atem in Form von Einflüssen, Magnetismus, Gedanken, Leben, Schöpfung, Sein. Es geht immer weiter, und wenn man bewußt beobachtet, läßt man jedesmal die Polarität hinter sich und erreicht einen dritten Punkt. Sobald du diesen dritten Punkt erreichst, transzendierst du diesen Körper und bist im nächsten Körper, vom ersten zum zweiten, usw. ...

Der siebente enthält auch noch eine Polarität, ist noch ein Körper, doch jenseits davon ist ›Körperlosigkeit‹. Erst mit dieser letzten Transzendenz gelangst du zu ursprünglicher Reinheit, bist nicht mehr geteilt, dann gibt es keine Polaritäten mehr. Dann ist alles *adwait* (›nicht zwei‹), alles ist eins.

III. TEIL

Die Techniken

18
Traditionelle Techniken

Anapana-Sati-Yoga

Eine Blume, die niemals die Sonne gesehen hat, und eine Blume, die die Sonne gesehen hat, sind nicht dieselben. Eine Blume, dich noch nie einen Sonnenaufgang gesehen hat, hat niemals die Sonne in sich selbst aufgehen erlebt. Sie ist tot. Sie ist nur eine Möglichkeit, sie kennt ihre eigene Seele nicht. Aber eine Blume, die weiß, was ein Sonnenaufgang ist, hat auch in sich selbst etwas aufgehen sehen. Sie hat ihre eigene Seele kennengelernt. Jetzt ist die Blume nicht mehr nur eine Blume. Sie ist mit einer tiefen, aufwühlenden Innerlichkeit in Berührung gekommen.

Wie können wir dieses Innere in uns selbst erzeugen? Buddha erfand eine Methode, eine der durchschlagendsten Methoden, die innere ›Sonne‹ des Bewußtseins aufgehen zu lassen. Mit dieser Methode kann man das innere Bewußtsein nicht nur erzeugen, sondern sie läßt das Bewußtsein gleichzeitig in jede Körperzelle eindringen, erfüllt das ganze Wesen damit. Die Methode, die Buddha benutzte, ist als Anapana-Sati-Yoga bekannt — das Yoga des bewußten Ein- und Ausatmens.

Wir atmen, aber wir tun es unbewußt. Atem ist Prana, Atem ist *élan vital*, die Vitalität des Lebens an sich, und doch ist er uns nicht bewußt. Du bist dir deines Atems nicht bewußt. Und wenn du das Atmen im Sinn behalten müßtest, um atmen zu können, müßtest du sterben. Früher oder später würdest du es vergessen. Du kannst dich nicht andauernd an etwas erinnern.

Das Atmen ist eine Verbindung zwischen unserem willkürlichen und unwillkürlichen System. Wir können unseren Atem in gewissem Ausmaß kontrollieren, ihn sogar für eine Weile anhalten, aber nicht für lange. Er geht ohne uns weiter, er hängt nicht von uns ab. Selbst wenn du monatelang im Koma bist, atmest du weiter. Es ist ein unbewußter Mechanismus.

Buddha benutzte den Atem als Mittel, um zweierlei gleichzeitig zu erreichen: erstens, um Bewußtsein zu erzeugen, und zweitens, um diesem Bewußtsein zu erlauben, bis in die letzten Zellen des Körpers vorzudringen. Er sagte: »Atme bewußt.« Damit meinte er nicht *Pranayama* (Yoga-Atmen). Es geht nur darum, das Atmen zum Gegenstand bewußter Wahrnehmung zu machen, ohne es zu verändern.

Es ist nicht nötig, den Atem zu verändern. Laß ihn, wie er ist — natürlich. Verändere ihn nicht. Aber wenn du einatmest, atme bewußt. Laß dein Bewußtsein mit dem einströmenden Atem gehen. Und wenn dein Atem ausströmt, dann laß dein Bewußtsein mit ihm fließen.

Gehe mit dem Atem mit. Bleibe mit deiner Aufmerksamkeit beim Atmen. Laß nicht einen einzigen Atemzug außer acht. Buddha soll gesagt haben, daß du erleuchtet bist, wenn du deinen Atem auch nur eine Stunde lang bewußt beobachten kannst. Du darfst dein Bewußtsein jedoch keine einzige Sekunde davon abschweifen lassen.

Eine Stunde ist genug. Das kommt einem als sehr kleine Zeitspanne vor, aber das stimmt nicht. Wenn du versuchst, bewußt zu sein, kann dir eine Stunde wie Millionen von Jahren vorkommen, weil du gewöhnlich nicht länger als 5 bis 6 Sekunden bewußt sein kannst. Und selbst das gelingt nur jemandem, der sehr wach ist. Die meisten von uns bringen es kaum auf eine Sekunde. Du bist vielleicht bewußt, wenn der Atem einströmt, aber kaum ist er hereingeströmt, bist du schon ganz woanders. Plötzlich merkst du, daß der Atem hinausfließt. Er ist schon hinausgeströmt, aber du warst woanders.

Sich des Atems bewußt zu sein bedeutet, daß du keine Gedanken zulassen kannst, weil sie deine Aufmerksamkeit ablenken. Buddha sagte niemals, daß du aufhören sollst, zu denken. Er sagt: »Atme bewußt.« Denken hört dann automatisch auf. Du kannst nicht beides, denken und bewußt atmen. Wenn dir ein Gedanke in den Sinn kommt, ist deine Aufmerksamkeit vom Atmen abgelenkt. Ein einziger Gedanke, und du verlierst das Bewußtsein des Atmens.

Buddha benutzte diese Technik. Sie ist einfach, aber sehr durchschlagend. Er pflegte seinen Bikkhus, seinen Mönchen, zu sagen: »Macht, was immer ihr gerade macht, aber vergeßt diese einfache Sache nicht: erinnert euch an das Ein- und Ausatmen. Seid dabei, fließt mit.«

Je mehr du dich an deinen Atem erinnerst, je mehr Energie du dafür aufbringst, desto bewußter wirst du. Es ist mühselig, es ist schwierig, aber wenn es dir erst einmal gelingt, wirst du ein neuer Mensch — ein neues Wesen in einer neuen Welt.

Das wirkt sich auch noch in anderer Hinsicht aus. Wenn du bewußt ein- und ausatmest, kommst du allmählich in dein Zentrum, weil dein Atem das eigentliche Zentrum deines Wesens berührt. Jedesmal, wenn der Atem einströmt, berührt er die Mitte deines Wesens.

Du glaubst, daß der Atem, physiologisch gesehen, einfach der Blutreinigung dient, daß er einfach eine Körperfunktion darstellt. Wenn dir dein Atem jedoch bewußt wird, wirst du nach und nach die tieferen Zusammenhänge erkennen, nicht nur die physiologischen. Dann fühlst du eines Tages dein Zentrum, nahe dem Nabel.

Dieses Zentrum kann man nur fühlen, wenn man ununterbrochen mit dem Atem mitgeht, weil es, je näher man zum Zentrum kommt, immer schwieriger wird, bewußt zu bleiben. Fang mit dem Einatmen an. Wenn der Atem gerade in die Nase kommt, fängst du an, ihn bewußt wahrzunehmen. Je tiefer er geht, desto schwieriger ist es, bewußt dabei zu bleiben. Ein Gedanke kommt oder ein Geräusch, oder irgend etwas anderes geschieht, und du bist abgelenkt.

Wenn du bis ins Zentrum selbst bewußt mitgehen kannst, hält der Atem für einen kurzen Moment an, und es entsteht ein Intervall. Der Atem fließt ein und aus: dazwischen gibt es eine kaum merkbare Pause. Dieses Intervall, diese Pause ist dein Zentrum.

Erst wenn du lange Zeit Atem-Bewußtsein geübt hast — wenn du schließlich ganz beim Atem bleiben kannst, ihn bewußt verfolgen kannst —, wird dir der Zwischenraum bewußt, in dem es keine Atembewegung gibt. Atem geht weder hinein noch heraus. In dem feinen Abstand zwischen zwei Atemzügen bist du in deiner Mitte. Buddha benutzte Atembewußtsein als Mittel, immer näher zum Zentrum zu gelangen.

Bleibe dir beim Ausatmen bewußt, daß du ausatmest. Wieder kommt eine Pause. Es gibt zwei Pausen: eine, nachdem der Atem eingeströmt ist und bevor er wieder hinausgeht, und eine, nachdem du ausgeatmet und noch nicht wieder eingeatmet hast. Diese zweite Pause bewußt wahrzunehmen, ist schwieriger als die erste.

Dein Zentrum liegt zwischen dem Ein- und Ausatmen. Aber es gibt noch ein anderes Zentrum, das kosmische Zentrum. Du kannst es auch ›Gott‹ nennen. Das kosmische Zentrum liegt im Intervall nach dem Ausatmen. Diese zwei Zentren sind nicht voneinander verschieden. Zuerst wird dir das innere Zentrum und dann das äußere Zentrum bewußt werden. Schließlich erkennst du dann, daß sie beide eins sind. Dann verlieren ›außen‹ und ›innen‹ ihre Bedeutung.

Buddha sagt: »Gehe bewußt mit der Atembewegung mit und es wird sich ein Bewußtseinszentrum in dir bilden.« Ist dieses Zentrum erst einmal da, dann erstreckt sich Bewußtsein bis in die Zellen, weil jede Zelle Sauerstoff braucht, weil jede Zelle sozusagen atmet.

Die Wissenschaft stellt heute fest, daß sogar die Erde atmet. Atmet das Universum ein, dehnt sie sich aus; atmet das Universum aus, zieht sie sich zusammen. In den alten mythologischen Schriften der Hindus (den Puranas) heißt es, daß die Schöpfung ein Einatmen Brahmas ist, und die Zerstörung, das Ende der Welt, wird sein Ausatmen sein. Ein Atemzug ist eine Schöpfung.

Das gleiche geschieht auch in dir, nur in kleinstem Ausmaß. Wenn dein Bewußtsein mit dem Atem eins wird, dann trägt er das Bewußtsein bis in die kleinste Körperzelle. Dann wird dein Körper zum ganzen Universum. Du hast dann überhaupt keinen materiellen Körper mehr. Du bist einfach nur noch Bewußtsein.

21 Tage in Schweigen und Abgeschlossenheit

Wenn man Atembewußtsein einundzwanzig Tage lang in Schweigen und vollkommener Abgeschlossenheit praktizieren kann, ist das ein tiefreichendes Experiment. Dann kommt viel in Bewegung.

In diesen 21 Tagen machst du einmal am Tag die Dynamische Meditation und richtest das Bewußtsein 24 Stunden auf deinen Atem. Lies nicht, schreib nicht, denk nicht, weil alle diese Tätigkeiten zum mentalen Körper gehören. Mit dem ätherischen Körper haben sie nichts zu tun.

Du kannst Spaziergänge machen. Das hilft dir, weil Gehen zum ätherischen Körper gehört. Alle körperlichen Tätigkeiten hängen mit dem *Prana Sharira* (dem ätherischen Körper) zusammen. Zwar werden sie vom physischen Körper verrichtet, aber er tut es für den Ätherkörper. Mach alles, was zum Ätherkörper gehört, und laß alles sein, was zu anderen Körpern gehört. Du kannst dich auch ein- oder zweimal täglich baden. Das berührt auch den Ätherkörper.

Wenn du gehst, dann *gehe* nur. Tu nichts anderes: kümmere dich nur ums Gehen; laß deine Augen halb geschlossen dabei, damit du nur den Weg siehst, und der Weg ist so monoton, daß er dir kein Gedankenfutter liefert. Du mußt dich in einer eintönigen Umgebung aufhalten; in einem Raum, wo du immer nur dieselbe Wand siehst. Es muß so eintönig sein, daß du nicht darüber nachdenken kannst. Denken braucht Anreiz, Denken braucht ständig neue Reize. Wenn deine Sinne dauernd gelangweilt werden, gibt es außerhalb von dir nichts, worüber du nachdenken könntest.

In der ersten Woche brauchst du wahrscheinlich weniger Schlaf. Kümmere dich nicht darum. Weil du nicht denkst, nicht so viele Dinge tust wie gewöhnlich, brauchst du weniger Schlaf. Und wenn du deine Aufmerksamkeit auf den Atem richtest, wird viel Energie in dir erzeugt, du wirst so lebendig, daß du nicht müde wirst. Wenn du schlafen kannst, ist das in Ordnung, wenn nicht, ist es auch gut. Es kann dir nicht schaden, wenn du nicht schläfst.

Es gibt viele Gründe, warum Atembewußtsein mehr Energie in dir erzeugt. Als erstes wird das Atmen rhythmisch, wenn du es beobachtest: es folgt seinem eigenem Rhythmus. Es entsteht eine Harmonie, und dein ganzes Wesen wird von Musik erfüllt. Durch dieses ›Im-Rhythmus-Sein‹ sammelt sich Energie an. Normalerweise ist unser Atem nicht rhythmisch, sondern ganz beliebig. Dadurch verliert man viel Energie. Rhythmus, Harmonie, hält die Energie zusammen. Und weil du ständig bewußt bist, verbraucht die Atembewußtheit selbst nur ganz wenig Energie. Du tust gar nichts; es ist Nicht-Tun. Du bist nur bewußt.

Sobald du auch nur das Geringste tust, auch wenn du nur denkst, hat sich ›Tun‹ wieder eingeschlichen. Dann verschwendest du Energie. Wenn du deinen Körper bewegst, tust du etwas und vergeudest Energie. Bist du vierundzwanzig Stunden am Tag bewußt, erhältst du die Energie, weil du nur ganz wenig verbrauchst. Du wirst ein Energiespeicher. Und diese Energie wird für Kundalini frei. Gewöhnlich vergeudest du den ganzen Tag lang viel Energie und so bleibt kaum Energie übrig, um Kundalini aufsteigen zu lassen. Für eine Entladung auf der sexuellen Ebene reicht schon ein geringes Maß an Energie, aber um Energie aufsteigen zu lassen, brauchst du einen großen Vorrat. Nur dann öffnet sich der Kanal nach oben. Hat man wenig Energie, bleibt nur Sex als Ausgang übrig.

Normalerweise halten wir einen sexuell aktiven Menschen für sehr vital; das stimmt nicht. Ein vitaler Mensch ist nicht sexuell, weil Energie nach oben steigt, wenn sie überfließt. Für Sex braucht man Energie, aber nur sehr wenig, und wenn nur wenig Energie da ist, kann sie nicht aufsteigen; dann kann sie nur nach unten fließen — zum Sex-Zentrum.

Energie muß ständig im Fluß bleiben. Sie kann nicht stehen bleiben, sie muß sich bewegen. Kann sie nicht nach oben fließen, fließt sie nach unten. Sie hat keine Wahl. Kann sie aber nach oben fließen, wird die Bahn nach unten stillgelegt. Dabei hältst du die Energie nicht davon ab, sich durch das Sex-Zentrum zu entladen, sondern sie benutzt den unteren Ausgang einfach nicht mehr, sobald sie nach oben steigen kann; sie hört von selbst auf, abwärts zu fließen.

Wenn du deine Aufmerksamkeit auf deinen Atem richtest, fließt die Energie nicht mehr in äußere Aktivitäten ab, sondern sammelt sich an. Und das hat noch eine weitere Auswirkung: allein durch das Beobachten — durch Bewußtsein, Wachheit — wird die Lebenskraft in dir zunehmend stärker. Es ist, als ob dich jemand beobachtet: du wirst vitaler dadurch, alle Trägheit verschwindet.

Deshalb sind Menschen in leitenden Positionen sehr vital. Die Masse beobachtet sie ständig, und genau diese Aufmerksamkeit macht sie vital. Sobald sie aber aus dem Brennpunkt und in Vergessenheit geraten, fallen sie in sich zusammen. Das Glück, ein Präsident zu sein, ein weitbekannter Mann, eine Person, die von der Masse beobachtet wird, kommt von dem Gefühl von Vitalität, das durch die Beachtung und Aufmerksamkeit der Leute entsteht. Die Vitalität entsteht aber nicht aus der Beachtung der anderen, sie entsteht, weil *du* bei deinen Handlungen wacher bist, wenn dich so viele Leute beobachten. Und diese deine Wachheit wird zu Vitalität.

Wenn dir also dein Atem bewußt wird, wenn du anfängst, dich zu beobachten, berührst du die innerste Quelle deiner Lebendigkeit. Deshalb brauchst du nicht beunruhigt zu sein, wenn du weniger schläfst; das ist natürlich.

Wenn es in deinem Geist zu Aufruhr kommt — wenn Bilder und Geschichten aufsteigen, die dir niemals zuvor in den Sinn gekommen waren, laß dich auch dadurch nicht aus der Ruhe bringen. Beobachte sie einfach. Eine Menge Unbewußtes kommt zum Vorschein. Bevor du es abschütteln kannst, muß es erst bewußt werden; unterdrückst du diese Dinge, werden sie wieder unbewußt; schenkst du ihnen andererseits zu viel Beachtung, verschwendest du unnötige Energie. Beobachte also einfach deinen Atem und beobachte ohne Anteilnahme, was an der Peripherie, im Hintergrund, abläuft.

Bleibe diesen Dingen gegenüber einfach gleichgültig. Kümmere dich überhaupt nicht darum; beobachte einfach deinen Atem. Du schaust deinem Atem zu, und an der Peripherie spielt sich alles mögliche ab, Gedanken, Gefühle, Schwingungen — aber nur an der Peripherie, nicht im Zentrum. Im Zentrum beobachtest du nur deinen Atem.

Sehr vieles wird in dir hochsteigen: absurdes Zeug — Unlogisches, Unvorstellbares, Unbegreifliches, Fantastisches, Alptraumhaftes. Du mußt unbeirrbar deinen Atem beobachten. Laß diese Dinge an dir vorbeiziehen. Bleibe einfach gleichgültig. Es ist, wie wenn du spazierengehst, und auf der Straße starker Verkehr herrscht. Er fließt an dir vorbei, aber du schenkst ihm keine Beachtung, du kümmerst dich nicht darum. Zuerst werden diese Bilder und Fantasien freigesetzt, aber gegen Ende der ersten Woche kommt eine unbekannte Stille über dich. Sobald du die Ventile des Unbewußten öffnest, hört der innere Lärm auf. Stille breitet sich in dir aus, ein tiefes inneres Schweigen.

Du kannst während der 21 Tage auch depressive Momente erleben. Wenn du ein tiefsitzendes Depressionsgefühl im Unbewußten unterdrückt hast, wird es hochkommen und dich überschwemmen. Es wird kein Gedanke, sondern ein Gefühl sein. Es kommen also nicht nur Gedanken, sondern auch Gefühle, Stimmungen ans Tageslicht. Manchmal wirst du dich überglücklich fühlen und manchmal niedergedrückt oder gelangweilt, aber sei den Gefühlen gegenüber genauso unbeteiligt wie gegenüber den Gedanken. Laß sie kommen und gehen. Sie gehen von selber, kümmere dich nicht darum. Auch Gefühle und Stimmungen hast du ins Unbewußte verdrängt. Während dieses Experiments werden sie freigesetzt, und dann erfährst du Dinge, die du niemals zuvor erfahren hast — neu und unbekannt.

Jeder Mensch wird anderes erleben. Es gibt viele Möglichkeiten, aber egal, was geschieht, hab keine Angst: es ist ungefährlich. Selbst wenn du glaubst, daß du sterben mußt, egal, wie stark dieses

Gefühl ist, egal, wie unausweichlich es dir vorkommt, akzeptiere es. Gedanken, Gefühle und Stimmungen werden sehr eindringlich sein, sehr wirklich erscheinen. Nimm sie einfach hin. Selbst wenn du glaubst, daß der Tod kommt, heiße ihn willkommen — und beobachte weiterhin deinen Atem!

Es ist schwer, Gefühlen gegenüber gleichgültig zu bleiben, aber wenn du Gedanken und Gefühlen gegenüber distanziert sein kannst, wird das Neue geschehen. Du glaubst vielleicht, daß du sterben mußt, daß du im nächsten Moment stirbst — unausweichlich. Du bist hilflos ... und wenn du es willkommen heißt, berührt es dich nicht. Wenn du dagegen ankämpfst, verzerrst du alles.

Es mag sich wie Sterben anfühlen: oder du glaubst, du seist krank geworden. Du bist nicht krank geworden. Das Gefühl, krank zu sein oder zu sterben, ist Teil deines Unbewußten, das sich Bahn bricht. Du wirst viele wunde Stellen fühlen, die du unmittelbar vorher noch nicht wahrgenommen hattest. Bleibe allen Krankheitsgefühlen gegenüber gleichgültig und bleibe weiter beim Atem: beobachte ihn. Du *mußt* deinen Atem beobachten, egal, was du denkst, egal, was du fühlst, egal, was geschieht.

Nach der ersten Woche wirst du einige psychische, psychedelische Erlebnisse haben. Du magst deinen Körper als sehr groß oder sehr klein empfinden. Manchmal kann er auch ganz verschwinden, sich in Luft auflösen, und du bist körperlos. Hab keine Angst. Es wird Momente geben, in denen du deinen Körper nicht mehr spüren kannst, und Momente, in denen du ihn aus einer Entfernung sehen kannst. Laß dich auch davon nicht beirren.

Du kannst auch elektrische Schocks spüren. Jedesmal, wenn deine Energie durch ein neues Chakra dringt, gibt es Schocks und Erschütterungen. Der ganze Körper gerät in Aufruhr. Leiste keinen Widerstand, sondern unterstütze diese Reaktionen. Wenn du Widerstand leistest, kämpfst du gegen dich selbst. Erschütterungen, Zittern, das Gefühl von Elektrizität, Hitze, Kälte — du mußt alles, was du in deinen Chakras empfindest, unterstützen. Du selbst hast es ja gerufen, gib deshalb den Widerstand auf. Wenn du dich wehrst, sind deine Energien im Widerstreit. Wehre dich also nicht gegen übersinnliche Erfahrungen oder gegen psychedelische Wahrnehmungen.

Manchmal verlierst du völlig das Gefühl, daß du überhaupt atmest. Nicht, daß das Atmen aufgehört hätte — es ist nur so natürlich, so ruhig, so rhythmisch geworden, daß du es nicht mehr spürst. Wir spüren nur Krankheiten. Wenn du Kopfweh hast, merkst du, daß du einen Kopf hast, aber ohne Kopfweh bemerkst du ihn gar nicht. Der Kopf ist da, aber du kannst ihn nicht fühlen. Deshalb fühlen wir auch unseren Atem nur, wenn er unharmonisch, unnatürlich ist: ist er natürlich geworden, fühlt man ihn nicht, obwohl er nach wie vor da ist.

Beobachtest du deinen Atem weiter, wird er immer feiner. Aber auch das Bewußtsein wird feiner, da du ja weiterhin diesen unmerklichen Atem beobachtest. Und in den Pausen bist du dir des ›Nicht-Atmens‹ bewußt und nimmst dies als Harmonie wahr. Dann dringt das Bewußtsein immer weiter vor; je unmerklicher der Atem wird, desto schärfer muß dein Bewußtsein werden, um ihn wahrzunehmen.

Bleibe weiterhin bewußt, und wenn du das Gefühl hast, daß dein Atem ausgesetzt hat, dann nimm deinen ›Nicht-Atem‹ wahr. Versuche nicht, willentlich zu atmen; sei dir einfach des ›Nicht-Atmens‹ bewußt. Es wird dich mit Seligkeit erfüllen.

Je feiner das Bewußtsein wird, desto mehr dringt es in den ätherischen Körper ein. Fängst du an, deinen Atem zu beobachten, nimmst du zuerst den physischen Atem wahr; du wirst dir deines physischen Körpers bewußt und nimmst deinen Atemmechanismus bewußt wahr. Wird der Atem feiner und harmonischer, dann wirst du dir deines ätherischen Körpers bewußt. Dann hast du vielleicht das Gefühl, daß du nicht mehr atmest, aber der Atem ist immer noch da; selbst wenn er nicht so stark wie vorher ist, weil du nicht mehr so viel Sauerstoff brauchst.

Es ist dir sicher aufgefallen, daß du mehr Sauerstoff brauchst, wenn du wütend bist, als wenn du ruhig bist. Auch in sexueller Leidenschaft atmest du stärker. Die Atemmenge hängt davon ab, wie viel du brauchst. Wenn du völlig ruhig bist, dann reicht schon eine ganz kleine Luftmenge aus; gerade genug, um zu leben.

Mach dir das in dieser Situation einfach bewußt. Vorher hast du deinen Atem beobachten können; sei jetzt in einer Situation bewußt, in der du keinen Atem spürst. Was auch immer geschieht, nimm es bewußt wahr. Auf Bewußtsein kommt es an. Wenn du nichts fühlst, mußt du dieses ›Nicht-Gefühl‹ bewußt wahrnehmen. Du fühlst nichts ... aber du bist bewußt.

Schlaf jetzt nicht ein, denn das ist genau der Moment, nach dem du dich gesehnt hast. Wenn du jetzt einschläfst, ist all die Zeit, die du gebraucht hast, um an diesen Punkt zu kommen, vergeudet.

Nimm bewußt wahr, was geschieht. Es gibt keinen Atem; nimm es wahr. In vollkommener Stille gibt es fast keinen Atem. Du brauchst nur sehr wenig, und nur so viel kommt herein. Die Menge ist ganz gering geworden, aber die Harmonie ist größer geworden, und deshalb fühlst du den Atem nicht.

Wenn du weiterhin deinen Atem beobachtest und allem anderen gegenüber gleichgültig bleibst, ist die dritte Woche eine Woche der vollkommenen Leere. Es ist, als wäre alles gestorben, alles in die Nicht-Existenz eingegangen; und nur das Nichts geblieben.

Brich das Experiment nicht vorzeitig ab. Nach der ersten Woche willst du vielleicht aufhören. Dein Kopf sagt vielleicht: »Das ist Unsinn, hör doch lieber auf.« Höre nicht hin. Sage dir einfach ein für alle mal, daß du für 21 Tage nirgendwo anders hingehen kannst.

Nach der dritten Woche willst du dann vielleicht nicht aufhören. Wenn du in einem Zustand überwältigender Seligkeit bist, und du das auskosten willst — alles ist nur noch selige Leere, du bist ein reines Vakuum —, kannst du das Experiment um zwei, drei oder vier Tage verlängern. Aber brich es nicht ab, bevor die 21 Tage vollendet sind.

Wenn du deine Erlebnisse aufschreiben willst, darfst du das erst, wenn das Experiment zu Ende ist. Dann kannst du dich ein oder zwei Tage lang hinsetzen und alles aufschreiben. Während dieser 21 Tage darf jedoch nichts geschrieben werden. Versuch nicht einmal, dir irgend etwas zu merken. Nachher wirst du dich an alles erinnern können; es wird dir gegenwärtig sein ... und klarer als sonst, weil du nicht versucht hast, es dir zu merken.

Du kannst leicht eine Sache vergessen, wenn du versucht hast, sie dir einzuprägen; aber wenn du das nicht versucht hast, dann kannst du sie nicht vergessen. Alles tritt dann in seiner Gesamtheit vor dein inneres Auge. Was nicht kommt, war unwichtig — laß es los.

Du hast viel Unwichtiges in dir angesammelt. Du versuchst, eine Menge unbrauchbares Zeug im Gedächtnis zu behalten, weil du nicht siehst, daß es Schrott ist. Aber der Geist arbeitet automatisch. Alles Erinnernswerte bleibt dir immer erhalten; versuche also nicht, dir etwas einzuprägen; das ist nicht nötig. Alles Erinnernswerte wird noch da sein, wenn das Experiment beendet ist.

Spiegel-Meditation

Das Unbewußte ist nicht wirklich unbewußt. Es ist nur weniger bewußt. Der Unterschied zwischen bewußt und unbewußt ist nur graduell. Sie sind nicht entgegengesetzte Pole; sie sind miteinander verbunden.

Unsere Logik teilt alles in entgegengesetzte Pole auf. Die Logik sagt: »Entweder Ja oder Nein, entweder Licht oder Dunkelheit.« Für die Logik gibt es nichts dazwischen. Aber das Leben ist weder weiß noch schwarz, sondern eine Variation vieler Grautöne.

›Bewußt‹ und ›unbewußt‹ bedeuten für mich keinen Gegensatz. Für Freud gilt: bewußt ist bewußt, und unbewußt ist unbewußt — es ist der Unterschied zwischen schwarz und weiß, zwischen Ja und Nein, zwischen Leben und Tod — aber wenn ich »unbewußt« sage, meine ich »weniger bewußt«; wenn ich »bewußt« sage, meine ich »weniger unbewußt«. Beides überschneidet sich. Wie können wir dem Unbewußten direkt gegenübertreten? Wenn es nach Freud geht, dann ist kein Zusammentreffen möglich. Wenn du Freud gefragt hättest, wie man dem Unbewußten begegnen könne, hätte er gesagt: »Das ist Unsinn; es geht nicht. Wenn du dich damit auseinandersetzt, ist es bewußt, weil Auseinandersetzung etwas Bewußtes ist.« Von meiner Warte aus gibt es Wege, mit dem Unbewußten in Verbindung zu treten. Als erstes mußt du wissen, daß ›unbewußt‹ einfach ›weniger bewußt‹ bedeutet. Wenn du also bewußter wirst, kannst du erkennen, was es ist.

Zweitens sind das Bewußte und das Unbewußte nicht starr voneinader abgegrenzt. Sie ändern sich jeden Moment — genau wie deine Pupillen. Wenn es heller ist, verengen sie sich und wenn es dunkler ist, erweitern sie sich; sie passen sich dauernd der äußeren Lichtstärke an. Und dein Bewußtsein ändert sich ständig in ähnlicher Weise. Das Bewußtsein läßt sich sehr gut mit den Augen vergleichen, weil Bewußtsein das innere Auge ist, das Auge der Seele. Und so dehnt sich dein Bewußtsein — genau wie dein Auge — ständig aus oder zieht sich zusammen.

Zum Beispiel bist du unbewußter, wenn du wütend bist. Unbewußtsein überlagert fast alles, nur ein Funken von Bewußtsein ist übrig. Manchmal bleibt nicht einmal dieser Funke übrig, und du bist völlig unbewußt. Andererseits kannst du auch plötzlich vollkommen bewußt werden: du steuerst einem Unfall entgegen, plötzlich wird dir gewahr, daß er unausweichlich ist, du blickst dem Tod ins Auge — in diesem Moment gibt es überhaupt kein Unbewußtes mehr. Plötzlich ist der ganze Geist bewußt.

Auf diese Weise verändert sich dein Bewußtseinsradius ständig. Wenn ich bewußt und unbewußt sage, meine ich nicht, daß es dazwischen eine feste Grenze gibt. Es gibt keine. Das Ganze ist fließend. Es hängt von dir ab, ob du mehr oder weniger bewußt bist. Du kannst Bewußtsein erzeugen: du kannst dich trainieren und disziplinieren, um bewußter zu werden.

Übst du dich in Unbewußtheit, wirst du immer mechanischer in deinen Gewohnheiten. Es wird dir unmöglich, mit dem Unbewußten in Verbindung zu treten. Wenn jemand Drogen oder Rauschmittel nimmt, gewöhnt er seinen Geist daran, vollkommen unbewußt zu sein. Wenn du schläfst, hypnotisiert bist oder dich selbst hypnotisierst, verlierst du das Bewußtsein. Es gibt unendliche Möglichkeiten, und viele gelten sogar als religiöse Praktiken; sie helfen dir jedoch nur, unbewußter zu sein. Alles, was Langeweile erzeugt, erzeugt Unbewußtsein.

Es gibt viele Methoden, die dir helfen, dem Unbewußten auf die Spur zu kommen. Hier eine einfache Übung:

Bevor du abends ins Bett gehst, schließe die Türen deines Zimmers und setze dich vor einen großen Spiegel. Der Raum muß völlig dunkel sein. Stelle dann, seitlich vom Spiegel, eine Kerze auf, aber so, daß sie nicht direkt gespiegelt wird. Nur dein Gesicht darf gespiegelt werden, nicht die Flamme.

Starre unentwegt in deine Augen im Spiegel. Halte die Lider unbewegt. Die Übung dauert vierzig Minuten, und innerhalb von zwei, drei Tagen wird es dir gelingen, die Augen offenzuhalten, ohne die Lider zu bewegen. Wenn Tränen kommen, laß sie kommen — aber halte die Augen trotzdem offen und starre weiterhin in den Spiegel.

Innerhalb von zwei, drei Tagen wird dir etwas sehr Seltsames auffallen: dein Gesicht nimmt neue Formen an. Das mag dir regelrecht Furcht einjagen! Das Gesicht im Spiegel wird sich verändern. Manchmal ist es ein ganz anderes Gesicht — eines, das dir völlig unbekannt ist. Aber alle Gesichter, die kommen, gehören zu dir. Jetzt fängt das Unbewußte an zu explodieren. Diese Gesichter, diese Masken gehören zu dir. Und manchmal kannst du sogar ein Gesicht sehen, daß du in einem vergangenen Leben hattest.

Nach einer Woche ständiger Übung — wenn du jeden Tag 40 Minuten in den Spiegel gestarrt hast — bleibt dein Gesicht ständig im Fluß. Viele Gesichter kommen und gehen. Nach drei Wochen kannst du dich dann nicht mehr erinnern, welches *dein* Gesicht ist. Du vergißt dein eigenes Gesicht, weil du so viele verschiedene Gesichter kommen und gehen siehst.

Wenn du damit weitermachst, dann passiert irgendwann — nach drei Wochen ungefähr — etwas sehr Verblüffendes: plötzlich siehst du kein Gesicht mehr im Spiegel! Der Spiegel ist leer! Du starrst in die Leere: es gibt überhaupt kein Gesicht mehr.

Das ist der Moment! Schließe deine Augen und schaue dem Unbewußten ins Gesicht. Wenn kein Gesicht im Spiegel ist, schließe die Augen, schau nach innen und du stehst dem Unbewußten gegenüber. Du bist nackt, völlig nackt — so wie du *bist*. Alle Masken sind gefallen.

Das ist *deine* Realität, aber die Gesellschaft hat viele Trennwände davor aufgestellt, damit du sie nicht siehst. Und wenn du dich in deiner Nacktheit erkennst, in deiner totalen Entblößtheit, bist du ein anderer Mensch. Dann kannst du dir nichts mehr vormachen. Jetzt weißt du, wer du bist.

Solange du nicht weißt, was du bist, kannst du nicht verwandelt werden. Nur in deiner nackten Wirklichkeit kannst du verwandelt werden. Und wirklich, der Wille zur Umwandlung allein reicht aus, die Verwandlung einzuleiten.

So wie du bist, kannst du dich nicht ändern. Du kannst ein falsches Gesicht mit einem anderen vertauschen — ein Dieb kann zum Mönch werden, ein Verbrecher zum Heiligen —, aber das sind nicht wirklich Verwandlungen. Verwandlung bedeutet, daß du das wirst, was du *wirklich* bist.

Im Moment, in dem du deinem Unbewußten gegenüberstehst, siehst du deine Wahrheit, dein echtes Wesen von Angesicht zu Angesicht. Deine gesellschaftliche Maske ist verschwunden, du hast keinen Namen mehr; deine Gestalt hat sich aufgelöst und du bist ohne Gesicht. Nur die nackte Realität deiner Natur ist da, und erst mit dieser nackten Realität ist Verwandlung möglich.

Diese Technik, in den Spiegel zu starren, ist eine äußerst wirkungsvolle Methode, seinen eigenen Abgrund und die eigene nackte Realität zu erkennen. Und wenn du sie erst einmal erkannt hast, bist du ihr Meister.

Tratak

Tratak bedeutet, daß du deinen Blick stetig und ohne einen Lidschlag 30—40 Minuten lang fixiert hältst. Dein ganzes Bewußtsein muß sich in deinen Augen sammeln. Du mußt zu deinen Augen *werden*. Vergiß alles andere; vergiß deinen übrigen Körper vollkommen. Sei einfach nur deine Augen und starre andauernd, ohne zu blinzeln, auf einen Punkt.

Wird dein gesamtes Bewußtsein in deinen Augen gesammelt, dann kommt es zu einem Spannungshöhepunkt. Deine Augen sind der empfindlichste Teil von dir. Deshalb können sie verspannter sein als irgendein anderer Teil deines Körpers. Und wenn die Augen angespannt sind, ist dein ganzer Geist angespannt. Die Augen sind nur die Fenster zum Geist. Wenn du ganz deine Augen bist und dabei einen Spannungshöhepunkt erreichst, kommt auch der Intellekt zu einem Spannungshöhepunkt. Fällst du von diesem Höhepunkt, fällst du ohne Mühe in den Abgrund der Entspannung.

Tratak kann das Bewußtsein zur größtmöglichen Spannung bringen. Und von diesem Höhepunkt aus setzt die Gegenbewegung spontan ein, du entspannst dich ganz von selber.

Wenn du Tratak übst, hört das Denken automatisch auf. Allmählich sammelt sich dein Bewußtsein immer mehr in den Augen an. Dabei bist du einfach wacher, aber es gibt kein Denken mehr. Augen können nicht denken. Wenn das ganze Bewußtsein in den Augen gesammelt ist, hat der Intellekt keine Energie zum Denken übrig. Dem Intellekt geht die Luft aus — weil es nur noch die Augen gibt.

Du mußt besonders auf die Momente achten, in denen deine Augen zwinkern wollen. Der Verstand versucht, Energie zurückzugewinnen, um denken zu können; er versucht, Bewußtsein von den Augen abzuzweigen, zurück zum Denken zu lenken. Deshalb muß man unentwegt auf einen bestimmten Punkt starren, den Blick fixieren. Selbst eine einzige Augenbewegung gibt dem Verstand Energie: laß dich also überhaupt nicht ablenken. Dein Blick muß vollkommen starr sein.

Wenn du starrst, ohne die Augen zu bewegen, erstarrt auch dein Intellekt; er bewegt sich mit den Augen zusammen. Augen sind Türen: Türen, die sowohl zum inneren Geist, als auch zur äußeren

Welt gehören. Sind die Augen total fixiert, hält auch der Verstand an; er wird bewegungsunfähig.

Diese Technik setzt bei den Augen an, weil es schwierig ist, vom Verstand aus anzufangen. Es ist kaum möglich, den Geist zu kontrollieren. Behalte also einen völlig starren Blick bei, ohne zu zwinkern. Wenn deine Augen ruhig sind, wird dein Geist auch ruhig.

Mantra — Wiederholung

Du kannst Mantras benutzen, um das Denken zum Stillstand zu bringen, um den Verstand vollkommen still zu machen. Du wiederholst dauernd einen bestimmten Namen: Ram, Krishna oder Jesus. Das Mantra kann dir helfen, von anderen Worten loszukommen, aber wenn der Geist still geworden ist, dann wird dieser Name, Ram, Krishna oder Jesus, zu einem Hindernis. Er wird zu einem Ersatz. Von allen anderen Worten hast du dich befreit, aber dieses eine Wort geht auf verrückte Weise in dir weiter. Du klebst daran fest, kommst nicht davon los. Es ist zu einer Gewohnheit geworden, einer tiefsitzenden Beschäftigung.

Beginne also mit *Japa* (Mantra-Wiederholung), aber dann mußt du zu einem Punkt kommen, an dem sich ›Japa‹ erübrigt und du damit aufhören kannst. Benutze ›Ram‹, um alle anderen Worte aus deinem Verstand zu vertreiben, aber halte dich dann nicht an diesem Wort fest. Es ist auch nur ein Wort; wirf es weg.

Dieses Wegwerfen ist das Schwierige. Du hast ein schlechtes Gewissen, das Mantra fallen zu lassen, weil es dir so gute Dienste geleistet hat. Aber jetzt wird diese Hilfe zu einem Hemmschuh. Wirf den alten Schuh weg; jetzt kannst du barfuß laufen! Die Mittel dürfen nicht zum Zweck werden.

FRAGE:

»Wenn ich meditiere, wiederhole ich normalerweise ein Mantra. Aber mein Geist bleibt unruhig. Wie kann man den Geist beim Meditieren am besten beschäftigen?«

Das Bedürfnis, Zeit mit Beschäftigung zu füllen, ist das Bedürfnis eines nicht-meditativen Geistes; du mußt also zuerst verstehen, woher dieses Bedürfnis kommt. Warum kannst du nicht unbeschäftigt sein, warum mußt du dauernd etwas zu tun haben? Ist es nur eine Flucht vor dir selbst?

Sobald es nichts zu tun gibt, hast du nur dich selbst, fällst auf dich selber zurück. Deshalb willst du dich beschäftigen. Es ist nur eine Flucht. Aber ein Geist, der keine Meditation kennt, kann nicht anders.

Der nicht-meditative Geist ist ständig mit anderen beschäftigt. Was aber tun, wenn es keine anderen gibt? Du weißt nicht, was du mit dir anfangen sollst! Du bist dir nicht einmal bewußt, daß du mit dir selbst auch leben kannst. Du hast immer und ewig mit anderen gelebt und jetzt, in der Meditation, fängst du an, dich einsam zu fühlen, weil du nicht mit anderen zusammen, sondern allein bist — dabei bist du nicht wirklich allein. Einsamkeit ist die Abwesenheit von anderen; Allein-Sein ist die Anwesenheit deiner selbst.

Du fühlst dich einsam, und es treibt dich dazu, dich mit irgend etwas zu füllen. Ein Mantra kann dafür herhalten; alles kann diesen Zweck erfüllen. Solange du noch nicht meditativ bist und weiterhin mit Mantras oder irgendwelchen Wiederholungstechniken arbeitest, gehst du an Krücken. Laß die Krücken fallen.

Wenn du schon Mantras benutzen mußt, ist es besser, sich auf ein einziges Wort zu beschränken, als ein Mantra zu benutzen, das aus vielen Worten besteht. Mit einem Wort bist du weniger ausgefüllt als mit vielen; je mehr Worte du benutzt, desto mehr Wellen schlägt das in deinem Geist. Mit einem Wort langweilst du dich schneller, und Langeweile ist gut, weil es dann leichter ist, mit der ganzen Sache an irgendeinem Punkt aufzuhören. Benutze deshalb nur ein einziges Wort als Mantra, und wenn es keine Bedeutung hat, ist es noch besser, weil selbst die Bedeutung zu einer Ablenkung wird.

Um dich von etwas trennen zu können, muß dir klar sein, daß du irgendwann damit aufhören mußt. Du darfst nicht zu sehr daran hängen. Benutze daher ein Wort, das bedeutungslos ist. Zum Beispiel: HUH! Das hat keine Bedeutung. AUM ist im Grunde dasselbe, aber es hat für uns inzwischen Bedeutung, weil wir es mit etwas Göttlichem assoziieren.

Das Wort sollte sinnlos sein, ein Laut ohne Bedeutung. Es darf nichts übermitteln, weil es sonst sofort geistiges Futter wird. Der Verstand wird nicht durch Worte, sondern durch Bedeutungen genährt. Benutze also ein Wort wie HUH. Es ist ein Laut ohne Bedeutung.

Aber in Wirklichkeit ist HUH mehr als ein bedeutungsloser Laut, weil es eine innere Spannung erzeugt. Mit dem Laut HUH wirfst du etwas hinaus. Benutze also ein Wort, das etwas hinauswirft, das *dich* hinauswirft, aber kein Wort, das dir etwas *dazugibt*.

Benutze HUH. Wenn du HUH sagst, fühlst du, daß etwas von dir weicht. Sage HUH, wenn der Atem ausströmt; das Einatmen, das darauf folgt, wird zur Pause. Mache es gleichmäßig: HUH ... dann das Einatmen, die Pause ... dann wieder: HUH ...; es darf kein Wort sein, keine Bedeutung haben, darf nur ein Laut sein. Und betone das Ausatmen. Am Ende des Ausatmens läßt du den Ton verklingen, damit du ihn beim Einatmen nicht wieder mit hinein nimmst.

Der Vorgang ist sehr subtil. Wirf den Laut hinaus, als ob du Abfall hinauswirfst, dich von etwas entledigst. Dann kann er nicht zur Nahrung werden. Behalte das immer gut in Erinnerung: alles, was beim Einatmen in dich hineinströmt, wird zu Nahrung — und alles, was beim Ausatmen hinausströmt, ist eine Ausscheidung. Es wird einfach hinausgeworfen. Sei also beim einströmenden Atem immer offen und leer. Dann erhält dein Intellekt keine neue Nahrung.

Der Intellekt zieht selbst aus bloßen Tönen subtile Nahrung. Experimentiere damit. Wenn du dich sexuell fühlst, wenn du sexuelle Fantasien hast, dann wende dieses HUH beim Ausatmen an. Innerhalb weniger Sekunden bist du von den sexuellen Empfindungen befreit, etwas wird hinausgeworfen, du atmest eine fast unmerkliche Energie aus, stößt sie ab. Wenn du wütend bist, dann gebrauche diesen Laut und in Sekundenschnelle bist du die Wut los.

Wenn du sexuell angeregt bist und denselben Laut mit dem Einatmen verbindest, dann fühlst du dich noch sexueller, und genauso ist es mit Wut. Durch diese Experimente wird dir klar, wie stark selbst ein einfacher Laut dein Gemüt beeinflussen kann, und wie unterschiedlich die Wirkung auf dich ist, je nachdem, ob du einatmest oder ausatmest.

Wenn du jemand siehst, der schön und anmutig ist, jemand, den du liebst, und du atmest aus, dann fühlst du nichts, selbst wenn du sie berührst ..., dagegen bist du fasziniert, wenn du sie berührst und dabei einatmest. Beim Einatmen wird die Berührung zu Nahrung, aber beim Ausatmen passiert überhaupt nichts. Halte ihre Hand, aber fühle die Hand nur, wenn du einatmest; laß das Ausatmen empfindungslos sein. Dann weißt du, daß selbst Berührung eine Nahrung ist.

Daher kommt es, daß einem Kind, das nicht von seiner Mutter gestreichelt wurde, etwas fehlt. Es wird nie einen Menschen lieben können, wenn es von seiner Mutter nicht gestreichelt und liebevoll umarmt worden ist, weil ihm diese Nahrung fehlt. Diese feine Energie ist Nahrung für das Kind. Vieles kann dadurch in ihm wachsen. Wenn es von niemandem liebevoll berührt worden ist, kann es selbst niemanden lieben und weiß nicht einmal, daß ihm diese ›Nahrung‹, diese Lebensgrundlage fehlt.

Ich will damit nicht sagen, daß du keine Frau berühren sollst; wenn du jedoch unbeeinflußt bleiben willst, dann berühre nur beim Ausatmen, und sei beim Einatmen einfach nur bewußt, mach eine Pause. Berühre, ohne die Berührung beim Einatmen wahrzunehmen.

Nimm die Empfindung bewußt auf, wenn der Atem *hinaus*strömt: dadurch wird dir das Geheimnis des Atems klar — warum er Prana, Vitalkraft, genannt wird. Atem ist die Lebensgrundlage. Wenn du ißt und dabei das Ausatmen betonst, ist es egal, wie gut das Essen ist, es wird deinem Körper nichts geben. Es nährt dich nicht, wenn du das Ausatmen betonst, da kannst du so viel essen, wie du willst. Nimm deshalb das Essen zu dir, wenn du einatmest, und mach beim Ausatmen eine Pause. Dann kannst du sogar mit weniger Essen lebendiger und kräftiger sein.

Denk an diesen Ton HUH beim Ausatmen. Er setzt der Rastlosigkeit des Intellekts ein Ende. Aber auch dieser Ton ist eine Krücke, und wenn du regelmäßig meditierst, wird er bald überflüssig. Wenn du ihn nicht fallenläßt, wird er Störungen verursachen.

Unbeschäftigt zu sein ist eines der schönsten Dinge der Welt ... nichts zu tun ist der größte Luxus. Und wenn du es dir leisten kannst, unbeschäftigt zu sein, dann wirst du ein König. Dieses Gefühl entsteht in den Momenten, in denen wir vom Zwang des Beschäftigtseins frei sind — in vollkommener Muße sind. Es ist nicht nur unnötig, sich die ganze Zeit zu beschäftigen, es ist sogar schädlich.

Es ist schiere Dummheit, einen Zustand innerer Unbeschäftigtheit zu zerstören; denn das ist der eigentliche Moment, in dem du ins Zeitlose tauchst. Mit Beschäftigung kannst du Zeit niemals überwinden, mit Beschäftigung kannst du die Grenzen des Raums nicht hinter dir lassen, aber wenn du nichts tust, völlig unbeschäftigt bist — nicht einmal mit dir selbst beschäftigt bist, nicht einmal meditierst; du *bist* einfach nur da —, dann ist das der Höhepunkt spirituellen Daseins; das ist Glückseligkeit. Das ist *Satchitananda*.

Der erste Teil des Wortes ist *Sat*. Er bedeutet Sein: du bist reines Sein. Dann wird dir dieses Sein bewußt — es wird dir nicht nur bewußt, sondern du wirst beides, das Bewußtsein (chit) und das Sein. Sein wird zu Bewußtsein ... und daraus ersteht Glückseligkeit (ananda).

Das ist nicht nur ein Gefühl. Du wirst gleichzeitig zu Glückseligkeit, Sein und Bewußtsein. Wir gebrauchen drei Wörter, weil wir keinen einheitlichen Begriff dafür haben. Du bist alle drei gleichzeitig.

Freue dich also auf diese Momente des Unbeschäftigtseins. Du kannst Mantras als Krücken verwenden, aber laß dich davon nicht einwickeln; sei dir darüber klar, daß du die Krücken letzten Endes wieder wegwerfen mußt.

Eine Technik der Visualisierung

Intellekt an sich bedeutet Projektion; deshalb ist alles, was du erlebst, Projektion, solange du den Intellekt nicht hinter dir läßt. Intellekt ist der Mechanismus der Projektion. Alle Visionen, die du von Licht, Glück oder selbst vom Göttlichen hast, sind Projektionen. Bevor der Verstand nicht völlig stillsteht, bist du nicht frei von Vorstellungen: du projizierst weiterhin. Erst wenn dein Projektionsmechanismus stillsteht, bist du außer Gefahr. Wenn es keine Erfahrung, keine Vision, nichts Objektives mehr gibt — wenn das Bewußtsein in sich ruht, wie ein spiegelglatter See, in dem nichts reflektiert wird —, nur dann bist du nicht mehr in Gefahr, etwas zu projizieren.

Es gibt zwei Arten von Projektionen. Die eine Art der Projektion führt dich zu immer mehr Projektionen; sie ist positiv, und deshalb kommst du nie davon los. Die andere Projektionsweise ist negativ. Das ist zwar auch eine Projektion, aber mit ihr kannst du über Projektionen an sich hinauskommen.

Beim Meditieren benutzt du den Projektionsmechanismus deines Intellekts in negativer Weise. Negative Projektionen sind nützlich:

mit Hilfe des einen Dornes ziehst du dir einen andern Dorn aus dem Fuß; oder anders gesagt: du benutzt ein Gift dazu, ein anderes zu neutralisieren. Aber du mußt dir ständig darüber im klaren sein, daß die Gefahr nicht überwunden ist, bis nicht *alles* verschwindet, selbst diese negativen Projektionen. Solange du noch irgendeine Erfahrung machst, ist das noch keine Meditation. Es ist immer noch Kontemplation; es ist immer noch ein gedanklicher Prozeß. Wie subtil er auch sein mag, es bleibt ›denken‹. Wenn nur noch Bewußtsein an sich übrig bleibt — kein Gedanke, nur unbewölkter, offener Himmel — wenn du nicht sagen kannst, ›Ich‹ erfahre etwas, kannst du nur noch eins sagen: *Ich bin.*

Die berühmte Maxime von Descartes, »Cogito, ergo sum« — »Ich denke, also bin ich« — wird in Meditation zu »Sum, ergo sum« — »Ich bin, also bin ich.« Dieser Zustand von »Ich bin« geht allem Denken voraus. Du *bist*, bevor du denkst. Denken kommt später, dein Sein geht ihm voraus, deshalb kann das Denken nicht die Ursache des Seins sein. Du kannst ohne Denken sein, aber das Denken kann es nicht ohne dich geben, daher kann es nicht die Grundlage sein, von der sich deine Existenz ableitet.

Erfahrungen, Visionen, alles, was man ›objektiv‹ erfährt, gehört zum Denken. Meditation bedeutet ein Erlöschen des Intellekts, des Denkens, aber nicht des Bewußtseins. Wenn auch das Bewußtsein aussetzt, bist du nicht in Meditation, sondern im Tiefschlaf. Das ist der Unterschied zwischen Tiefschlaf und Meditation.

Auch im Tiefschlaf gibt es keine Projektion. Es gibt zwar keine Denkprozesse, aber gleichzeitig auch kein Bewußtsein. In Meditation hören die Projektionen und das Denken auf, du bist ohne Gedanken — wie im Tiefschlaf —, aber du bist bewußt. Du nimmst diesen Zustand bewußt wahr: es gibt überhaupt keine Objekte um dich herum. Und wenn es keine Objekte gibt, die erforscht, gefühlt und erfahren werden können, beginnst du zum ersten Mal, dich selbst zu fühlen. Das ist eine nicht-objektive Erfahrung. Es ist nichts, was du erfährst, es ist etwas, was du bist.

Deshalb ist es sogar eine Projektion, wenn du die göttliche Existenz fühlst. Das sind ›negative‹ Projektionen in dem Sinn, daß du dabei nicht egozentrisch sein kannst. Sie helfen dir auf ihre Art, dich zu öffnen, deine Engstirnigkeit aufzugeben; aber du mußt dir im klaren sein, daß sie immer noch Projektionen darstellen, sonst kannst du dich nicht von ihnen trennen.

Ich mache dich also darauf aufmerksam, daß das Gefühl der

Glückseligkeit immer noch dem Denk-Geist angehört; das erkennst du an der Dualität: der Dualität von Göttlichem und Nicht-Göttlichem, der Dualität von Glückseligkeit und Nicht-Glückseligkeit. Wenn du beim Allerhöchsten angelangt bist, kannst du keine Glückseligkeit *fühlen*, weil ›Nicht-Glückseligkeit‹ unmöglich ist; du kannst dann das Göttliche nicht als göttlich bezeichnen, weil es nichts mehr gibt, was *nicht* göttlich wäre.

Behalte also im Auge: Intellekt ist Projektion, und egal, was du mit ihm anstellst, es kommen nichts als Projektionen dabei heraus. Der Geist kann nicht anders. Der einzige Weg ist also, dem Intellekt keine Aufmerksamkeit zu schenken, ihn völlig fallenzulassen und gleichzeitig bewußt zu sein. Das ist Meditation. Nur dann kannst du zur Erkenntnis des Wirklichen kommen — dessen, was jenseits von Projektionen beginnt.

Alles, was du weißt, wird von dir projiziert. Das ›Objekt‹ ist nur eine Leinwand: du projizierst immerzu deine Vorstellungen, deinen Intellekt darauf. Deshalb beginnt jede Meditationsmethode mit Projektionen — mit negativer Projektion — und endet mit Nicht-Projektion. Das ist das Wesen aller Meditationstechniken, weil du beim Intellekt ansetzen mußt.

Selbst also, wenn es dir um ›Nicht-Intellekt‹ geht, mußt du beim Intellekt beginnen. Wenn ich aus diesem Raum hinausgehen will, muß ich die ersten Schritte *in* diesem Raum tun. Der erste Schritt muß in diesem Raum getan werden. Das führt zur Verwirrung; und wenn ich verwirrt bin, gehe ich im Kreis herum und bleibe immer im gleichen Raum. Will ich den Raum verlassen, dann muß ich zwar auch vom selben Ort ausgehen, aber auf ganz andere Art. Meine Augen sind auf die Tür gerichtet und ich bewege mich direkt darauf zu, ohne im Kreis zu gehen. Negative Projektion bedeutet, den Intellekt geradlinig zu verlassen. Aber dazu mußt du vom Intellekt ausgehen.

Nehmen wir als Beispiel ›Licht‹, du hast niemals wirklich Licht gesehen. Du hast nur beleuchtete Objekte gesehen. Hast du jemals Licht selbst gesehen? Niemand hat es jemals gesehen; niemand kann es sehen. Du siehst ein beleuchtetes Haus, einen beleuchteten Stuhl, eine Person, auf die Licht fällt, aber du hast das Licht selbst nicht gesehen. Selbst wenn du die Sonne siehst, siehst du nicht das Licht selbst. Du siehst das reflektierte Licht.

Du kannst nicht Licht an sich sehen. Nur, wenn es auf etwas trifft und reflektiert wird, siehst du das bestrahlte Objekt und folgerst daraus, daß es Licht gibt. Wenn du kein beleuchtetes Objekt siehst, sagst du, daß es dunkel ist.

Du kannst reines Licht nicht sehen, deshalb verwende ich es in dieser Meditation als ersten Schritt — als negative Projektion. Ich trage dir auf, Licht ohne Objekt zu fühlen. Alle Objekte fallen weg, es gibt nur Licht. Fang also an, Licht ohne Objekte zu fühlen ...

Wenn du kein Objekt im Sinn hast, kannst du das Licht nicht lange sehen. Früher oder später wird es verschwinden, weil du irgendein Objekt als Reflektor brauchst.

Dann trage ich dir auf, dich glückselig zu fühlen. Du hast dich niemals ›einfach so‹, ganz grundlos, von Wonne überflutet gefühlt. Alles, was du dir unter Freude und Glück vorstellen kannst, ist von ›etwas‹ abhängig. Du hast noch nie einen Moment des Glücks erlebt, der nur für sich stand, ohne mit etwas anderem zusammenzuhängen. Du magst jemanden lieben und dich dann glücklich fühlen, aber dieser Mensch ist das Objekt. Du fühlst Glück, wenn du irgendeiner Musik zuhörst, aber dann ist die Musik das Objekt. Hast du jemals einen Glücksmoment ohne irgendein Objekt erlebt? Nie! Daher scheint es ein Ding der Unmöglichkeit, dich ohne Objekt glücklich zu fühlen. Wenn du es versuchst, wird das Glück früher oder später aufhören, weil es für sich selbst nicht existieren kann.

Dann trage ich dir auf, die Gegenwart des Göttlichen zu fühlen. Ich sage nie: »Fühle Gott«, weil Gott sonst zum Objekt würde. Hast du jemals eine Gegenwart gefühlt, *ohne* daß jemand da ist? Es hängt immer mit jemand zusammen: wenn jemand da ist, fängst du an, seine Gegenwart zu fühlen.

Ich lasse diesen Jemand völlig wegfallen. Ich sage einfach: fühle die Gegenwart des Göttlichen. Das ist eine negative Projektion. Sie kann nicht lange andauern, weil nichts sie stützt. Früher oder später fällt sie in sich zusammen. Zuerst nehme ich die Objekte weg und dann, nach und nach, fällt die Projektion selbst weg. Das ist der Unterschied zwischen positiver und negativer Projektion.

In positiver Projektion kommt es auf das Objekt an und die Gefühle folgen, während in negativer Projektion das Gefühl vorrangig ist und das Objekt einfach vergessen wird, so daß du irgendwann völlig in der Luft hängst. Du verlierst deine Bezugspunkte, verlierst alle Anhaltspunkte und bist mit deinen Gefühlen allein. Jetzt hat das Gefühl keinen Nährboden. Es löst sich auf ... Wenn es keine Objekte gibt, dann können die Gefühle, die direkt auf Objekte angewiesen sind, nicht länger bestehen. Du kannst sie projizieren, aber sie lösen sich bald auf. Und wenn sie verschwinden, bist du allein übrig ... in deinem vollkommenen Alleinsein. Das ist der Punkt der Meditation, von dort aus fängt Meditation an. Jetzt bist du aus dem Raum heraus.

Meditation beginnt also im und mit dem Intellekt, ist da jedoch noch nicht wirkliche Meditation. Fang mit dem Intellekt an, damit du überhaupt zur Meditation kommst, und sobald du nicht mehr vom Strudel des Denkens mitgerissen wirst, jenseits davon bist, beginnt wirkliche Meditation. Wir müssen vom Intellekt ausgehen, weil wir mitten darin stecken. Man muß ihn also benutzen, wenn man ihn loswerden will. Benutze den Intellekt deshalb nur auf negative und niemals auf positive Weise: so kommst du zur Meditation.

Wenn du deine Geisteskräfte auf positive Weise benutzt, führt das zu einer endlosen Kette von Projektionen, von Assoziationen. Deshalb ist alles, was als »positives Denken« bekannt ist, absolut antimeditativ. Negatives Denken ist meditativ; Negation ist die Methode der Meditation. Verneine immer weiter bis zu dem Punkt, an dem es nichts mehr zu verneinen gibt, wo nur noch der Verneiner da ist. Dann bist du in deiner Reinheit da und erkennst, was *ist*. Alles, was du vorher kennst, sind nur Einbildungen deines Geistes, Träume, Projektionen.

Bewußtes Sterben

Meditation bedeutet, sich zu ergeben, aufzugeben, ein totales Nachgeben und Loslassen. Sobald sich jemand ergibt, findet er sich in den Händen des Göttlichen. Wenn wir an uns festhalten, können wir nicht mit den Urkräften verschmelzen. Erst wenn sich die Wellen auflösen, werden sie zum Ozean selbst.

Laßt uns ein paar Experimente anstellen, um zu veranschaulichen, was mit Meditation gemeint ist.

Setz dich so hin, daß dich niemand berührt. Schließe deine Augen langsam und halte deinen Körper locker. Entspanne dich völlig.

Stell dir jetzt vor, daß ein Fluß mit gewaltigem Tosen zwischen

Bhagwan Shree Rajneesh

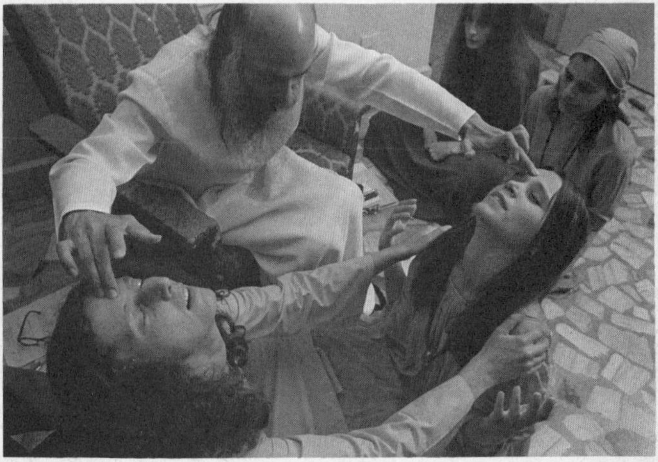

Bhagwan Shree Rajneesh im Darshan — dem Treffen von Meister und Schüler

Bergen dahinschießt. Beobachte ihn und spring hinein ... aber ohne zu schwimmen. Laß deinen Körper ohne jegliche Bewegung treiben. Jetzt bist du der Strömung des Flusses ausgeliefert — indem du dich einfach treiben läßt. Es gibt kein Ziel, keinen Landeplatz zu erreichen, deshalb brauchst du nicht zu steuern oder zu schwimmen. Fühle dich, als wärest du ein Blatt, das ganz von selbst im Fluß dahintreibt. Verinnerliche dieses Gefühl, laß es so klar werden, daß du erfährst, was mit ›Sich-Ausliefern‹ gemeint ist, was es heißt, ›völlig loszulassen‹.

Wenn du verstanden hast, wie man sich treiben läßt, dann entdecke, wie man stirbt und sich restlos auflöst. Halte die Augen geschlossen, lockere deinen Körper und entspanne dich völlig. Laß einen lodernden Scheiterhaufen vor dem inneren Auge entstehen, dessen Flammen in die Höhe schlagen. Schau dem Feuer zu und vergegenwärtige dir, daß du selbst auf dem Scheiterhaufen liegst. Alle deine Freunde und Verwandten stehen rings herum.

Es ist gut, diesen Moment bewußt vorwegzuerleben, weil er eines Tages sowieso kommt. Jetzt liegst du in den Flammen; fühle, wie dein Körper verbrennt. Innerhalb kurzer Zeit wird das Feuer ausgehen, die Leute werden sich zerstreuen und der Friedhof wird leer und in Schweigen gehüllt sein. Fühle es, sieh, wie alles ruhig geworden ist; und wie nichts als Asche übrig bleibt. Du hast dich völlig aufgelöst. Verinnerliche diese Erfahrung der Auflösung, weil Meditation auch eine Art von Tod ist.

Halte deine Augen jetzt geschlossen und entspanne dich vollkommen. Du brauchst gar nichts zu tun; es gibt keine Notwendigkeit, irgend etwas zu tun: bevor du da warst, waren die Dinge so wie sie sind, und sie werden auch nach deinem Tod so sein.

Fühle jetzt, daß alles, was geschieht, *geschieht!* Fühle das ›*So-Sein*‹ daran: so ist es; nur so kann es sein; es gibt keine andere Möglichkeit. Warum also die Gegenwehr? ›So-Sein‹ bedeutet ›kein Widerstand‹. Es gibt keine Erwartung, daß irgend etwas anders sein sollte, als es ist. Das Gras ist grün, der Himmel ist blau, die Wellen des Ozeans rauschen, Vögel singen, Krähen krächzen ... Du wehrst dich nicht gegen das Leben, egal, wie es ist. Und plötzlich findet eine Verwandlung statt! Was du sonst als Störung empfunden hast, kommt dir jetzt liebenswert vor. Du bist gegen gar nichts, du freust dich an allem, nimmst es, wie es ist.

Zuerst mußtest du dich also im Ozean der Existenz treiben lassen, anstatt zu schwimmen. Für den, der bereit ist, sich treiben zu lassen, übernimmt der Fluß selbst die Aufgabe, ihn zum Ozean zu bringen. Wenn wir uns nicht dagegen sperren, bringt uns das Leben selbst zum Göttlichen. Als zweites mußtest du dich auflösen, anstatt dein Leben in Sicherheit bringen zu wollen. Was wir absichern wollen, stirbt mit Sicherheit, und was sowieso ewig besteht, braucht dazu unsere Absicherung nicht. Wer zum Sterben bereit ist, kann seine Tore öffnen, kann das Göttliche empfangen; bleiben deine Türen geschlossen — weil du vor dem Tod Angst hast —, dann wirst du nie mit dem Göttlichen vereint. Meditation bedeutet sterben!

Und als letztes mußtest du erfahren, was ›So-Sein‹ ist. Nur wenn du beides akzeptierst, die Blume *und* die Dornen, kannst du Frieden erlangen. Friede ist wirklich nur die Frucht völligen Hinnehmens, restloser Bejahung. Nur wer bereit ist, selbst *ohne* Frieden zufrieden zu sein, findet Frieden.

Schließe also deine Augen, begib dich in eine entspannte Position und stell dir vor, daß alles Leben aus dem Körper entwichen ist. Fühle, wie sich Entspannung in deinem Körper ausbreitet. Behalte dieses Gefühl, und nach kurzer Zeit wirst du erkennen, daß du nicht der Herr des Körpers bist. In jeder Zelle, jedem Nerv deines Körpers wird sich das Gefühl der Entspannung ausbreiten — als ob der Körper nicht existiert. Überlasse den Körper sich selbst, wie wenn er im Fluß treibt. Laß den Fluß des Lebens entscheiden, wohin es geht, und treibe wie ein Blatt mit der Strömung.

Fühle jetzt, daß dein Atem allmählich ruhig und still wird. Im selben Maß, in dem sich dein Atem beruhigt, fühlst du, daß du dich auflöst, im Feuer liegst und völlig verbrannt bist. Nicht einmal Asche bleibt zurück.

Fühle jetzt den Gesang der Vögel, die Sonnenstrahlen, die Wellen des Ozeans und sei nur Zeuge — aufnahmebereit, wach und aufmerksam. Der Körper ist entspannt, das Atmen ist still und du bist im ›So-Sein‹. Du beobachtest das alles nur.

Nach und nach fühlst du eine innere Wandlung und dann wird plötzlich etwas im Inneren ruhig. Der Geist ist still und leer geworden. Fühle es: sei ein Beobachter, und laß es auf dich einwirken. Der Fluß hat deinen treibenden Körper mit sich genommen, das Feuer hat ihn verbrannt, und du hast allem nur zugeschaut ... jetzt, in diesem leeren Raum, in diesem Nichts, kommt eine niegekannte Wonne auf; wir bezeichnen sie als das Göttliche. Atme jetzt langsam zwei, dreimal und fühle mit jedem Atemzug die

Frische und den Frieden ... und den Genuß des Glücks. Öffne deine Augen jetzt langsam und komme aus der Meditation zurück.

Versuche dieses Experiment nachts, bevor du ins Bett gehst, und geh gleich danach schlafen. Dann wird aus deinem Schlaf nach und nach Meditation.

Bewußtes Einschlafen

Der Moment, in dem du einschläfst, ist der Moment der Begegnung mit dem Unbewußten. Nacht für Nacht hast du geschlafen, hast deinen Schlaf jedoch nie bewußt wahrgenommen. Du hast ihn nicht gesehen: was er ist, wie er kommt, wie du darin versinkst. Du bist jede Nacht schlafen gegangen und jeden Morgen aus dem Schlaf erwacht, aber du hast den Moment, in dem der Schlaf kommt, noch nie gefühlt, hast nicht wirklich tief gefühlt, was dabei geschieht. Deshalb versuche dieses Experiment, und nach drei Monaten wirst du plötzlich bewußt einschlafen.

Leg dich auf dein Bett, schließe die Augen und dann präge es dir ein, erinnere dich — erinnere! —, daß der Schlaf kommt, und daß du wach sein willst, wenn er kommt. Diese Übung ist sehr schwierig. Am ersten Tag wird nichts geschehen, auch am nächsten Tag nicht, aber wenn du es durchhältst, dich jeden Tag ständig daran zu erinnern, daß der Schlaf näherrückt, und du ihn nicht kommen lassen willst, ohne ihn bewußt wahrzunehmen — du mußt fühlen, *wie* der Schlaf über dich kommt, *was* er ist —, dann wird der Schlaf eines Tages eintreten, während du immer noch wach bist.

In diesem Moment erkennst du dein Unbewußtes. Und wenn du das Unbewußte erst einmal bewußt wahrnimmst, wirst du niemals wieder schlafen. Der Schlaf wird kommen, aber du wirst wach sein. Ein Zentrum in dir wird weiterhin ein waches Auge haben. Du wirst ganz in Schlaf gehüllt sein, aber dies eine Zentrum wird weiterhin erkennen, sehen.

Wenn dieses Zentrum wach ist, seinen kristallklaren Blick in die Leere schickt, werden Träume unmöglich. Und wenn Träume unmöglich werden, werden auch Tagträume unmöglich. Du schläfst dann einen ganz und gar anderen Schlaf.

Wortlose Kommunikation mit der Existenz

Du schaust eine Blume an: schau auf die Blume, fühle die Schönheit, aber bezeichne sie nicht einmal in Gedanken als schön. Schau sie an: laß sie in dir aufgehen, gehe tief in sie hinein, aber fasse dein Gefühl nicht in Worte. Fühle ihre Schönheit, ohne »Sie ist schön« zu sagen. Nicht einmal als eine innere Bemerkung. Verbalisiere es nicht, und dann wirst du nach und nach fähig, die Blume als schön zu empfinden, ohne ein Wort dafür zu gebrauchen. Wirklich, es ist nicht schwierig; es ist ganz natürlich.

Du fühlst zuerst, und dann kommt das Wort, aber wir sind so redesüchtig, daß der Zwischenraum verlorengeht. Das Gefühl ist da, aber bevor du darauf eingehen kannst, kommt schon wieder ein Wort. Schaffe dir deshalb Raum, Zwischenraum. Fühle einfach die Schönheit der Blume, aber laß die Worte weg.

Wenn du Worte von Gefühlen lostrennen kannst, kannst du auch die Verbindung der Gefühle mit dem Sein auflösen. Dann laß die Blume dasein und sei selber da — beide einander gegenwärtig —, aber erlaube den Gefühlen nicht, dazwischenzutreten. Fühle jetzt nicht einmal, daß die Blume schön ist. Laß die Blume und dich selbst da sein, in tiefer Umarmung, ohne irgendeine Gefühlsregung. Dann wirst du die Schönheit der Blume *sein*. Du wirst die Blume *sein*. Das ist dann eine existentielle Wahrnehmung.

Wenn dir dies gelingt, wirst du merken, daß alles verschwunden ist: Gedanken, Worte, Gefühle. Erst dann weißt du, was wirkliches Fühlen ist ... existentielles Fühlen.

19
Von Bhagwan Shree entwickelte Techniken

Dynamische Meditation oder »chaotische« Meditation

Die Dynamische Meditation ist Bhagwan Shrees Haupttechnik, auf ihr bauen viele seiner anderen Techniken auf.* Eine ausführliche Erläuterung der Dynamischen Meditation bieten die Kapitel 3 und 4.

Die Technik kann individuell oder in einer Gruppe praktiziert werden. Wenn Gruppenmeditation möglich ist, gewinnt die Energie an Intensität. Dynamische Meditation sollte mit nüchternem

---

* Diese von Bhagwan Shree entwickelten Meditationstechniken sind alle aktiv, dynamisch. Sie beginnen mit Aktivität, mit Tun, um dich in einen Zustand totalen Nicht-Tuns zu führen. Meditations-Techniken unterscheiden sich traditionellerweise darin, daß sie jeweils für körperorientierte, oder herzorientierte, oder denkorientierte Menschen speziell geeignet sind. Bhagwan Shrees Techniken sind für alle drei Menschentypen geeignet. Sie beginnen mit dem Körper, öffnen das Herz und geleiten dich in das Schweigen, in die Stille des »gedankenlosen« Bewußtseins.

Praktiziere — das ist unser Vorschlag —, eine Technik, die dir zusagt, einundzwanzig Tage lang; dann wirst du ihre Auswirkungen spüren können. Wenn dir die Technik paßt, versuche, sie drei Monate lang, täglich, und täglich zur gleichen Zeit, auszuüben. Nach drei Monaten werden die Wirkungen eindeutig sein. Von nun an wird keine besondere Disziplin mehr nötig sein. Die Übung wird entweder zu einem Teil deines Lebens oder aber von selbst wegfallen.

Bhagwan Shree sagt, es sei gut, aktive Meditationen am Mogen und stille Meditationen am Abend zu praktizieren. Der Gang vom Tag in die Nacht ist für den Menschen eine Bewegung vom Äußeren ins Innere, vom Aktiven zum Passiven.

Übe diese Techniken mit voller Hingabe, aber ohne verbissenen Ernst. Nichts ist zu erwarten, nichts soll erreicht werden; die Techniken sind zum Spielen da. Spiele mit ihnen und habe deine Freude daran.

Magen und geschlossenen Augen oder mit Augenbinde praktiziert werden. Je weniger Kleidung, desto besser.

Erstes Stadium:
Atme 10 Minuten tief und schnell durch die Nase. Laß den Körper so entspannt sein wie nur möglich und beginne schnell, tief und chaotisch zu atmen — so tief und schnell wie möglich, 10 Minuten lang. Halte nicht an, geh restlos darin auf. Wenn sich der Körper bewegen will, während du atmest, laß es geschehen, geh völlig mit.

Zweites Stadium:
10 Minuten Katharsis: das heißt, du unterstützt jeden Energieimpuls, der durch das Atmen erzeugt wurde. Wichtig ist, daß du ausdrückst, was du fühlst; überlaß dich vollkommen der Energie. Laß einfach passieren, was geschieht. Unterdrücke nichts. Wenn dir nach Weinen ist, weine; wenn du Lust zum Tanzen hast, tanze. Lache, schreie, heule, springe und schüttele dich — egal, was du tun willst, *tu es!*

Im *Dritten Stadium* rufst du 10 Minuten lang »HUH! — HUH! — HUH!« Streck die Arme in die Höhe und spring auf und nieder, während du weiterhin »HUH — HUH!« rufst. Springe in die Höhe und lande hart auf deinen Fußsohlen, damit das ›HUH!‹ tief eindringen kann, bis ins Sex-Zentrum. Springe und rufe bis zur völligen Erschöpfung.

Viertes Stadium:
Du erstarrst für 10 Minuten in der Stellung, in der *du gerade bist*. Gefriere mit dem Signalzeichen. Egal, in welcher Stellung du bist, bleibe vollkommen still stehen. Die Energie wurde durch das Atmen wachgerüttelt, durch Katharsis gereinigt und durch das Sufi-Mantra aufwärts gelenkt. Laß sie jetzt tief in dir arbeiten. Energie bedeutet Bewegung. Wenn du sie nicht länger hinauswirfst, fängt sie an, im Innern zu arbeiten.

Im *fünften Stadium* tanzt und feierst du 10-15 Minuten lang, bringst deine Freude und deinen Dank zum Ausdruck.

Bhagwan hat eine abgewandelte Form der Dynamischen Meditation entworfen für den Fall, daß die Umstände keinen Lärm erlauben. In dieser Spielart wird die Energie innen gehalten, alle Rufe und Schreie werden innen bewahrt, du wirfst sie nicht nach außen. Wer sich voll auf diese Spielart einläßt, kann tief in Meditation geraten, weil die Energie im Inneren bewahrt wird und so in immer tiefere Bereiche vorstößt.

Die einzelnen Phasen sind dieselben wie oben. Erlaube deinem Körper, in Katharsis zu explodieren, aber ohne irgendwelchen Lärm zu machen. Die Freisetzung, die Entladung geschieht einzig und allein durch Körperbewegung. Unterdrücke nichts. Wenn du schreien willst, erlaube dem Schrei, sich *durch den Körper* auszudrücken. Hämmere dann im 3. Stadium den Laut ›HUH‹ tief nach innen. Behalte den Laut innen, aber gehe völlig darin auf, laß deine ganze Energie zum Einsatz kommen.

Brabbel-Meditation (»Gibberish«)

Brabbeln, unwillkürliches Reden, ist eine ausgesprochen kathartische Technik, genau wie die Dynamische Meditation. Es heißt, daß diese Technik zuerst vor Hunderten von Jahren von einem Sufi-Mystiker namens Gibbere angewandt wurde. Bhagwan hat ihr für den modernen Gebrauch eine neue Form gegeben.

Die Meditation kann entweder allein oder in einer Gruppe gemacht werden. Schließe die Augen und fang an, unsinnige Laute (Gibberish) von dir zu geben. Überlaß dich für 15 Minuten völlig diesem unsinnigen Plappern. Laß alle möglichen Laute zu, alles, was sich Luft machen will. Wirf es raus. Der Verstand denkt immer in Worten. Brabbeln hilft dir, dieses eingefleischte Muster des ständigen Verbalisierens aufzubrechen. Du kannst deine Gedanken hinauswerfen, ohne sie zu unterdrücken — in unsinnigem Gebrabbel. Laß deinen Körper entsprechende Bewegungen dazu machen.

Liege dann 15 Minuten auf dem Bauch und stelle dir vor, du würdest mit der Erde verschmelzen. Fühle bei jedem Ausatmen, wie du in den Boden unter dir versinkst, mit der Erde eins wirst.

Wenn die Meditation draußen vor sich geht, wird folgende Variante vorgeschlagen: statt die Augen zu schließen, laß sie geöffnet. Du kannst dein Geplapper in den Himmel über dir werfen. Richte deinen Blick auf nichts Bestimmtes. Schau einfach tief in den Himmel und wirf alles raus, was in dir ist. Fang sitzend an, aber erlaube deinem Körper auch, aufzustehen oder sich hinzulegen oder sich auf irgendeine Weise zu bewegen, wenn du den Wunsch danach verspürst.

Im zweiten Stadium, das 15 Minuten dauert, sitzt du oder liegst auf dem Rücken und schaust in den Himmel. Empfinde es, als ob du mit dem Himmel verschmilzt.

Devavani

›Devavani‹ bedeutet ›die göttliche Stimme‹. Wenn du diese Technik praktizierst, dann stell dir einfach vor, daß das Göttliche durch dich spricht, laß dich vom Göttlichen durchfluten. Du bist nur ein Kanal, ein leeres Gefäß, durch das das Göttliche spricht und strömt.

Jedes der vier Stadien dauert 15 Minuten; die Augen bleiben die ganze Zeit geschlossen. Die Technik kann allein oder in einer Gruppe praktiziert werden.

Erstes Stadiumı
Sitze ruhig da und höre Musik, du brauchst nichts zu tun.

Zweites Stadium:
Nach 15 Minuten, wenn die Musik aufhört, läßt du dich zu einem Kanal für die göttliche Stimme werden. Fange mit einem leichten, weichen la ... la ... la an, bis dir unvertraute Worte auf die Zunge kommen. Nach ein paar Tagen Übung werden die Worte zu einer ungewohnten Sprache, und du stellst mit Staunen fest, daß du ganze Sätze in einer unbekannten Sprache redest.

Das Ganze soll ein sprachliches ›Latihan‹ sein, deshalb darfst du weder schreien, noch weinen, lachen oder brüllen, weil das hieße, daß sich Bedeutung eingeschlichen hat. Die Worte müssen von einem Teil deines Gehirns kommen, den du als Kind benützt hast — bevor du sprechen konntest —, nicht von dem Teil, der den ganzen Tag denkt und spricht. Im alten Testament wird dieses ›In-Zungen-Reden‹ ›Glossolalia‹ genannt.

Man muß ›Latihan‹ von dem Geplapper, das in der vorherigen Technik beschrieben wird, unterscheiden. Es ist keine Katharsis.

Du wirfst nichts hinaus, reagierst keine angehäuften Spannungen ab. Vielmehr läßt du es zu, erlaubst dir, ein Werkzeug der göttlichen Energie zu sein. Plappern ist ein Tun; Latihan ist ein Zulassen. Mit Gebrabbel erlaubst du dem Unbewußten, sich vom zu großen Druck zu entladen; im Latihan erlaubst du dem Unbekannten, sich *durch* dich zu äußern.

Wenn die Worte versiegen, dann fang wieder mit la ... la ... la an, bis neue Worte in dir aufsteigen.

Drittes Stadium:
Stehe 15 Minuten lang, spreche weiter in Zungen, aber erlaube jetzt dem Göttlichen, auch durch deinen Körper zu fließen. Laß das Latihan vollkommen übergreifen. Wenn du den Körper weich und locker sein läßt, wirst du bald spüren, wie sich feine Energien darin regen — langsam, behutsam. Bewege dich nicht von dir aus; laß dich von der Energie bewegen.

Viertes Stadium:
Lege dich einfach hin und sei vollkommen ruhig.

Anmerkung:
Das zweite Stadium dieser Meditation kann fast überall und bei jeder Gelegenheit praktiziert werden — beim Baden, beim Autofahren ... »Und es ist stärker als alles, was ihr Gebet nennt«, sagt Bhagwan.

Die Gebets-Meditation

Bhagwan Shree spricht über vier Ebenen von Vereinigung: Sex, Liebe, Gebet und Meditation. Sex ist die niedrigste. Er ist die Vereinigung zweier Körper. Liebe ist höher. Sie ist die Vereinigung zweier Innenwelten, zweier Seelen. Dann kommt Gebet. Es ist ein tiefer Dialog, eine tiefe Liebe zwischen dir und der gesamten Existenz. Aber trotzdem besteht weiterhin eine Trennung. In Meditation verschwindet diese Dualität. Du bist nicht mit etwas Äußerem vereinigt, nicht im Dialog mit dem Göttlichen oder mit der Existenz. Du bist eins damit geworden, eins mit dem All.

Bhagwan hat darüber gesprochen, wie du durch Sex zur Meditation kommen kannst, und wie Liebe dich zur Meditation führen kann.* Hier ist von der Möglichkeit die Rede, durch Gebet zu ihr zu gelangen:

»Für mich ist Gebet ein Gefühl, ein Fließen mit der Natur. Wenn du sprechen willst, sprich, aber sei dir klar darüber, daß deine Worte nichts an dem ändern, was ist. Sie wirken auf dich selber ein, und das mag gut sein, aber lautes Beten hat keinen Einfluß auf den göttlichen Willen.

Beten kann dich verwandeln, aber wenn es dich nicht verwandelt, ist es ein Trick. Du kannst jahrelang beten, aber wenn es dir keinen Aufschluß über dein inneres Wesen gibt, dann laß es fallen, wirf es weg, es ist Abfall; halte dich nicht länger damit auf.

Beten hat keine Wirkung auf Gott. Du glaubst immer, du könntest mit Beten den göttlichen Willen zu deinen Gunsten verändern, so daß Gott dir ein größeres Stück vom Kuchen gibt. Aber so läuft es nicht! Der unermeßliche, weite Himmel kann nur dann mit dir sein, wenn du mit ihm sein, in ihm aufgehen kannst. Es gibt keine andere Art zu beten.

Beten ist möglich, aber Beten sollte ein Energie-Phänomen sein — keine Demonstration der Unterwürfigkeit, sondern ein Tanz der Energie.

Werde ganz ruhig und öffne dich. Hebe beide Hände mit den Handflächen nach oben, den Kopf erhoben; fühle jetzt, wie die Existenz in dir fließt. Wenn die Energie (oder Prana) in deine Arme fließt, spürst du ein leichtes Zittern. Sei wie ein Blatt in der Brise, zittere. Laß es zu, unterstütze es. Dann laß deinen ganzen Körper von der Energie vibrieren. Laß einfach geschehen, was geschieht.

Knie nach zwei, drei Minuten, sobald du das Gefühl hast, von der Energie völlig durchflutet zu sein, nieder und berühre die Erde mit der Stirne, küsse sie. Werde einfach zu einer Brücke, die es der göttlichen Energie erlaubt, mit der Erde eins zu werden. Du fühlst wieder einen gemeinsamen Pulsschlag mit der Erde: Himmel und

---

* »The Book of Secrets«, Bd. 1—5.

Erde, oben und unten, Yin und Yang, männlich und weiblich. Du fließt, du vermischt dich, läßt dich vollkommen fallen. Es gibt dich nicht mehr. Du wirst mit Allem eins, du verschmilzt.

Diese beiden Phasen müssen sechsmal wiederholt werden, damit jedes Chakra von Blockierungen frei werden kann. Du kannst sie zwar öfter wiederholen, aber nie *weniger* als sechsmal, sonst fühlst du dich rastlos und kannst nicht schlafen.

Am besten betet man auf diese Weise nachts, in einem verdunkelten Raum, und geht direkt danach schlafen. Oder auch morgens, aber dann muß man sich 15 Minuten lang danach ausruhen. Diese Ruhe ist notwendig, sonst fühlst du dich wie betrunken, wie beschwippst.

Dieses Verschmelzen mit Energie ist Gebet. Es verändert dich. Und wenn du dich veränderst, verändert sich die ganze Existenz.«

Das Gruppengebet

Drei Leute sind schon genug für diese Art Gebet, aber die stärkste Wirkung hat es in einer großen Gruppe; abends ist die beste Zeit dafür.

Bildet einen Kreis, schließt die Augen und haltet euch bei den Händen. Fangt an, langsam zu singen, so laut, wie es ohne Anstrengung geht: »Heilig ... heilig ... heilig ...« Laßt Schweigen — das Tal — zwischen den Worten — den Gipfeln — entstehen. Nach drei, vier Minuten stellt sich zwischen allen eine natürliche Harmonie, ein Rhythmus her.

Fühle beim Singen, wie alles heilig ist. Jedes Objekt ist heilig, jede Person ist heilig, du bist heilig. Alles ist heilig und alles ist Teil des Heilen, des Ganzen. Empfinde, daß es *wirklich* so ist, daß du selber heil und heilig bist, genauso wie alles, was dich umgibt. Gib die Trennung auf, gib dein Ego auf und verschmilz mit dem Gesang.

Bhagwan hat gesagt: »Diejenigen, die Augen haben, werden eine Energiesäule von der Gruppe aufsteigen sehen. Ein Individuum allein kann nicht viel erreichen, aber stelle dir 500 Meditierende vor, die sich in diesem Gebet die Hände reichen!«

Etwa nach 10 Minuten, oder wenn die Hände auf ein Zeichen hin gesenkt werden, knien alle nieder, küssen die Erde und erlauben der Energie in die Erde zu fließen, zu der Quelle zurückzukehren, von der sie gekommen ist.

Mandala-Meditation

›Mandala‹ bedeutet auf Hindi ›Kreis‹. Jeder Kreis hat ein Zentrum. Das Ziel dieser Technik ist, einen Energiekreis herzustellen, so daß es ganz von allein zu einer Zentrierung, einer inneren Sammlung kommt. Die Technik ist in vier 15minütige Phasen eingeteilt. Sie beginnt mit intensiver Aktivität und wird in jedem Stadium allmählich ruhiger, so daß im vierten Stadium absolute Ruhe eintritt, völliges Schweigen, und Meditation möglich wird.

Erstes Stadium:
15minütiger Dauerlauf auf der Stelle. Fang an, langsam zu laufen, steigere die Geschwindigkeit nach und nach. Es ist gut, wenn dazu Musik gespielt wird, die das Tempo kontinuierlich 15 Minuten lang steigert. Der Atem muß gleichmäßig, regelmäßig, tief und entspannt sein.

Es ist wichtig, diese Phase durchzuhalten — Geist und Körper zu vergessen und die Aufmerksamkeit nur auf das Laufen zu richten. Es kommt zu einem Aufwallen der Energie. Es fängt in deinem untersten Chakra an und breitet sich über den ganzen Körper aus, zirkuliert darin. Wem der Dauerlauf zu anstrengend ist, der kann während der ganzen ersten Phase wahlweise ›Fahrrad fahren‹ — entweder abwechselnd mit Laufen oder nur ›Fahrrad fahren‹. Beim Fahrradfahren liegt man auf dem Rücken, Hüften auf dem Boden, und strampelt mit den Beinen, wie beim Fahrradfahren. Ob Laufen oder Radeln, die Beine müssen eine kreisförmige Bewegung beschreiben.

Zweites Stadium:
Sitze 15 Minuten mit geschlossenen Augen und rotiere mit dem Körper im Kreis herum. Stell dir vor, du seist ein Schilfrohr, das vom Wind bewegt wird. Gib dich dem Wind hin. Laß dich von

ihm hin und her, vor und zurück und im Kreis herum bewegen. Die Bewegung sollte langsam, sanft, entspannt und natürlich sein.

Energie steigt im Körper auf. Du wirst ihren Schwerpunkt jetzt am Nabel fühlen.

Dritte Phase:
Lege dich auf den Rücken, öffne deine Augen und bewege sie 15 Minuten im Kreis herum, im größtmöglichen Kreis. Fange langsam an und bewege sie dann immer schneller. In der Augenmuskulatur sammeln sich viele Spannungen an. In dieser Phase entspannen sich diese feinen Muskeln. Die Energie, die durch den Körper aufgestiegen ist, wird jetzt zum 3. Auge hingezogen. Du konzentrierst dich auf das 3. Auge, das »innere Auge«; deine Aufmerksamkeit verlagert sich dorthin.

Vierte Phase:
Schließe jetzt die Augen, liege völlig still und entspanne dich vollkommen. Inzwischen haben sich alle körperlichen Spannungen entladen. Die Energie wird zu einem mächtigen Strom, der jetzt nicht länger von Spannungen blockiert ist; sie kann in dir arbeiten: sie reinigt dich, badet dich.

Anmerkung:
Es ist wichtig, den Unterkiefer während der ganzen Meditation locker zu haben, besonders im zweiten und dritten Stadium. Viele Spannungen haben sich im Kiefer angesammelt. Wenn du die Kieferpartie in dieser Technik entspannt halten kannst, können diese Spannungen leicht entladen werden.

Kundalini-Meditation

Sie ist eine der beliebtesten und wirksamsten Techniken Bhagwans. Sie setzt viel *Kundalini*-Energie in dir frei, was du als sprudelnde Lebendigkeit, als ein Vibrieren deines ganzen Körpers fühlst. Nachdem die Energie aufgerüttelt, angefacht ist, wird sie durch Tanzen wieder abgegeben und ins Universum, in die Existenz zurückgeleitet. Darauf folgt Schweigen und Stille.

Diese Technik ist in vier 15minütige Phasen aufgeteilt. Die

ersten drei Stadien werden von Musik begleitet, aber die letzte Phase muß in völliger Stille verlaufen.

Erstes Stadium:
Schüttle deinen ganzen Körper 15 Minuten lang. Beginne damit, deine Hände und Füße zu schütteln; dort befinden sich alle Nervenenden. Halte die Augen entspannt, ebenso die Gesichtsmuskulatur. Bringe alles zum Schütteln, zum Vibrieren. Am Anfang mußt du es *tun*, aber nach ein paar Minuten wird das Schütteln von selbst geschehen. Wenn du den ganzen Körper locker hältst, greift das Schütteln, ausgehend von Händen, Füßen und Kopf, immer mehr auf dich über — bis es dich völlig überflutet, und du nur noch das Schütteln *bist*.

Zweites Stadium:
Erlaube jetzt der frisch erweckten Energie, sich durch Tanz auszudrücken. Du wirst vor Energie sprühen; laß sie durch Tanzen zum Ausdruck kommen. Tanzen ist wichtig, denn es ist mehr Energie in dir erwacht, als dein Körper aushält. Würdest du nicht tanzen, würdest du von Rastlosigkeit und Unruhe geplagt werden. Gehe deshalb restlos im Tanzen auf. Drücke all die Energie, die jetzt freigesetzt ist, durch Tanz, durch Feiern aus. Freu dich daran!

Drittes Stadium:
Stehe oder sitze, aber bleibe 15 Minuten lang vollkommen ruhig. Sanfte Musik sollte dazu gespielt werden; geh völlig darin auf, verschmilz damit.

Viertes Stadium:
Lege dich 15 Minuten lang auf den Boden und s e i. Es gibt nichts außer Schweigen, nichts außer Stille, innen und außen.

Anmerkung:
Die Augen können in den ersten zwei Phasen geschlossen werden, in den letzten beiden Phasen müssen sie auf jeden Fall geschlossen bleiben.

Wirbeln

Wirbeln ist ursprünglich eine Meditationstechnik der Sufi-Derwische: sie ist schon viele hundert Jahre alt. Einige Stunden vorher soll man nichts mehr essen oder trinken. Leichte, weite Kleidung und unbedeckte Füße sind für die Meditation am besten.

Konzentriere dich auf die Mitte deines Leibes, genau über dem Nabel. Fange damit an, dich gegen den Uhrzeigersinn auf der Stelle zu drehen. Wenn dir schwindelig wird, kannst du dich zur Abwechslung im Uhrzeigersinn drehen. Halte deine Augen offen, deinen Körper locker und deine Arme bequem seitwärts ausgestreckt. Dein rechter Arm muß erhoben und die Handfläche nach oben gewendet sein; halte den linken Arm ungefähr auf Hüfthöhe mit der Handfläche nach unten. Richte deine Augen auf nichts Bestimmtes. Überlaß dich dieser Verschwommenheit, die durch das Wirbeln entsteht. Oder richte dein Augenmerk auf deine ausgestreckte rechte Hand.

Drehe dich zuerst langsam und dann mit zunehmender Geschwindigkeit. Wenn du über deinem Nabel zentriert bist, fühlst du dich bald wie ein Rad, das um sein Zentrum rotiert. An der Peripherie dreht sich der Körper. Im Zentrum, in der Nabe, herrscht Stille.

Die Musik, die das Wirbeln begleitet, sollte gleichmäßig, rhythmisch und lebendig sein und das Tempo allmählich steigern, ohne zu hektisch zu werden. Indem du dich immer schneller um deine Achse drehst, entdeckst du, daß es in deinem Zentrum immer ruhiger wird.

Dreh dich weiter im Kreis herum, bis du dich irgendwann auf dem Boden wiederfindest. Es gibt keine festgesetzte Zeit für diese Phase der Meditation. Du mußt so lange wirbeln, bis du von selbst zu Boden fällst. Derwische tanzen oft weit in die Nacht hinein; gewöhnlich dauert das Wirbeln von zwanzig Minuten bis zu drei Stunden. Für eine Gruppe reichen normalerweise 45 Minuten aus.

Bleibe dort liegen, wo du zu Boden fällst. Steh nicht wieder auf, fang nicht von neuem an. Leg dich auf deinen Bauch, schließe die Augen; berühre den Boden mit deinem entblößten Bauchnabel. Fühle, wie du in den Grund unter dir versinkst, als ob es die Brust deiner Mutter wäre. Bleibe mindestens 15 Minuten in dieser Position liegen.

Nataraj — »Die Tanzmeditation«

Bhagwan hat oft vom Tanzen als Meditationstechnik gesprochen. Tanzen wird häufig als Methode verwendet. Wenn der Tanz beginnt, gibt es keinen Tänzer mehr. Es gibt nur noch den Tanz. In vielen Techniken Bhagwans wird Tanz als Mittel eingesetzt. Die *Nataraj* besteht nur aus Tanz. Sie ist Tanz als totale Meditation.

Erste Phase:
40 Minuten Tanzen. Überlaß die Führung völlig deinem Unbewußten; tanze wie besessen. Mach keine geplanten Bewegungen, kontrolliere sie nicht. Vergiß Beobachten, Zuschauer, Bewußtsein — geh vollkommen im Tanz auf. Der Tanz beginnt im Sex-Zentrum und steigt dann nach oben. Laß es geschehen.

Zweites Stadium:
Wenn die Musik aufhört, halte sofort an, leg dich nieder und sei 20 Minuten lang völlig ruhig und still. Die Schwingungen des Tanzes, der Nachhall der Musik — alles hallt leise im Inneren nach. Erlaube diesen Schwingungen, deine feinsten Schichten zu durchdringen.

Drittes Stadium:
Steh auf und feiere, tanze 5 Minuten lang voller Freude; genieße, was du erlebst.

Gourishankar

Bhagwan sagt über diese Meditation: »Wenn wir in der ersten Stufe dieser Meditation voll atmen, dann sammelt sich so viel Sauerstoff im Blutkreislauf an, daß wir uns so unglaublich hoch und leicht fühlen, als wären wir auf dem Gipfel des Gourishankar, des Mount Everest selbst.«

Die Meditation hat vier Phasen. Jede Phase ist 15 Minuten lang.

Erstes Stadium:
Sitze mit geschlossenen Augen und atme so tief wie möglich durch die Nase ein. Halte den Atem an, solange du kannst, und atme

dann sanft durch den Mund aus. Warte mit dem Einatmen solange wie möglich, und atme dann wieder durch die Nase ein. Wiederhole das 15 Minuten lang.

Zweites Stadium:
Kehre zum normalen Atmen zurück und schau unverwandt in das Licht einer Kerze oder einer Taschenlampe, oder besser, wenn möglich, ins Licht einer blauen stroboskopischen Lampe. Laß deinen Blick weich und sanft sein, als ob du jemand liebevoll anschaust. Halte deinen Körper ruhig.

Drittes Stadium:
Stehe auf, schließe deine Augen und laß ›Latihan‹ geschehen. Im Latihan läßt du deinen Körper so nachgiebig und locker wie nur möglich, und bald regen sich subtile Energien in ihm. Erlaube diesen Regungen, deinen Körper zu bewegen — langsam, sanft. Du darfst nicht nachhelfen, laß die Bewegungen von selbst geschehen, laß dich davon bewegen.

Es ist eine große Hilfe, wenn diese ersten drei Stadien von Musik begleitet werden — einer Kombination von beruhigender Hintergrundmusik und einem gleichmäßigen Rhythmus, der siebenmal so schnell wie der normale Herzrhythmus ist. (Der erste Laut, den jeder von uns jemals gehört hat, war das Pochen des Mutterherzens.) Das vierte Stadium geschieht in totaler Stille.

Viertes Stadium:
Lege dich schweigend nieder und bleibe vollkommen ruhig.

Nadabrahma

Nadabrahma ist eine alte tibetanische Technik. Sie wurde ursprünglich am frühen Morgen praktiziert. Die Mönche wurden zwischen 2 Uhr und 4 Uhr nachts geweckt, machten diese Meditation und legten sich wieder schlafen.

Bhagwan hat über diese Technik gesagt, es sei gut, sie entweder nachts vor dem Schlafengehen oder am Morgen zu machen. Wenn nicht nachts, sollte man sich danach mindestens 15 Minuten lang ausruhen.

Nadabrahma ist eine Technik, die du mit anderen zusammen oder allein anwenden kannst. Man kann sie sogar während der Arbeit machen, besonders, wenn es irgendeine manuelle Arbeit ist. Ein nüchterner Magen ist gut, weil der innere Ton sonst nicht so tief gehen kann. Wenn du Nadabrahma allein machst, kannst du dir Wachs in die Ohren tun, das macht es leichter.

Erstes Stadium:
Sitze mindestens 30 Minuten lang mit geschlossenen Augen in einer entspannten Position. Fange an, mit geschlossenen Lippen zu summen, laut genug, daß die Vibration durch deinen ganzen Körper geht; du mußt es im ganzen Körper spüren. Das Summen sollte laut genug sein, daß man es in deiner Nähe hören kann.

Du kannst die Höhenlage nach Belieben verändern und nach deinem eigenen Gefühl summen und einatmen. Wenn sich der Körper bewegen will, dann laß es zu, aber die Bewegung sollte sehr langsam und sanft sein.

Stelle dir deinen Körper als hohles Rohr vor, als einen Resonanzkörper, der nur von den Schwingungen des Summens gefüllt ist. Nach einer Weile kommt ein Punkt, an dem du nur noch Zuhörer bist: das Summen geht von allein weiter. Es regt das Gehirn an, reinigt jede Faser des Gehirns. Diese Technik ist auch ausgesprochen gut für Heilungsprozesse geeignet.

Zweites Stadium:
Bewege deine Hände im Kreis. Halte die Handflächen nach oben. Die Kreisrichtung verläuft horizontal von deinem Körper weg nach vorne, seitwärts, nach hinten und wieder nach vorne — die rechte Hand bewegt sich nach rechts, die linke nach links. Beschreibe große Kreise und möglichst langsam, je langsamer, desto besser. Es mag dir zeitweise vorkommen, als ob sich die Arme überhaupt nicht bewegen. Wenn sich dein Körper bewegen will, erlaube es, aber halte die Bewegung wiederum langsam, weich und fließend.

Bewege die Hände nach 7½ Minuten in die entgegengesetzte Richtung: die Handflächen sind jetzt nach unten gekehrt; beschreibe die Kreise so, daß sie auf deine Vorderseite zulaufen. Bewege deine Hände 7½ Minuten in dieser Richtung. Stelle dir dabei vor, daß du Energie aufnimmst, und stelle dir jedesmal, wenn sich die Hände vom Körper wegbewegen, vor, daß die Energie wieder nach außen fließt.

Drittes Stadium:
Beende die Handbewegungen und sitze 15 Minuten lang still, ohne dich zu bewegen.

Bhagwan hat eine leichte Abwandlung dieser Technik für Paare empfohlen: setzt euch einander gegenüber, faßt euch kreuzweise an den Händen. Bedeckt euch mit einem Bettlaken, so daß beide Körper völlig bedeckt sind. Es ist besser überhaupt keine Kleidungsstücke zu tragen, damit die Energie so frei wie möglich fließen kann. Der Raum muß ziemlich dunkel sein, mit vier kleinen Kerzen als Lichtquellen. Es können Räucherstäbchen abgebrannt werden. (Immer dieselbe Sorte, die dann auch nur für diese Meditation benützt wird.)

Sitzt euch also gegenüber, haltet euch kreuzweise an den Händen, schließt die Augen und beginnt zu summen. Summt mindestens 30 Minuten lang. Summt gleichzeitig. Nach ein, zwei Minuten wird sich euer Atem angleichen, und auch das Summen geschieht in Einklang. Fühlt dabei, wie sich eure Energien vermischen und verschmelzen.

Shiva-Netra

Eine Meditation des Dritten Auges

Für diese Meditation muß man ein blaues Licht benützen; Blau ist die Farbe des Dritten Auges. Für Gruppenmeditation empfiehlt sich eine 500-Watt-Birne und eine Stufenregelung für die Lichtstärke. Wenn die Meditation zu Hause stattfindet, kann ein gewöhnliches Blaulicht ohne Stufenregelung benützt werden.

Die Meditation dauert eine Stunde und hat zwei zehnminütige Phasen, die dreimal wiederholt werden.

Erste Phase:
Sitze völlig ruhig und schaue in das blaue Licht. Deine Augen sollten entspannt sein, der Blick weich. Es kommt diesmal nicht darauf an, die Augen ununterbrochen geöffnet, das heißt, die Augenlider starr zu halten. Das Licht sollte zuerst gedämpft sein

und dann langsam, behutsam auf volle Stärke aufgedreht werden. Dann wird es genauso langsam wieder abgedunkelt. Dieses Verstärken und Abschwächen des Lichts wird in jeder der drei 10minütigen Licht-Stadien dreimal wiederholt.

Zweite Phase:
Schließe deine Augen und schwinge leicht und langsam seitwärts hin und her. Dabei wird sich die Energie deiner beiden Augen zum 3. Auge hin verlagern. Bewege dich, als seist du ein Baum, der in einer Brise schwingt.

Dritte Phase: Wiederhole die 1. Phase
Vierte Phase: Wiederhole die 2. Phase
Fünfte Phase: Wiederhole die 1. Phase
Sechste Phase: Wiederhole die 2. Phase

Anmerkung:
Diese Techniken sind am wirkungsvollsten, wenn sie von geeigneter Musik unterstützt werden. Tonbänder mit speziell dafür entwickelter Musik können durch Sannyas-Zentren oder durch die Shree Rajneesh Foundation, 17 Koregaon Park, Poona, Maharashtra, India, bezogen werden.

Lachen

Wir hängen so sehr an unseren Leiden, daß wir gewöhnlich nur lachen, um uns von Spannungen zu befreien. Nur selten, sehr selten, lachen wir ohne Grund. Wir können nicht lachen, können nicht einfach unseres Lebens froh sein; unser Lachen klingt schmerzlich.

Aber Lachen ist einfach schön, eine tiefe Reinigung, es läutert dich durch und durch. Bhagwan hat eine ›Lachtechnik‹ entwickelt. Wenn du sie jeden Morgen beim Aufwachen anwendest, wird sie dem ganzen Tag eine neue Note verleihen. Wenn du aufwachst und lachst, wirst du bald merken, wie absurd das Leben ist. Nichts ist ernst: selbst dein Ärger ist zum Lachen, selbst dein Schmerz, selbst *du* bist zum Lachen.

Wenn du am Morgen aufwachst, strecke dich wie eine Katze,

bevor du die Augen öffnest. Strecke jeden Teil deines Körpers. Genieße es; genieße das Gefühl des Auflebens, des Erwachens. Streck dich, drei, vier Minuten und fange mit geschlossenen Augen zu lachen an. Lache fünf Minuten lang. Zuerst wird es künstlich sein, du mußt nachhelfen, aber nach und nach kommt bei dem Versuch zu lachen ein echtes Lachen zustande. Verliere dich darin.

Es kann einige Tage dauern, bevor diese Technik Früchte trägt. Wir sind nicht ans Lachen gewöhnt; wir haben vergessen, wie man lacht. Aber bald wird es von selbst geschehen, spontan. Und dann, jeden Morgen, genieße es, freu dich!

Über den Autor

Bhagwan Shree Rajneesh ist einer der bekanntesten und anerkanntesten spirituellen Meister. Er ist Tantriker, Taoist, Zen-Buddhist, Sufi, Yogi, christlicher Mystiker und Chassidim in einem. Er gehört keiner bestimmten Tradition an, vereinigt jedoch in seiner Lehre alle Elemente der alten Traditionen, die auch für heutige Verhältnisse noch von Wert sind.

Er wurde in Indien am 11. Dezember 1931, in einem kleinen Dorf in Madhya Pradesh, geboren und gelangte im Alter von 21 Jahren zu seiner Verwirklichung (Erleuchtung). Er hatte keinen Guru, keinen spirituellen Meister. Neun Jahre war er Professor für Philosophie an zwei Universitäten; im Jahre 1966 gab er seine Professur auf, um sein Leben gänzlich der spirituellen Erweckung anderer Menschen zu widmen. Er reiste jahrelang in Indien umher und hielt revolutionäre Vorträge über die verschiedensten Aspekte des menschlichen Daseins; viele, die von der Brillanz seines Bewußtseins, seiner Klarheit und Direktheit aufgerüttelt wurden, ließen alles stehen und liegen, um als seine Schüler mit ihm zu ziehen. Obwohl er immer betonte, kein Guru zu sein, hatte er bald Tausende von Schülern. »Ich bin kein Guru«, sagt er, »aber ich streite nicht ab, daß du noch etwas lernen mußt. Meine ganze Arbeit läuft darauf hinaus, den Guru *in dir* zu erwecken.«

Obwohl Bhagwan Shree niemals außerhalb Indiens war, zog es Tausende von westlichen Suchern, seinen Ashram in Poona (ca. 150 km von Bombay) zu besuchen, der mit unglaublicher Geschwindigkeit anwächst.

Viele, die kamen, wurden Schüler Bhagwans und innerhalb der letzten zwei Jahre entstanden über 100 Rajneesh-Meditationszentren in Europa, Nordamerika, Südamerika, Australien und Asien, in denen seine Meditationstechniken täglich praktiziert werden.

Über 100 Bücher Bhagwan Shree Rajneeshs, die meisten in englischer Sprache, sind bislang in Indien publiziert worden. Dies ist die erste deutsche Veröffentlichung seiner Meditationstechniken.

VERZEICHNIS DER BHAGWAN SHREE RAJNEESH MEDITATIONSZENTREN IN DEUTSCHLAND, ÖSTERREICH UND SCHWEIZ

Amit	Sedanstraße 18, 3000 Hannover
Anand Kutir	Friedrich-Ebert-Straße 93, 3500 Kassel
Anand Sagar	Lütticher Straße 33-35, 5000 Köln 1
Anandlok	Mehringdamm 61,1000 Berlin 61
Anubhuti	Heßstraße 72, 8000 München 40
Anunado	Kaiser-Wilhelm-Ring 40, 6500 Mainz
Anurag	Schwarzwaldstraße 42-44, 7800 Freiburg
Chetana	Burghäuserstraße 12, 8725 Arnstein-Altbessingen
Devageet	Panoramastraße 123, 6900 Heidelberg
Dharmadeep	Karolinenstraße 7-9, 2000 Hamburg 6
Divya	Hauptstraße 19, 8531 Langenfeld
Karuna	Schloß Hainhofen, 8902 Neusäß
Mada	Am Weingarten 12-14, 6000 Frankfurt/M 90
Manisha	Luitpoldstraße 27a, 8600 Bamberg
Mukta	Schloßstraße 60a, 7000 Stuttgart 1
Nandan	Roonstraße 23, 5100 Aachen
Neerava	Breite Straße 56, 5300 Bonn
Prem Niket	Fesenfeld 126, 2800 Bremen
Purvodaya	Fongi Hof, 8051 Margarethenried
Rajneeshstadt	Schloß Wolfsbrunnen, 3446 Meinhard-Schwebda
Sadhana	Scheibenstraße 55, 4000 Düsseldorf
Sagar	Egloffsteiner Straße 19, 8500 Nürnberg
Sahaj	Herrenkellergasse 10, 7900 Ulm
Salam	An der Bahn 21, 4952 Porta Westfalica
Samanvaya	Dorfstraße 66, 8909 Edelstetten
Sangeetam	Buddestraße 15, 4800 Bielefeld
Satdharma	Amalienstraße 38, 8000 München 40
Satjivan	Hilkenbreden 2, 3251 Aerzen 4
Siddhartha	Am Margarethengraben 1, 6301 Wettenberg 3
Svarga	Unterdorfstraße 11, 3429 Renshausen
Vardan	Villastraße 40, 7410 Reutlingen
Vedant	Taunusstraße 37, 6100 Darmstadt
Vihan	Urbanstraße 64, 1000 Berlin 61
Wali	Kaiserstraße 111, 7073 Lorch-Rattenharz
Gyandip	Baumackerstraße 42, CH-8050 Zürich
Malar	Amerbachstraße 17, CH-4057 Basel
Ninad	Gerechtigkeitsgasse 56, CH-3011 Bern
Shanti Deep	3, Place Jarghonnaut, CH-1207 Genf
Pradeep	Siebenbrunnenfeldgasse 4, A-1050 Wien

In den aufgeführten Meditationszentren finden von Bhagwan Shree Rajneesh entwickelte Meditationen, sowie zum Teil auch Meditationscamps und Therapiegruppen statt. Bücher und Tonkassetten von Bhagwan sind in den Zentren erhältlich. Programme werden auf Anfrage kostenlos zugesandt.

BIBLIOGRAPHIE

Liste der Bücher von Bhagwan Shree Rajneesh

Englische Buchtitel

Hammer on the Rock
Eine Sammlung mit fotografischer Beschreibung der Begegnungen zwischen Bhagwan und seinen Schülern, Besuchern, Hilfesuchenden — im allabendlichen Darshan. Poona, 1976, 450 S., Seide, DM 35,—

Tao: The Three Treasures
»Wenn ich über Lao Tse spreche, dann ist es so, als spräche ich über mich selbst. Mit ihm bin ich eins.« — Gesammelte Vorträge über das Tao Te King. Poona, 1976, Band 1, 344 S., Seide, DM 23,—, Band 2, 327 S., Seide, DM 28,—, Band 3, 395 S., Seide, DM 28,—. Poona 1977, Band 4, 404 S., DM 28,—

Tantra the Supreme Understanding
Auf der Grundlage des einzigartigen Textes »Tilopas Song of Mahamudra« wird der Leser in die große Lehre des Tantra eingeführt. Poona, 1975, 250 S., Seide, DM 23,—

The Empty Boat
Vorträge über Chuang Tzu und den Kerngehalt aller Erleuchtung — die innere Leere. Poona, 1976, 451 S., Seide, DM 28,—

The Books of the Secrets
5 Bände über die »Vigyana Bhairava Tantra« — »Die 112 Meditations-Methoden des Gottes Shiva.« Poona, 1975, Band 1, vergr.: Poona, 1975, Band 2, 414 S., Seide, DM 23,—, Poona, 1976, Band 3, 399 S., Seide, DM 23,—, Band 4, 391 S., Seide, DM 23,—, Band 5, 437 S., Seide, DM 23,—

Vedanta: Seven Steps to Samadhi
Über die Akshya Upanishad, welche einen praktischen und lebensbejahenden Weg über den religiösen Suchenden darlegt. Poona, 1976, 501 S., Seide, DM 28,—

Just like that
10 Sufi-Geschichten. Die wahre Tradition der Sufis liegt in der unmittelbaren Übertragung des Erkennens in der engen Beziehung zwischen Meister und Schüler. Poona, 1975, 472 S., Seide, DM 23,—

Until You Die
»Meine ganze Anstrengung besteht darin, Dir zu helfen, zum Herz zu kommen. Denn nur durch das Herz wirst Du wiedergeboren werden. Niemand kann wiedergeboren werden ... bis er gestorben ist.« Poona, 1976, 270 S., Seide, DM 28,—

The Hidden Harmony
11 Vorträge über Heraklitus, den sehr vernachlässigten erleuchteten griechischen Meister. Bhagwan offenbart uns die Poesie der »Fragmente« des Heraklitus. Poona, 1976, 300 S., Seide, DM 23,—

The Ultimate Alchemy (Band 1 & 2)
Eine lebendige Antwort auf eine alte Hindu-Schrift: Die »Atma Pooja Upanishad« (die Verehrung des Selbst). Poona, 1976, Band 1, 427 S., Seide, DM 28,—; Band 2, 427 S., Seide, DM 28,—

Ancient Music in the Pines
»In der inneren Leere, wenn kein Lärm ist, hörst Du die Musik der Pinien.« Poona, 1977, 220 S., Seide, DM 28,—

The Grass Grows by Itself
»Still sitzen — ohne etwas zu tun — es kommt der Frühling, und das Gras wächst von allein.« Zen-Vorträge. Poona, 1976, 220 S., Seide, DM 28,—

Dang Dang Doko Dang
Zen Vorträge mit Fragen und Antworten. Poona, 1977, 278 S., Seide, DM 28,—

A Sudden Clash of Thunder
Vorträge über Zen mit Fragen und Antworten. Poona, 1976, 271 S., Seide, DM 28,—

Meditation: The Art of Inner Ecstasy
Fragen und Antworten über Meditation und Esoterik. Poona, 1976, 248 S., Paperback, DM 7,—

Above All Don't Wobble
Darshan-Gespräche, Band 2, Poona, 469 S., Seide, DM 35,—

Nothing to Loose but Your Head
Darshan-Gespräche, Band 3. Poona, 1977, 398 S., Seide, DM 35,—

Be Realistic: Plan for a Miracle
Darshan-Gespräche, Band 4. Poona, 1977, 406 S., DM 35,—

Get Out of Your Own Way
Darshan-Gespräche, Band 5. Poona, 1977, 362 S., Seide, DM 35,—

The True Sage
Fünf Hassidische Erzählungen in poetischer Form. Poona, 1976, 398 S., Seide, DM 28,—

The Art of Dying
Vorträge über die Chassidim. Poona, 1978, 263 S., Seide, DM 28,—

Ecstasy: The Forgotten Language
Die Gedichte des Mystikers Kabir aus dem fünfzehnten Jahrhundert sind von ungewöhnlicher Schönheit und Reinheit: Vorträge über den Weg der Liebe. Poona, 1978, 313 S., Seide, DM 28,—

The Beloved (Band 1 & 2)
Vorträge über die Baul-Mystiker aus Bengal. Poona, 1977, Band 1, 305 S., Seide, DM 28,—; Poona, 1978, Band 2, 262 S., Seide, DM 28,—

Yoga: The Alpha and the Omega
»Patanjali ist wie ein Einstein in der Welt der Buddhas.« Vorträge über die Yoga-Schrift des Patanjali. Poona, 1976, Band 1, 252 S., Seide, DM 23,—, Band 2, 256 S., Seide, DM 23,—; Poona, 1976, Band 3, 281 S., Seide, DM 28,—; Band 4, 260 S., Seide, DM 28,—; Band 5, 252 S., Seide, DM 28,—; Band 6, 254 S., Seide, DM 28,—. Poona 1977, Band 7, 236 S., Seide, DM 28,—; Band 8, 279 S., Seide, DM 28,—. Poona, 1978, Band 9, 324 S., Seide, DM 28,— Band 10, 250 S., Seide, DM 28,—

And the Flowers Showered
Bhagwan erzählt: Wenn ein Mensch zur Erleuchtung gelangt — wird die ganze Existenz erleuchtet ... und es regnet Blüten. Poona, 1975, 220 S., Seide, DM 23,—

The Discipline of Transcendence (Band 1 & 2)
Vorträge über die 42 »chinesischen Surtas« des Buddha. Poona, 1978, Band 1, 304 S., Seide, DM 28,—, Band 2, 304 S., Seide, DM 28,—

No Water — No Moon
Aufgebaut auf 10 Zen Geschichten wird eine nicht-intellektuelle, durch das Herz empfundene Einführung vermittelt. Poona, 1975, 250 S., Paperback, DM 13,—

Returning to the Source
Zen-Anekdoten. Poona, 1975, 400 S., Seide, DM 23,—

Roots and Wings
»Religion ist immer gegen die Wurzeln (die Welt) und für die Flügel (die Aufgabe des Weltlichen) gewesen. Ohne Wurzeln jedoch kann der Baum nicht blühen.« Poona, 1975, 475 S., Paperback, DM 17,—

The Search
Eine Sammlung von 10 Vorträgen auf der Grundlage der berühmten und alten »Ten Bulls of Zen«. Poona, 1977, 267 S., Seide, DM 28,—

Nirvana The Last Nightmare
Zen-Geschichten mit Fragen an und Antworten von Bhagwan. Poona, 1976, 278 S., Seide, DM 28,—

The Mustard Seed
Ausgewählte Texte des neuentdeckten Thomas-Evangeliums bilden eine neue und unbekannte Darstellung des Christentums. Poona, 1975, 250 S., Seide, DM 28,—

Come Follow Me
Bhagwan spricht hier nicht über das Christentum, sondern über Christus, so als wäre dieser zurückgekommen, um die wahre Geschichte zu erzählen. Poona, 1976, Band 1, 260 S., Seide, DM 28,—, Band 2, 260 S., Seide, DM 28,—, Band 3, 260 S., Seide, DM 28,—. Poona, 1977, Band 4, 260 S., DM 28,—

Beloved of My Heart
Darshan-Gespräche, Band 6. Poona, 1978, 344 S., Seide, DM 35,—

The Cypress in the Courtyard
Darshan-Gespräche, Band 7. Poona, 1978, 437 S., Seide, DM 35,—

The Path of Love
Vorträge über den Poeten und Mystiker Kabir. Poona, 1978, DM 28,—

The Divine Melody
Vorträge über Kabir. Poona, 1978, DM 28,—

The Heart Sutra
Gautam Buddhas direktes Gespräch mit seinem Schüler Sariputra, dargelegt durch Bhagwan Shree. Poona, 1978, DM 28,—

Deutschsprachige Bhagwanliteratur

DAS BUCH DER GEHEIMNISSE I (Heyne Verlag)
MEDITATION – DIE KUNST ZU SICH SELBST ZU FINDEN (Heyne Verlag)
AUF DER SUCHE (Sambuddha Verlag)
TANTRA – DIE HÖCHSTE EINSICHT (Sambuddha Verlag)
DAS ORANGENE BUCH (Sambuddha Verlag)

MIT WURZELN UND MIT FLÜGELN (Edition Lotus)
DIE SCHUHE AUF DEM KOPF (Edition Lotus)
ICH BIN DER WEG (Rajneesh Verlag)
ESOTERISCHE PSYCHOLOGIE (Rajneesh Verlag)
SPRENGT DEN FELS DER UNBEWUSSTHEIT (Fischer Verlag)
MEIN WEG: DER WEG DER WEISSEN WOLKE (Herzschlag Verlag)
INTELLIGENZ DES HERZENS (Herzschlag Verlag)
EKSTASE, DIE VERGESSENE SPRACHE (Herzschlag Verlag)
KEIN WASSER, KEIN MOND (Herzschlag Verlag)
WAS IST MEDITATION? (Sannyas Verlag)
TANTRISCHE LIEBESKUNST (Sannyas Verlag)
KOMM, FOLGE MIR (Sannyas Verlag)
DIE VERBORGENE HARMONIE (Sannyas Verlag)
BEVOR DU NICHT STIRBST... (Edition Gyandip, Schweiz)

Alle englische und deutschsprachige Bhagwanliteratur
ist zu beziehen über

RAJNEESH BUCHVERTRIEB &
SAMBUDDHA VERLAG INGELIN WICH
Hasenbergsteige 33, D-7000 Stuttgart 1, Telefon 0711/646672